P.S.

PETER ORZECHOWSKI

Schwarze Magie – Braune Macht

P.S.
VERLAG
PETER SELINKA

ISBN 3 926532 05 X

Umschlag: Peter Selinka AG Zürich
Unter Verwendung einer Fotographie
von Otto Weber entnommen aus
„Tausend ganz normale Jahre“
erschienen i. Greno Verlag

Druck und Bindung:
Franz Spiegel Buch GmbH, Ulm

Inhalt

1. **Historische Wirklichkeit: eine Frage** 9

2. **Die eine Wirklichkeit: das nachweisbare Komplott** 17
Die Politik der Thule-Gesellschaft – Hitler und die Reichswehr

3. **Die andere Wirklichkeit: die geheime Veränderung der Welt** 37
Dietrich Eckart – Hitlers erste Veröffentlichung – Schwarze Magie? – Gottfried Feder und Alfred Rosenberg

4. **Die eine Wirklichkeit: der Sucher** 63
Schönerer und Lueger: Rassismus als Politik – Lanz, List und Fritsch: Rassismus als Religion

5. **Die andere Wirklichkeit: der Traum vom Heldentum** 87
Der magische Pakt vor dem Speer des Schicksals? – Wagner, Chamberlain, May: die deutschen Helden

6. **Die eine Wirklichkeit: die Kampfzeit** 109
Hitlers Soldaten – Hochschule auf Staatskosten

7. **Die andere Wirklichkeit: Ideen und Symbole der Macht** 125
Karl Haushofer – Das Hakenkreuz als magisches Symbol

8. **Die eine Wirklichkeit: die Gewinnung der Massen** 139
Die Psychologie der Massen – Hess, Goebbels und Hitler: Reden – Massenhypnose

9. **Die andere Wirklichkeit: der Führerkult** 163
Vom Trommler zum Führer – Messias und Retter – Die göttliche Mission – Der Glaube des Adolf Hitler

10. **Die übergreifende Wirklichkeit: die Rasse-Religion** 187
Der Kampf als Vater aller Dinge – Der Lebensraum im Osten – Das Führerprinzip – Die Rassentheorie

11. **Meine Wirklichkeit: eine vorläufige Antwort** 199

Bibliographie 209

Anmerkungen 223

Personenregister 235

Ich möchte einer Reihe von Personen und Institutionen danken, deren Hilfe maßgeblich zur Fertigstelllung dieses Buches beigetragen hat.
Zuallererst sei den Autoren aller hier zitierten Bücher für ihre Anregungen oder Bestätigungen gedankt. Die Genauigkeit und Authentizität ihrer Untersuchungen waren stets eine Herausforderung an meine Sorgfalt. Den Mitarbeitern der *Bayerischen Staatsbibliothek, des Institutes für Bayerische Geschichte und des Institutes für Zeitgeschichte in München, der Nationalbibliothek in Wien und der Research Library der University of Southern California in Los Angeles* sei Dank für ihre Beratung und Unterstützung.
Ich danke meinem Verleger für seinen Mut, ein solches Thema historisch erforschen zu lassen, obwohl eine auf Sensationen abzielende Untersuchung mit vielen unbewiesenen Behauptungen eine höhere Auflagenzahl erwarten ließe.
Erlauben Sie mir noch einen Dank für die politische Bildung an den Schulen und Universitäten der Bundesrepublik Deutschland. Ich habe zuerst als Lernender und dann als Lehrender die Erfahrung gemacht, daß in den vergangenen Jahrzehnten eine Vergangenheitsbewältigung in Deutschland stattfand. Die Geschichtsforschung ist heute in der Lage, die Vorgänge zwischen 1918 und 1945 vorurteilsfrei zu untersuchen.
Lynne Hartley danke ich für ihre Hilfe bei der Bearbeitung des Manuskriptes.

Dr. Peter Orzechowski

1. Historische Wirklichkeit: eine Frage

„Wie war es diesem sonderbaren kleinen Mann möglich eine große Nation in einer grausamen, aber immerhin populären Tyrannei gefangen zu halten und einen Kontinent zu erobern?“
Diese Frage stellt Robert G. L. Waite in seinem 1977 erschienenen Buch „The Psychopathic God – Adolf Hitler (Der psychopathische Gott – Adolf Hitler)“[1]. Was ging in den Herzen und Köpfen der Gefolgsleute vor, als sie kaltblütig über fünf Millionen jüdische Mitbürger ermorden ließen? Warum haben diese Männer keine Schuld empfunden, selbst als sie vor dem Nürnberger Tribunal das ganze Ausmaß ihrer Greuel sehen konnten?
Keiner hat bisher eine befriedigende Antwort finden können. Schon gar nicht die Historiker, die zu sehr die Ereignisgeschichte untersucht haben und zu wenig in die Ursachenforschung eingestiegen sind. Sehr weit drangen Friedrich W. Doucet[2], der oben zitierte Waite und andere vor, indem sie die Geschichte des Nationalsozialismus aus psychologischer Sicht untersuchten: Hitler verstand es, das kollektive Unbewußte der Deutschen anzusprechen („Schande von Versailles“, „Deutschland als Prügelknabe“, Angst vor Arbeitslosigkeit und Not etc.).

Doucet, andere Psychologen und inzwischen auch die Historiker haben erkannt, daß die Frage der Kollektivschuld von der Frage nach den kollektiven Ursachen abgelöst werden muß. Wir lernen durch Ursachenforschung, nicht durch Anklagen. Was für Deutschland 1918 zusammenbrach, war nicht nur eine feudale Monarchie. Es war auf einmal allles fraglich geworden. Das Volk stand davor, erwachsen zu werden, die Eltern hatten versagt: Mutter Kirche hatte ihre Glaubwürdigkeit verloren. Im Namen desselben Gottes hatten französische und deutsche Pfarrer die Waffen geweiht, mit denen das bis dahin blutigste Gemetzel der Geschichte angerichtet worden war. Vater Staat war nach 1918 eine Farce. Die einen „Väter“ wollten die Restauration der Monarchie, die andern eine Sowjetrepublik. Vater Staat war nicht mehr existent: er gab seinen

Kindern kein Brot mehr und er konnte sie nicht mehr gegen die Nachbarkinder schützen. 1921 annektierte Polen das oberschlesische Industriegebiet, 1923 marschierten französische und belgische Truppen im Ruhrgebiet ein. Sogar das Geld, für viele nach dem Verlust ihres Vertrauens in Staat und Kirche der einzig akzeptable Wert, wurde wertlos ins milliardenfache. Die Sehnsucht nach dem Übervater, der die Geborgenheit innerhalb des Familienvolkes wiederherstellte, wuchs. Hitler hat an diese unbewußten Sehnsüchte appelliert. Daß er der „Führer" und nicht der Kanzler war, zeigt, daß er die Sehnsüchte auf seine Person vereinigen konnte. Mit der Einbeziehung der einfachen Bürger in das große Gemeinsame, den Staat, durch unzählige von Bünden und Organisationen, stillte Hitler auch die Sehnsucht nach Beteiligung (Sozialismus). Ich werde zeigen, daß Hitler auch die religiösen Sehnsüchte ansprach. Gerade er wußte, wie nötig der Trost der Mutter Kirche in dieser Not- und Kampfzeit war.

Aber wie haben er und seine Gefolgsleute es fertiggebracht, Vater Staat und Mutter Kirche in einem zu sein? Wie konnten sie einen Führerkult inszenieren, der gegen jedes rationale und humanistische Argument erhaben war?

Die Linguisten fanden in der Sprache der Natonalsozialisten die Bestätigung für die Erkenntnisse der Psychologen: Die NS-Redner sprachen die Emotionen der Massen an.[3] Gustave Le Bon hatte schon in seiner „Psychologie der Massen"[4] gezeigt, wie große Menschenmengen zu manipulieren sind. Hitler hat Le Bon übrigens beinahe wörtlich in „Mein Kampf" kopiert.
Die NS-Redner haben mittels ihrer Rhetorik die Massen manipuliert. Aber reicht dies als Erklärung aus? Verzichten 60 Millionen Menschen auf die Freiheit und gehen in den Krieg, weil ihre politischen Führer zündende Reden halten können?

Hitler sah in der Masse die Frau, die er sich gefügig machen wollte und konnte. Die These ist mit zahlreichen Hitler-Zitaten belegbar.[5]

Aber wiederum: soll ein unbewußter Drang eines „kleinen Mannes" in der Lage sein, sich 60 Millionen gefügig zu machen?
Es gibt Forschungen über Hitlers Weltanschauung[6], die NS-Ideologie[7] und die Praktiken und Kulte, mit denen diese Ideologie zur Beeinflußung der Massen eingesetzt wurde.[8] Und es gibt eine Fülle von Zitaten, die belegen, daß Hitler den Nationalsozialismus als Religion verstand.[9] Kein Historiker hat bisher daraus ernsthafte Konsequenzen gezogen. Die NS-Religion erschien für den analytischen, wissenschaftlichen Verstand als zu abstrus, als daß es sich lohnte sie zu untersuchen. Diese Religion schien zu tief im Okkulten zu wurzeln, als daß ein Historiker sie erforschen könnte, ohne selbst von den Kollegen des Okkultismus bezichtigt zu werden.
Wenn wir die Ungeheuerlichkeiten des Dritten Reiches erklären wollen, kommen wir jedoch nicht darum herum, die Grundlage und die Praktiken der Blut-und-Boden-Religion zu hinterfragen, die weit mehr als nur ein Trick war, um die Massen zu gewinnen. Was verhalf dieser Kult-Ideologie zum Triumph? Wer waren ihre geistigen Väter?

„Ihr wißt nichts von mir, meine Parteigenossen haben keine Ahnung von den Träumen, die mich bewegen, und von dem grandiosen Gebäude, dessen Grundmauern zumindest stehen werden, wenn ich sterbe... Es wird sich eine Umwälzung auf der Erde vollziehen, die ihr, die nicht Eingeweihten, nicht verstehen könnt... Das was hier vor sich geht, ist mehr als das Heraufkommen einer neuen Religion."
Dies sagt Adolf Hitler zu dem ehemaligen Senatspräsidenten von Danzig, Dr. Hermann Rauschning.

Die angestrebte Umwälzung der Erde durch eine neue Religion, inszeniert von Eingeweihten – war es das worum es Hitler und seinem Führungskreis tatsächlich ging?

Rauschning fährt fort: „Man ist gezwungen, an Medien zu denken. Die meiste Zeit sind sie ganz gewöhnliche, unbedeutende Menschen. Plötzlich fallen wie aus dem Himmel Kräfte auf sie, die sie weit über das Maß des Gewöhnlichen herausheben. Diese Kräfte haben mit ihrer eigentlichen Persönlichkeit nichts zu tun... Das Medium ist besessen. Wenn der Bann gebrochen ist, fällt es wieder in seine Mittelmäßigkeit zurück. Und auch bei Hitler ist es unzweifelhaft so, daß gewisse Kräfte durch ihn hindurchgehen. Fast dämonische Kräfte, denen der Mensch, der Hitler heißt, nur die augenblickliche äußere Hülle bietet."[10]

Hitler als Medium? Hitler stand mit Mitgliedern einer Geheimloge in engster Verbindung. War er einer ihrer Eingeweihten? War er ein Magier?

Es ist mit Sicherhiet schwer möglich, alle diese Fragen mit einem historisch eindeutig beweisbaren Ja zu beantworten. Ich stieß jedoch im Laufe meiner Recherchen auf soviele Hinweise, daß ich mich entschloß, die historisch belegbaren Tatsachen als die eine Wirklichkeit neben eine andere Wirklichkeit zu stellen, die allerdings den Rahmen einer historischen Untersuchung übersteigt. Diese andere Wirklichkeit existierte (und sie existiert zu allen Zeiten).
Es ist die Welt der Phantasie und der Vorstellung. Es ist eine Welt jenseits des sinnlich Erlebbaren oder wissenschaftlich Meßbaren, wenngleich in diesen Bereichen immer mehr geforscht wird. Nennen wir es die geistige Möglichkeit.

Diese zunächst nicht greifbare Realität wurde durch die Praktiken, mit denen die führenden Nationalsozialisten ihre Idee vom Reich der gottgleichen Arier zu verwirklichen suchten, vermutlich zum ersten Mal in der Geschichte zur Realität für ein ganzes Volk, später sogar für einen ganzen Kontinent. Die Praktiken zur angestrebten neuen Ordnung der Welt entnahmen die Nationalsozialisten – wie ich zeigen möchte – ebenfalls aus dieser anderen Wirklichkeit. Es sind Techniken, über die unsere Wissenschaft so lange lächelte, bis sie ihnen selbst zum Opfer fiel. Es sind Techniken, die ich mit dem Begriff „SCHWARZE MAGIE" benennen möchte.
Der Begriff Magie leitet sich her vom Studium der persischen Zoroaster-Sekte, der Magi, die sich der Erforschung der geistigen Wirklichkeit verschrieben hatten. Die Idee der Magie ist, daß übernatürli-

che Mächte im ewigen Kampf zwischen Gut und Böse sind und daß der Mensch beide Kräfte anrufen könne.
Ich sprach zuvor von der Welt des nicht Sichtbaren, nicht sinnlich Erfahrbaren, nicht Meßbaren als der anderen Wirklichkeit, die ich in meine Untersuchung mit einfließen ließ. In dieser geistigen Welt haben Gedanken das gleiche Gewicht wie in der stofflichen Welt die Taten. Dieses Wissen war jahrtausendelang geheim gehalten. Es war ein heimliches (=okkultes), inneres (=esoterisches) Wissen. Die Esoteriker und Okkultisten, die an die Existenz dieser geistigen Wirklichkeit glauben, das heißt sie für möglich halten, bezeichnen Ideen und Gedanken als Energien, die so stark sind, daß sie sich verwirklichen müßen. Vor allem dann, wenn zu ihrer Verwirklichung noch fremde Energien genutzt werden. Diese Energien sind – je nach dem Wollen ihrer Benutzer – positiver oder negativer Natur. Viele Okkultisten haben bis heute Probleme, sich die Energien geistig vorzustellen, weswegen sie diese in Personifizierungen beschreiben – wie es auch die Religionen tun: die positiven und aufbauenden Energien werden als Engel, Heilige oder Schutzgeister angerufen, die negativen Energien als Dämon, als Satan oder die dunklen Mächte oder die Mächte der Finsternis. Die Priester aller Religionen beschwören mit ihren Riten den Geist Gottes herab.
Die Religionsgründer und Propheten lehrten, wie die Menschen durch Rückbindung (re-ligio) an Gott als der höchsten Form von Energie zu ihrem Heil (heil sein = ganz sein) gelangen, wie sie „erlöst" werden können. Alle diese Rituale und kultischen Handlungen, die vollzogen werden um eine Erfahrung dieser höchsten Energie zu erreichen, werden von den Okkultisten „WEISSE MAGIE" genannt.

Weiß bezeichnet den Zweck der Magie: Erlösung, Heil, Hinführung zu Gott. Im Unterschied dazu wird „SCHWARZE MAGIE" als eine Technik definiert, um Energien zu sammeln, die es dem Einzelnen oder einer Gruppe ermöglichen, Macht zu gewinnen und auszuüben. Statt Erlösung, Heil und Gotteserfahrung streben die Schwarzmagier Macht, Gewalt und Gottgleichheit an. In den schwarzmagischen Ritualen werden die „Mächte der Finsternis" angerufen.

Ich möchte an dieser Stelle über den Sinn meiner Untersuchung sprechen. Ich habe Geschichte und Psychologie an der Universität in München studiert, aber erst Jahre später meinen Doktor der Philosophie gemacht. Während dieser Studien ist mir klar geworden, daß die Geschichte als bloße Darstellung der Ereignisse nicht die geschichtlichen Vorgänge erklären kann. Das trifft vor allem auf die Geschichte des Dritten Reiches zu. Und dennoch waren lange Zeit die historischen Untersuchungen über die geistigen Hintergründe, wie Ideologie und Religion der Nationalsozialisten in der deutlichen Minderzahl. Heute scheint sich das Ungleichgewicht langsam auszupendeln. Dieses Buch ist ein Gewicht mehr in der Waagschale. Es ist auch für Historiker und historisch Interessierte geschrieben. Es hält einer wissenschaftlichen Überprüfung stand.

Aber dieses Buch ist vor allem für all jene geschrieben, die es für möglich halten, daß es neben der stofflich erfahrbaren Welt noch andere Welten gibt (die wir lediglich noch nicht hinreichend erforscht haben). Die es für möglich halten, daß in diesen geistigen Welten die Weichen gestellt werden für das, was wir später erfahrene Wirklichkeit nennen. Ich stelle in diesem Buch beide Wirklichkeiten nebeneinander. Ich habe dieses Buch geschrieben, weil ich der Überzeugung bin, daß negative Energien aus der geistigen Welt, nennen wir sie zerstörerische Ideen, Mordgedanken usw., eine Tat nach sich ziehen müssen. Vor allem wenn diese Gedanken von einer Gruppe bestätigt und verstärkt werden. Und ganz besonders dann, wenn darüber hinaus noch fremde Energien angerufen werden.

Es besteht eine hohe Wahrscheinlichkeit, daß all dies auf die Nationalsozialisten zutrifft. Aber selbst wenn wir unterstellen, daß keine schwarzmagischen Anrufungen im Spiel waren: die Idee der Vernichtung „Minderrassiger" in den einzelnen Köpfen der Führer, die Verstärkung dieser Idee in der Gruppe und später im ganzen Volk mittels Symbolen, Ritualen, Kultfeiern, Hitlerpredigten – was ist dies anderes als Magie?

In einem Gespräch mit dem bereits erwähnten Hermann Rauschning gab Hitler einen interessanten Hinweis: „Die Beherrschung der Kunst der Massenführung setzt eine angestrengte Arbeit voraus... Die Gegner hatten ja die Herrschaft über die Masse. Und plötzlich kam da jemand, und eine große Massenbewegung entstand. Lag das nur am Glück und in der Kritiklosigkeit der Masse? Die Herren irren, es lag auch ein wenig an unserem Fleiß und der von uns erarbeiteten Technik."

Hitler führt weiter dazu aus, daß das Volk in einen Zustand der Bewußtseinsabsenkung, der aufnahmewilligen, fanatischen Hingabe versetzt werden müße. Dies ist gleichbedeutend mit einem Art Trancezustand, wie wir ihn aus der Hypnose kennen. In diesem Trancezustand übertrage sich alles, so sagt Hitler, was man dem Volk sage, wie eine in der Hypnose gegebene Parole und halte unauslöschlich jeder vernünftigen Belehrung stand.[11] Rauschning folgert aus Hitlers Äußerungen, die er in seinem weltweit zitierten Buch „Meine Gespräche mit Hitler" gesammelt hat, über die geistige Welt des „Führers": „Hitler sprach... wie ein Seher und Eingeweihter. Es war eine biologische Mystik oder, soll man sagen, eine mystische Biologie, die das Fundament seiner Eingebung bildete. Der Irrweg des Geistes erschien als der eigentliche Abfall des Menschen von seiner göttlichen Berufung. Magisch sichtig zu werden, das schien ihm als das Ziel der menschlichen Fortentwicklung. Er selbst fühlte sich bereits an der Schwelle dieses magischen Wissens und schrieb ihm seine Erfolge und seine künftige Bedeutung zu."[12]

2. Die eine Wirklichkeit: das nachweisbare Komplott

Die Geschichte beginnt in München am 12. September 1919 um 7.30 Uhr. Im dunklen und rauchigen Hinterzimmer („Leiberzimmer“) des Gasthofs *Sterneckerbräu* treffen sich fünfundvierzig Menschen, die sich einer neuen Partei angeschlossen haben, der *Deutschen Arbeiterpartei* (DAP). Einer der Zuhörer ist der „Bildungsoffizier beim Schützenregiment Nr. 41“ – in Zivil getarnt.[13]

Er ist V- (Vertrauensmann) Mann der Propaganda- und Presseabteilung des Reichswehrgruppenkommandos IV in München. Er hat seit seiner Rückkehr aus dem Krieg verschiedene politische Gruppen bespitzelt und Berichte darüber verfaßt. Sein Vorgesetzter, Hauptmann im Generalstab Karl Mayr, ist sehr mit der Arbeit dieses Gefreiten zufrieden (Gefreiter ist sein Dienstgrad nach Besoldung, Bildungsoffizier drückt seinen Tätigkeitsbereich aus[14]). Sein Regimentskommandeur Oberst Leupold sagte über ihn, er sei nicht nur ein „mustergültiger Soldat“ gewesen, sondern er habe auch mitgeholfen, „allmählich einen ausgezeichneten Geist in das Regiment hineinzubringen“[15].

Der tüchtige V-Mann kann sich an jenem Abend im *Sterneckerbräu* jedoch bei der Diskussion am Ende der Versammlung nicht mehr zurückhalten, sagt den Herren der DAP in einem fünfminütigen Monolog seine Meinung und verläßt danach wortlos den Saal. Einige Tage nach dieser Versammlung erhält der Gefreite eine Postkarte, in der erklärt wird, er sei als Mitglied in die DAP aufgenommen.*
Sein Vorgesetzter ist mit einer Parteizugehörigkeit einverstanden, die Reichswehr hat ihren Mann in der DAP.

* Jeder Zuhörer der DAP hatte vor der Versammlung seinen Namen mit Adresse und Berufsbezeichnung in einer Liste einzutragen gehabt. Der V-Mann hatte seinen Namen, seine Einheit und als Berufsbezeichnung Gefreiter angegeben.

Der politische Soldat heißt Adolf Hitler und die Partei, der er nun angehört, wird später *Nationalsozialistische Deutsche Arbeiterpartei* (NSDAP) heißen. An jenem 12. September, als Hitler zum ersten Mal mit dieser Partei in Kontakt kommt, ist die DAP, von Handwerkern im Jahr 1918 als Alternative zu Kommunisten und Sozialisten gegründet, nur eine von neunundvierzig eingetragenen politischen Gruppierungen in München. Sie zählt etwa fünfzig Mitglieder.
Die Reichswehr – nach der Niederringung der Räterepublik der tatsächliche Machthaber in Bayerrn[16] – hat guten Grund, einen V-Mann in diese scheinbar unbedeutende Arbeiterpartei, mit einem Eisenbahnschlosser, Anton Drexler, und einem Journalisten, Karl Harrer, (mehr über beide später) einzuschleusen. Denn Drexler und Harrer haben eine wichtige Gemeinsamkeit: beide gehören einer gewissen *Thule-Gesellschaft* an.

Über die Thule-Gesellschaft wird die Verbindung zwischen dem kleinen DAP-Häuflein und dem Publizisten Dietrich Eckart und Gottfried Feder, sowie Dr. Ing. Paul Tafel und dem Zahnarzt Friedrich Krohn hergestellt. Die Zusammenkünfte fanden vorerst allwöchentlich in Hinterzimmern des *Sterneckerbräus* und der Gaststätte *Deutsches Reich* in der Dachauer Straße statt, bei denen Harrer und Drexler tagespolitische Fragen besprechen. Allmählich nehmen auch Handwerker und kleinere Geschäftsleute an diesen Sprechabenden teil. Mit Hitler kommt ein neues revolutionäres Element in diesen kleinen Diskussionskreis. Harrer will im Sinne der Thule-Gesellschaft die DAP wie eine Loge führen und lehnt es ab, daß man sich als Partei bezeichnet.[17]
Öffentlich wird überhaupt nicht geworben, Interessenten werden nur mündlich oder mit Handschreiben eingeladen.[18]

Die Politik der Thule-Gesellschaft

Die Thule-Gesellschaft ist nach Auskunft aller nahmhaften NS-Forscher der Drahtzieher einer beabsichtigten nationalen Gegenrevolution gegen die Räterepublik, ja gegen die neue erste Republik überhaupt gewesen.[19]

Die Gesellschaft ist im Sommer 1919 von Rudolf von Sebottendorff als „äußerer Ring" der im Hintergrund arbeitenden völkischen Geheimverbindung *Germanenorden* gegründet worden. Offiziell ist die Thule als „Studiengruppe für germanisches Altertum" angemeldet. Sie zählt zweihundertfünfzig Mitglieder in München und etwa fünfzehnhundert in ganz Bayern. [20]

Aber diese „harmlose" Studiengruppe ist äußerst aktiv. Die Thulebrüder Drexler und Harrer gründen die DAP. Thulemitglied *Alfred Brunner* errichtet im Mai 1919 die *Deutschsozialistische Partei* (DSP), die sich in ganz Deutschland ausbreitet und deren Nürnberger Ortsgruppe vom späteren „NS-Stürmer" Julius Streicher geleitet wird. Die Thule stellte außerdem den nationalen Kräften Münchens während der Zeit der Räterepublik ihre Geschäftsräume im Hotel *Vierjahreszeiten* zur Verfügung und erwirbt sich damit die Führerrolle des zivilen Widerstandes gegen die Revolution.[21] Einige ihrer Mitglieder begehen eine Reihe von Attentaten an kommunistischen und sozialistischen Politikern. Andere beschaffen Geld, um die Freikorps, die zur Unterstützung der 100 000 Mann-Reichswehr gegen die Räteregierung aufgestellt werden, und einige politische Gruppierungen zu finanzieren.[22]
Bewiesen ist, daß der Thule die damals einflußreichsten Mitglieder der Münchener Gesellschaft angehörten, Professoren, Fabrikanten, Anwälte, Mediziner, Aristokraten und Richter. So der damalige bayerische und spätere NS-Justizminister *Franz Gürtner*, der Münchener Polizeipräsident *Pöhner, Wilhelm Frick,* Pöhners Stellvertreter (1923 wegen Unterstützung des Hitler-Putsches als Chef der politischen Polizei seines Amtes

enthoben, dann Reichstagsabgeordneter der NSDAP, 1930 erster NS-Minister: Innenressort in Thüringen mit dem Versuch NS-Politik durchzusetzen, 1933 Reichsinnenminister, ab 1936 Vorgesetzter von Himmler als Chef der deutschen Polizei, 1939 einer der sechs Mitglieder des Kriegskabinetts). Von den späteren Führern des Dritten Reiches waren Thule-Mitglieder: *Alfred Rosenberg* (Freund Eckarts und Hitlers, später Reichsleiter der NSDAP und Parteiideologe, Chef des außenpolitischen Amtes der NSDAP und ab 1941 Reichsminister für die besetzten Ostgebiete), *Rudolf Hess* (seit 1920 Parteimitglied, mit Hitler später in der Festungshaft, fördert ab 1925 als Hitlers Privatsekretär den Führerkult, 1933 Stellvertreter des „Führers“, als stellvertretender Parteichef Vorgesetzter von Martin Bormann, 10. Mai 1941 Flug nach England, war bis zu seinem Selbstmord am 17. August 1987 einziger überlebender „Führer“ der NSDAP), *Julius Streicher* (zunächst Mitglied der Deutschsozialistischen Partei, dann Übertritt zur NSDAP, antisemitische Hetze in seinem Kampfblatt „Der Stürmer“, Geldgeber Hitlers[23] in den zwanziger Jahren, später Fränkischer Gauleiter) und *Hans Frank,* Dr. jur., Rechtsbeistand Hitlers in den zwanziger Jahren, gründet 1928 den NS-Rechtswahrerbund, 1933 bayerischer Justizminister und Reichsjustizkommisar, ab 1939 Generalgouverneur von Polen, Errichtung der KZ Belzec, Sobibor und Treblinka.

Ordensgründer Rudolf von Sebottendorff nennt in seinem 1933 erschienenen Buch „Bevor Hitler kam“ die weiteren Mitglieder, von denen einige für unsere Untersuchung interessant sind:
Max Amann, NSDAP-Geschäftsführer und Feldwebel in Hitlers Regiment (List), Dr. Julius Arndt, Sohn des gleichnamigen Münchner Kunstgeschichtlers und Mitglied des *Freikorps Oberland*, Max Aumiller, Eigentümer des Hotels *Marienbad*, *Graf von Beckh*, Führer des Freikorps Oberland, *Käthe Bierbaumer*, Hitlers spätere Geldgeberin, Baron Hans Hermann von Bodmann, Mitarbeiter des „Völkischen Beobachter“, *Hans Bunge*,

Führer der *Leibstandarte Adolf Hitler der SS*, Hans Dahn, Enkel des Schriftstellers Felix Dahn, Dr. Johannes Dingfelder, Arzt, *Anton Drexler*, Vorsitzender der DAP, später Ehrenvorsitzender der NSDAP auf Lebenszeit, *Dietrich Eckart*, Journalist und Mentor Hitlers, *Gottfried Feder*, Ingenieur, Autor des „Manifests zur Brechung der Zinsknechtschaft", Mitinhaber des Franz Eher Verlages, der später alle Schriften der NSDAP druckt in Zusammenarbeit mit Max Amann. *Theodor Heuss*, *Dr. Gutberlet* und *Baron Franz von Feilitzsch*, alles ebenfalls Thule-Mitglieder. *Karl Fiehler*, *Oberbürgermeister von München*, nach dem Novemberputsch mit Hitler in der Landsberger Festungshaft, später SS-Obergruppenführer und Reichsleiter der NSDAP, Dr. Georg Gaubatz, Rechtsbeistand, *Hans Georg Grassinger*, Vorsitzender der *Deutschsozialistischen Partei* (DSP), Dr. Wilhelm Gutberlet, Arzt und Mitherausgeber im Eher Verlag, Ernst Halbritter, Mitarbeiter des „Völkischen Beobachter", *Karl Harrer*, Gründer des Nationalsozialistischen Deutschen Arbeitervereins und Gründungsmitglied der Deutschen Arbeiterpartei (DAP), tritt 1920 aus der Partei aus, stirbt 1926, *Adolf Hitler*, als Gast in der Mitgliedsliste geführt, *Heinrich Jost*, später Vorgänger Walter Schellenbergs als Chef des *Amtes VI des Reichssicherheitshauptamtes* und damit Chef des SS-Geheimdienstes, Kommandeur der *Einsatzgruppe A* und des Sicherheitsdienstes *Ostland*, als Kriegsverbrecher verurteilt und 1964 begnadigt, *Wilhelm Laforce*, Mitangeklagter beim Putschisten-Prozess und Mithäftling Hitlers in Landsberg, die Freikorps Oberland-Mitglieder Leo Parcus, Wolfgang Pongratz, Karl Repp, Karl Schwabe, Ingenieur *Hans Riemann*, *Hermann Sedlmeier*, Inhaber des *Ring-Restaurant-Cafés* in München, die Brüder *Walterspiel*, Inhaber des Hotels *Vierjahreszeiten*, Baron Wilhelm von Wittgenberg.

Wenige Tage vor dem blutigen Ende der Räterepublik durchsuchen Rotarmisten das Werbebüro der Thule und beschlagnahmen die Akten der Thule und des Germanenordens samt ihrer Mitgliedslisten. Da aber die meisten Mitglieder von diesem

Coup der Roten Armee Münchens informiert werden, fallen nur sieben Thule-Leute den Rotarmisten in die Hände. Diese sieben, darunter Gräfin Heila von Westarp und Prinz Gustav von Thurn und Taxis, der mit zahlreichen europäischen Königshäusern verwandt ist, werden am 30. April 1919 im Luitpoldgymnasium in München von einem Standgericht der Roten Armee erschossen.

Dieser Mord schreckt die Öffentlichkeit auf. Die *London Times* bedenkt das Ereignis mit der Überschrift „SHOOTING OF HOSTAGES... MUNICH SAVAGERY – Geißeln erschossen... München in Barbarei“[24].
Die Thule ist in aller Munde. Der Einsatz für die Befreiung vom „roten Terror“ wird für die nationalen Kreise zur Heldentat.

Fassen wir die bisher recherchierten Fakten der Wirklichkeit eins zusammen: Hitler wird als V-Mann der Reichswehr in die DAP eingeschleust. Diese Partei wird von der Thule-Gesellschaft, einer Gruppe einflußreicher nationalistischer Bürger, protegiert. Die Thule hat Geld, eine von ihr kontrollierte Zeitung, den „Münchener Beobachter" (später „Völkischer Beobachter“) und den Schutz von Polizei und Justiz. Was aber will die Reichswehr von der Thule? Die geheimnisvolle Gesellschaft ist ja mit Sicherheit nicht ihr Gegner wie etwa die Kommunisten.

Hitler und die Reichswehr

Im Erlaß des Gruppenkommandos I der Reichswehr, Berlin, vom 28. Mai 1919 über die Propagandatätigkeit bei den Truppen heißt es: „Unter dem Schutz der jungen Reichswehr muß eine sinnvolle Neubegründung aller innerstaatlichen Verhältnisse unseres Vaterlandes durchgesetzt werden können.“[25]
Um dieses Ziel zu erreichen, schafft das Reichswehrkommando 4 Anfang 1919 die Abteilung Ib/P. In der Öffentlichkeit als Nachrichten-, Presse- und Propagandaabteilung bekannt,

ist ihr eigentliches Ziel die politische Aufklärung der Truppe (s.o.). Hauptmann Mayr, der Chef dieser wichtigen Einheit, sammelt politisch interessierte Soldaten um sich und gewinnt Publizisten und Professoren, Kurse in politischer Bildung zu halten. Einer seiner vortragenden Lehrer heißt *Gottfried Feder* – derselbe Feder, der auch in der DAP auftritt –, ein anderer spielt – wie wir noch sehen werden – bereits in Hitlers Wiener Zeit eine Rolle: *John Gorsleben.* Er ist Mitglied der *List-Gesellschaft* (Hauptsitz Wien) von der noch zu sprechen sein wird. Ein dritter Vortragender ist Mayrs ehemaliger Mitschüler *Karl Alexander von Müller*, Geschichtsprofessor an der Münchener Universität. Müller erinnert sich an einen seiner ersten Vorträge Anfang Juni 1919 vor den Soldaten: „Nach dem Schluß meines Vortrages und der folgenden lebhaften Erörterungen stieß ich in dem sich leerenden Saal auf eine kleine Gruppe, die mich aufhält. Sie steht fest gebannt um einen Mann in ihrer Mitte, der mit einer seltsam gutturalen Stimme unaufhaltsam und mit wachsender Leidenschaft auf sie einsprach. Ich hatte das sonderbare Gefühl, als ob ihre Erregung sein Werk wäre und zugleich wieder ihm selbst die Stimme gäbe. Ich sah ein bleiches mageres Gesicht unter einer unsoldatisch hereinhängenden Haarsträhne, mit kurz geschnittenem Schnurrbart und auffällig großen hellblauen fanatisch kalt aufglänzenden Augen. Nach dem ersten Vortrag wartete ich, ob er sich in der Aussprache melden würde, jedoch es geschah so wenig wie beim ersten Mal. ‚Weißt Du, daß Du einen rednerischen Naturtenor unter Deinen Ausbildern hast?‘, fragte ich nach der Stunde meinen alten Schulkameraden (Mayr). ‚Da scheint es weiterzureden wenn er einmal in Schuß kommt.‘ ‚Wo sitzt er denn?‘ Ich wies nach der Stelle. ‚So‘, erwiderte er, ‚das ist der Hitler vom List-Regiment.‘“[26]

In dem Schlußbericht des Oberleutnants Bendt an das Reichswehrgruppenkommando 4 über die Tätigkeit eines nach Lager Lechfeld gesandten Aufklärungskommandos, meldete Oberleutnant Bendt: „Der erste gestern gehaltene Vortrag behandelte das Thema: Wen trifft die Schuld am Weltkrieg? Der Vortrag war in leicht faßlicher Form gehalten und erweckte bei den geistig regeren Leuten der Kompanie großes Interesse. Durch Ergänzungen und weitergreifende Ausführungen des Gefreiten Hitler wurde die Grundlage für eine Diskussion geschaffen." Und später berichtet Bendt: „Vorzüglich ergänzt wurde er durch den Gefreiten Hitler der 2. Infanterieregimentsabwicklungsstelle, der einzelne Punkte aus den verschiedenen Vorträgen herausgriff und in äußerst temperamentvoller, leicht faßlicher Art sie den Leuten klar machte. Ganz kurze Einreden hielten auch Offiziersstellvertreter Fröhlich und Gefreiter Bernard. Die anderen Leute der Propagandaabteilung beteiligten sich nicht an der Diskussion. Sie scheinen auch in ihrer Ausbildung und ihrem Wissen noch lange nicht so weit zu sein... Gelegentlich eines sehr schönen, klaren und temperamentvollen Vortrages des Gefreiten Hitler über den Kapitalismus, der dabei die Judenfrage streifte, ja streifen mußte, entstanden über die Art und Weise gelegentlich einer Besprechung der Abteilung mit mir Meinungsverschiedenheiten, ob man klar und unverblümt seine Meinung äußern solle oder in etwas verschleierter Form. Es wurde angeführt, die Abteilung sei vom Truppenkommandeur Möhl aufgestellt und in dienstlicher Eigenschaft tätig. Wenn nun die Judenfrage in ganz klarer Form unter besonderer Berücksichtigung des germanischen Standpunktes dargestellt würde, so könnte leicht diese Erörterung den Juden Anlaß geben, die Vorträge als eine Judenhetze zu bezeichnen. Ich sah mich deshalb veranlaßt, anzuordnen, daß bei Behandlung dieser Fragen möglichst vorsichtig vorgegangen werden solle und daß zu deutliche Hinweise auf die dem deutschen Volke fremde Rasse nach Möglichkeit zu vermeiden seien." [27]

Der Krankenträger Lorenz Frank meldet nach diesem Aufklärungskommando: „Ende gut, alles gut, so möchte ich auch hier sagen, denn ich bin sowohl überrascht, aber noch mehr erfreut über die Erfolge, die unser Aufklärungskommando in den fünf

Tagen hier (in Landsberg) erzielt hat. Den Heldenanteil des Erfolges haben zweifelsohne die Herren Hitler und Beyschlag, die durch ihre hervorragenden Vorträge die Aufmerksamkeit und das Interesse der Kompanie Bendt, auf die ich nachher zu sprechen komme, erweckt haben. Besonders Herr Hitler ist, ich darf wohl sagen, ein geborener Volksredner, der durch seinen Fanatismus und sein populäres Auftreten in einer Versammlung die Zuhörer unbedingt zur Aufmerksamkeit und zum Mitdenken zwingt."

Der Kanonier Hans Knoden meldet: „Was nun die Aufklärungsarbeit während unseres fünftägigen Aufenthaltes bei der Kompanie Bendt betrifft, es war ein ganz befriedigendes Resultat zu verzeichnen, da die Mannschaft den verschiedenen Vorträgen mit großem Interesse folgte, namentlich bei den Herren Beyschlag und Hitler. Letzterer namentlich entpuppte sich als hervorragender und temperamentvoller Redner und fesselte die Aufmerksamkeit der ganzen Zuhörer für seine Ausführungen. Einmal nun war es ihm nicht möglich einen langen Vortrag zu beenden; er fragte die Leute, als er abbrechen mußte, ob sie vielleicht nach Dienst denselben zu Ende hören wollten, und sofort waren alle einverstanden. Man merkte offensichtlich, daß das Interesse der Leute geweckt war, und das ist schon ein bemerkenswerter Erfolg."[28]

Ein Teilnehmer eines Aufklärungskurses, Adolf Gemlich aus Ulm, wendet sich am 4. September 1919 an Hauptmann Mayr und bittet ihn um eine grundsätzliche Stellungnahme zum Judentum. Mayr gibt am 10. September des Schreiben Gemlichs an Hitler weiter und bittet ihn zu der Anfrage Stellung zu nehmen. Hitler kommt schon am 16. September dem Auftrag nach und schreibt seine Gedanken über das Judenproblem nieder. Diese Arbeit die Hitler im Auftrag des Reichswehrgruppenkommandos 4 verfaßt, ist die erste Dokumentation Hitlers über seine Stellung zum „Judenproblem":
„Wenn die Gefahr, die das Judentum für unser Volk heute bil-

det, ihren Ausdruck findet in einer nicht wegzuleugnenden Abneigung großer Teile unseres Volkes, so ist die Ursache dieser Abneigung meist nicht zu suchen in der klaren Erkenntnis des bewußt oder unbewußt planmäßig verderblichen Wirkens der Juden als Gesamtheit auf unsere Nation, sondern sie entsteht meist durch den persönlichen Verkehr, unter dem Eindruck, den der Jude als einzelner zurückläßt und der fast stets ein ungünstiger ist. Dadurch erhält der Antisemitismus nur zu leicht den Charakter einer bloßen Gefühlserscheinung. Und doch ist dies unrichtig. Der Antisemitismus als politische Bewegung darf nicht und kann nicht bestimmt werden durch Momente des Gefühls, sondern durch die Erkenntnis von Tatsachen. Tatsachen aber sind: Zunächst ist das Judentum unbedingt Rasse und nicht Religionsgemeinschaft. Und der Jude selbst bezeichnet sich nie als jüdischen Deutschen, jüdischen Polen oder etwa jüdischen Amerikaner, sondern stets als deutschen, polnischen oder amerikanischen Juden. Noch nie hat der Jude von fremden Völkern, in deren Mitte er lebt, viel mehr angenommen als die Sprache. Und sowenig ein Deutscher, der in Frankreich gezwungen ist, sich der französischen Sprache zu bedienen, in Italien der italienischen und in China der chinesischen, dadurch zum Franzosen, Italiener oder gar Chinesen wird, sowenig kann man einen Juden, der nun mal unter uns lebt, und, dadurch gezwungen, sich der deutschen Sprache bedient, deshalb einen Deutschen nennen. Selbst der mosaische Glaube kann, so groß auch seine Bedeutung für die Erhaltung der Rasse sein mag, nicht als ausschließlich bestimmend für die Frage, ob Jude oder nicht Jude, gelten. Es gibt kaum eine Rasse, deren Mitglieder ausnahmslos einer einzigen bestimmten Religion angehören.

Durch tausendjährige Inzucht – häufig vorgenommen im engsten Kreis, hat der Jude im allgemeinen seine Rasse und ihre Eigenart schärfer bewahrt als zahlreiche Völker, unter denen er lebt. Und damit ergibt sich die Tatsache, daß zwischen uns eine nichtdeutsche, fremde Rasse lebt, nicht gewillt und auch nicht im Stande, ihre Rasseeigenschaften zu opfern, ihr eigenes Fühlen und Denken und Streben zu verleugnen, und die dennoch politisch alle Rechte besitzt wie wir selbst. Bewegt sich schon das Gefühl des Juden im rein Materiellen, so noch mehr sein Denken und Streben. Der Tanz ums Goldene Kalb wird zum erbarmungslosen Kampf um alle jene Güter, die nach unserem inneren Gefühl nicht die höchsten und einzig erstrebenswerten auf dieser Erde sein sollen.

Der Wert des Einzelnen wird nicht mehr bestimmt durch seinen Charakter, die Bedeutung seiner Leistung für die Gesamtheit, sondern ausschließlich durch die Größe seines Vermögens, durch sein Geld.

Die Höhe der Nation soll nicht mehr gemessen werden nach der Summe ihrer sittlichen und geistigen Kräfte, sondern nurmehr nach dem Reichtum ihrer materiellen Güter.

Aus diesem Fühlen ergibt sich jenes Denken und Streben nach Geld, nach Macht, die dieses schützt, das den Juden skrupellos werden läßt in der Wahl der Mittel, erbarmungslos in ihrer Verwendung zu diesem Zweck. Er winselt im autokratisch regierten Staat um die Gunst der ‚Majestät' des Fürsten und mißbraucht sie als Blutegel an seinen Völkern.
Er buhlt in der Demokratie um die Gunst der Massen, kriecht vor der ‚Majestät des Volkes' und kennt doch nur die ‚Majestät des Geldes'.
Er zerstört den Charakter der Fürsten durch byzantinische Schmeicheleien, den nationalen Stolz, die Kraft eines Volkes, durch Spott und schamloses Erziehen zum Laster. Sein Mittel zum Kampf ist jene öffentliche Meinung, die nie ausgedrückt wird durch die Presse, wohl aber immer durch sie geführt und gefälscht wird. Seine Macht ist die Macht des Geldes, das sich in Form des Zinses in seinen Händen mühe- und endlos vermehrt, und den Völkern jenes gefährliche Joch aufzwingt, das sie seines anfänglichen goldenen Schimmers wegen so schwer

in seinen später traurigen Folgen zu erkennen vermögen. Alles, was Menschen zu Höherem streben läßt, sei es Religion, Sozialismus, Demokratie, es ist ihm alles nur Mittel zum Zweck, Geld- und Herrschergier zu befriedigen.

Sein Wirken wird in seinen Folgen zur Rassentuberkolose der Völker. Daraus ergibt sich folgendes: Der Antisemitismus aus rein gefühlsmäßigen Gründen wird seinen letzten Ausdruck finden in der Form von Pogromen. Der Antisemitismus der Vernunft jedoch muß führen zur planmäßigen gesetzlichen Bekämpfung und Beseitigung der Vorrechte der Juden, die er nur zum Unterschied der anderen zwischen uns lebenden Fremden besitzt (Fremdengesetzgebung). Sein letztes Ziel aber muß unverrückbar die Entfernung der Juden überhaupt sein. Zu beidem ist nur fähig eine Regierung nationaler Kraft und niemals eine Regierung nationaler Ohnmacht.
Die Republik in Deutschland verdankt ihre Geburt nicht dem einheitlichen nationalen Willen unseres Volkes, sondern der schlauen Verwertung einer Reihe von Umständen , die zusammengefaßt sich in tiefer allgemeiner Unzufriedenheit äußerten. Diese Umstände jedoch waren unabhängig von der Staatsform und sind auch heute noch wirksam. Ja mehr noch als früher. So erkennt denn auch schon ein großer Teil unseres Volkes, daß nicht die geänderte Staatsform als solche unsere Lage zu bessern vermag, sondern nur eine Wiedergeburt der sittlichen und geistigen Kräfte der Nation.

Und diese Wiedergeburt wird nicht in die Wege geleitet durch eine Staatsführung unverantwortlicher Majoritäten unter dem Einfluß bestimmter Parteidogmen, einer unverantwortlichen Presse, durch Phrasen und Schlagwörter internationaler Prägung, sondern nur durch rücksichtslosen Einsatz national gesinnter Führungspersönlichkeiten, mit innerlichem Verantwortungsgefühl.

Diese Tatsache jedoch raubt der Republik die innere Unterstützung der vor allem so nötigen Kräfte der Nation. Und so sind die heutigen Führer des Staates gezwungen, sich Unterstützung zu suchen bei jenen, die ausschließlich Nutzen aus der Neubildung der deutschen Verhältnisse zogen und ziehen und die aus diesem Grunde ja auch die treibenden Kräfte der Revolution waren, den Juden. Ohne Rücksicht auf die auch von den heutigen Führern sicher erkannte Gefahr des Judentums (Beweise dafür sind verschiedene Aussprüche derzeit leitender Persönlichkeiten) sind sie gezwungen, die ihnen zum eigenen Vorteil von den Juden bereitwillig gewährte Unterstützung anzunehmen, und damit auch die geforderte Gegenleistung zu bringen. Und dieser Gegendienst besteht nicht nur in jeder möglichen Förderung des Judentums überhaupt, sondern vor allem in der Verhinderung des Kampfes des betrogenen Volkes gegen seine Brüder, in der Unterbindung antisemitischer Bewegung."[29]

Ich komme auf die Quelle dieser Hitlerschen Gedanken später zurück. Aber Hitler ist mit seinen Anschauungen nicht allein. Bei den Kursen und allgemein bei der Truppe herrscht eine antisemitische Stimmung. In einem Runderlaß des Chefs der Heeresleitung, General Reinhardt, heißt es: „Wir haben so viele übelwollende Nachbarn um uns, daß wir uns nicht noch Kämpfe auf den Hals laden dürfen, deren Durchführung nicht unsere Sache sein kann. Wie in allen parteipolitischen Fragen hat sich daher die Reichswehr auch in der Judenfrage strengstens jeder Betätigung von Dienst wegen zu enthalten. Die persönliche Stellung für oder gegen die Juden ist jedem seine Sache..."[30]

Entscheidender aber als die antisemitische Strömung war für die Reichswehr die Anti-Stimmung in Linksparteien und Gewerkschaften. Gegen die „Zersetzung" der Truppe wendet sich bereits im Juni 1919 der Reichswehrminister in einem an „die Freiwilligen" geschriebenen Rundschreiben, denen er versichert, daß sie bei dem bevorstehenden Abbau des Heeres und den damit verbundenen Entlassungen um ihre wirtschaftliche Zukunft nicht besorgt sein brauchten. Dabei nimmt der Reichsminister scharf Stellung gegen den gewerkschaftlichen Boykott in den Betrieben, durch den Einstellungen ehemaliger Heeresangehöriger, die als Berufssoldaten Anspruch auf wirtschaftliche Versorgung haben, verhindert werden.[31] Durch die wehrfeindliche Haltung aller Linksparteien und der Gewerkschaften wird die Reichswehr politisch nach rechts abgedrängt. Sie kann deshalb zum republikanischen Staat kein organisches und positives Verhältnis finden.[32]

Hauptmann Mayr sendet Hitlers Stellungnahme an Adolf Gemlich weiter und pflichtet Hitlers Ausführungen bei. Er bestellt außerdem von *Dietrich Eckart,* dem Chefideologen der Thule-Gesellschaft, dessen rassistische und antisemitische Zeitschrift „Auf gut deutsch" für die Aufklärung der Truppe. In einem Brief an Eckart beklagt sich Mayr, daß die Reichswehr (!) zwar die Zeitschrift in großer Stückzahl gekauft habe, aber den einzelnen Soldaten kein Dauerabonnement bezahlen könne.[33]

Das Ziel der Reichswehr war die „Neubegründung aller innerstaatlichen Verhältnisse". Das Mittel war die Zusammenarbeit mit national eingestellten Kreisen – wie der Thule-Gesellschaft.

Der Schriftsteller Dietrich Eckart, Autor einer viel aufgeführten deutschen Fassung des „Peer Gynt", Kritiker für die Bayreuther Festspiele, Lyriker und Verfasser nationaler Kampflieder ist ein bekannter Bohemien. Eckart führt Hitler später in die Münchener Gesellschaft ein. Aber es wird noch mehr von ihm zu berichten sein. Schon bevor Eckart Hitler kennenlernt, fordert er: „Wir brauchen einen Mann als Führer, der nicht vor dem Rattern eines Maschinengewehrs davonrennt... ein Offizier wäre nicht der Richtige; vor dem hat das Volk keinen Respekt mehr! Am besten wäre ein Arbeiter, mit dem Maul auf dem rechten Fleck! Bloß kein gelehrter Professor, der zitternd mit vollgeschissenen Hosen dasitzt, wenn die Roten die Stuhl-

beine schwingen... Politik ist das dümmste Geschäft der Welt, und jede Marktfrau in München weiß soviel wie die Herren in Weimar. Außerdem muß er Junggeselle sein, dann werden wir die Weiber kriegen.“[34]
Ein anderer Journalist, der sich den Zielen der Thule verschreibt, ist *Karl Harrer*. Er ist zu Ende des Weltkrieges von seinen Thulebrüdern angewiesen worden, einen „politischen Arbeiterzirkel“ zu gründen.[35] Auf der Suche nach Verbündeten stößt er am 2. Oktober 1918 auf den Eisenbahnschlosser *Anton Drexler*, der sieben Monate zuvor den „Freien Arbeiterausschuß für einen guten Frieden“ ins Leben gerufen hat. Mit Drexler und etwa 25 anderen Eisenbahnern gründet Harrer am 5. Januar 1919 die Deutsche Arbeiterpartei (DAP) und wenige Tage später in den Räumen der Thule-Gesellschaft im Hotel *Vierjahreszeiten* den Nationalsozialistischen Deutschen Arbeiterverein[36]. Durch die Thule lernt Drexler auch Dietrich Eckart kennen und gewinnt ihn für Vorträge seiner neuen Partei, deren Vorsitzender er selbst, Drexler, ist. Auch Gottfried Feder willigt ein, die Partei mit seinen Vorträgen „Zur Brechung der Zinsknechtschaft“ zu unterstützen. Drexler ist der von Eckart gesuchte Arbeiter, der die Ziele des geheimen Ordens den Arbeitern auf einfache Weise verständlich machen soll. Harrer, der für die Thule den „Münchener Beobachter“ journalistisch betreut, läßt Drexler dessen politische Ziele in der Zeitung verbreiten.

Hauptmann *Ernst Röhm* ist nach Beendigung des 1. Weltkrieges verantwortlicher Offizier im Freikorps Epp für Verpflegung und Ausrüstung. Die Freikorps, zur Unterstützung der Reichswehr in dieser Bürgerkriegszeit aufgestellt, rekrutieren sich aus ehemaligen Frontkämpfern. Röhm wird durch seine Position zu einer der Schlüsselfiguren dieser sogenannten Schwarzen Reichswehr. Mit diesen Truppen rückt Epp und sein tüchtiger Hauptmann Röhm Anfang Mai 1919 nach München vor und schlägt die Räterepublik nieder. Röhm wird Stabschef des Stadtkommandanten von München, Oberstleutnant Hergot. In seiner Autobiographie „Die Geschichte eines Hochverräters“[37] erinnert sich Röhm, wie er sofort danach ans Werk geht: „Eine Reihe von Generalstabsoffizieren konnte die Leitung der vorgesehenen Abteilungen übernehmen.“ In den Klammern fügt er 1928 in der 1. Auflage seiner Biographie hinzu: „(Im Wesentlichen waren es die gleichen, die heute noch im Stabe der Landespolizei Dienst tun.)“ Röhm hat sich „...Sonderarbeitsgebiete vorbehalten: den teilweisen Abbau und die Erneuerung der Schutzmannschaften und der Polizei, die Aufstellung eines Wachregiments für München und die Bildung einer Einwohnerwehr“. Er berichtet auch, wie ihm diese Sonderaufgabe gelingt. „Mit einem Manne wie Ernst Köhler“, (der neu ernannte Münchener Polizeipräsident, Anm. d. Verf.), schreibt Röhm, ließ sich „immer ein sofortiges Einvernehmen... erzielen.“

Am 24. Juli 1919 wird das Freikorps Epp als Schützenbrigade 21 in die Bayerische Reichswehr eingegliedert. Röhm hat seinen Auftrag erfüllt: seine zum Großteil von ihm ausgesuchten Soldaten sind nun offiziell Teil der Reichswehr, einige seiner Kameraden haben in der Münchener Polizei Stellung bezogen. Als am 1.1.1921 die Reichswehr auf Druck der Alliierten von 200 000 auf 100 000 Mann vermindert werden muß, hat General Epp eine neue wichtige Aufgabe für seinen Stabsoffizier Röhm. Er soll als *Einwohnerwehren* getarnte Hilfstruppen aufstellen.

Wichtig für Hitler ist Röhms Kontakt zu den führenden Militärs und zur Thule. Vor dem Marsch nach München arbeitet Röhm mit dem Thulebüro im Hotel *Vierjahreszeiten* bei der Aufstellung der Freikorps-Einheiten zusammen. Er organisiert Waffen, die er in Wäldern und verlassenen Häusern lagern läßt. Um die gesamte Aktion geheimzuhalten, wird Verrätern mit Fememord gedroht. Röhm bestreitet in seiner Autobiographie nicht, daß tatsächlich geheime Exekutionskommandos am Werk waren. Er zitiert den Thulebruder und damaligen Polizeipräsidenten Pöhner, der auf die Frage eines Journalisten, ob er wisse, daß es geheime Mordkommandos gäbe, antwortet: ‚Ja, aber viel zu wenige.‘

Neben dem Deutschvölkischen Schutz- und Trutzbund gilt der Germanenorden, bzw. die Thule, als eine der Organisationen, die politische Morde verüben. So gehen die Attentate auf den ehemaligen Reichsfinanzminister Matthias Erzberger und den republikanischen Autor Maximilian Harden nach einhelliger Meinung der Historiker auf das Konto dieser Feme-Gesellschaften.[38]

Aber zurück zu Röhm. Als er Hitlers Partei beitritt, führt er ihr neue Mitglieder aus den Reihen seiner Frontkämpfer zu. „Die Nationalsozialistische Bewegung“, schreibt Röhm in einer Denkschrift im Jahre 1924, „ist geboren auf den Schlachtfeldern des Weltkrieges. Der Krieg hat mit seinem furchtbaren und schönen Erleben den neuen Menschen, den Frontsoldaten geschaffen. All das Trennende, das bis dahin zwischen den einzelnen Klassen und Schichten des Volkes lag, hat die stete Nähe des Todes beiseite geschoben...“[39]

„Zu Röhms Freunden zählt auch der Führer der Nationalsozialistischen Arbeiterpartei Hitler“, stellt im Jahr 1922 die *Münchener Post* fest und fährt fort: „Die Stoßtrupps zu seinen Versammlungen gibt die Minenwärterkompanie 19 der Reichswehr. An der Spitze steht Hauptmann Streck. Die Kompanie ist fast vollzählig Mitglied dieser Nationalhelden. Die Prügeleien im *Löwenbräukeller* und im *Hofbräuhaus* sind mit auf das Konto dieser Stoßtrupps zu setzen. Hitler ist oftmals Gast des Hauptmanns Röhm, in dessen Wohnung, Aldringerstr.4. Die Frage, die die *Münchener Post* seinerzeit stellte, wo hat Hitler das Geld zu seiner Agitation her, wofür Hitler nur grobe Worte hatte, lüftet sich nun allmählich...“[40]

Hitlers Anhänger können ihre Parteirechnungen und Unkosten als Freikorpsausgaben deklarieren.[41] Ein Zeitgenosse faßt Röhms Bedeutung zusammen: „Röhm war von entscheidender Wichtigkeit für die Partei, indem er Geld, Waffen und Männer in der höchst kritischen Phase fand.“[42]

Die Münchener Reichswehr und die Thule sind personell und ideologisch verbrüdert. Die DAP ist Teil dieser Machtkonstellation. Hitler gehört wie so viele sowohl der Reichswehr als auch der DAP/Thule an.

Kurz nach seinem Parteieintritt wird Hitler Redner und Werbeobmann der Partei. Er ist von Anfang an eingebettet in ein Netz von Thuleleuten. Sein Geschäftsführer, der Bankkaufmann und ehemalige Kriegskamerad Max Amann, gehört der Thule an und kann der Partei jederzeit kurzfristige Kredite beschaffen. Dietrich Eckart hat lange journalistische Erfahrung. Er ist nach Erwerb des *Völkischen Beobachters* durch die Partei, die sich ab 24. Februar 1920 in Nationalsozialistische Deutsche Arbeiterpartei, NSDAP umbenennt, Chefredakteur der Zeitung und Hitlers wichtigstes publizistisches Sprachrohr. Eckart ist Thulemann. Alfred Rosenberg von der Thule ist Eckarts Stellvertreter.

Auf der anderen Seite versucht auch die Reichswehr ihren Mann unter ihre Obhut zu nehmen. Hitler ist ja 1920 offiziell noch auf ihrer Besoldungsliste. Er ist immer noch Soldat. Die spezielle politische Situation kommt Hitler hier zugute. Teile der Reichswehr in Bayern verstehen sich immer noch als bayerische Truppe. Sie stehen mit monarchistischen Kreisen in Verbindung, die die Wiedererrichtung der Wittelsbacher Dynastie anstreben. Der Berliner Zentralregierung ist dieses Ansinnen nicht verborgen geblieben. Sie unterstützt daher mit Hilfe deutschnationaler Offiziere wie Mayr und Röhm nationalistische Kreise in Bayern, die der Reichsidee verschworen sind. Die Thule ist eine dieser Organisationen, der man sogar politische Morde nachsieht. Es ist wiederum Eckart, der Hitler später in Berlin mit diesen deutschnationalen Kreisen zusammenbringt. So trifft der Gefreite und Volksredner den Grafen Reventlow, den Freikorpsführer Walther Stennes, den York von Wartenburg und Dr. Emil Gansser, einen der leitenden Angestellten der Firma Siemens. Schließlich sagt Admiral

Schroeder, der Kommandeur des Deutschen Marinekorps, Hitler seine Hilfe zu. Die Marine hat schon seit einiger Zeit die Thule unterstützt.

Sowohl die Thule-Gesellschaft als auch die Reichswehr haben in den Monaten nach Hitlers Parteieintritt im September 1919 gesteigertes Interesse an dem Demagogen der kleinen nationalistischen Partei, die freilich zu diesem Zeitpunkt nur eine der nationalistischen Gruppierungen unter den Fittichen der Thule ist. Hitler versteht es von erster Stunde an, seine Ziele durchzusetzen. Zunächst muß er die innerparteiliche Führung über die Köpfe der Vorsitzenden Drexler und Harrer gewinnen. Er bedient sich dabei nicht nur seines Erfolges als Redner (Werbeobmann) seiner Partei, sondern auch seiner Verbindungen zur Reichswehr. Genau jene neuen Parteimitglieder, die Röhm der DAP zuschleust, sind Hitlers Gefolgsleute. Harrer ist nicht sehr redebegabt und Drexler ist nicht Soldat. Beide scheiden in den Augen der Thule für die Rolle des Trommlers einer nationalistischen Massenbewegung aus. Hitler hingegen hat bewiesen, daß er mit seinen Reden die Arbeiter und kleinen Angestellten anzieht – diese sind 1919 die Mehrheit der Wähler in Deutschland. Der begabte Redner wird unterstützt und aufgebaut. Seine Kameraden in der Thule helfen. Und sie schulen ihn. Mit diesem Hinweis, den ich bei Waite[43], Ravenscroft[44], Pauwels/Bergier[45], Webb[46], Willing[47] und anderen fand, stieß ich auf Fragen, die jenseits der nachgewiesenen politischen Aktivitäten der Thule lagen. Was war es, was man Hitler in der Thule-Gesellschaft vermittelte? Immerhin zog ihre Ideologie führende Kreise der Münchener Nachkriegsgesellschaft in ihren Bann. War die Thule mehr als nur eine nationalistische Vereinigung? War sie, was manche behaupten, eine Geheimloge? Welche Ziele verfolgte ihr innerer Kreis, der Germanenorden und mit welchen Praktiken?

3. Die andere Wirklichkeit: die geheime Veränderung der Welt

Der *Name* der Thule-Gesellschaft leitet sich her von der sagenhaften Thule, einer nordischen Entsprechung der untergegangenen Kultur von Atlantis. Ein Geschlecht von riesenhaften Übermenschen soll auf Thule gelebt haben. Sie standen nach der Meinung ihrer modernen Bewunderer durch magische Kräfte mit dem Kosmos in Verbindung. Sie verfügten über psychische und technische Energien, die weit über den technischen Errungenschaften des 20. Jahrhunderts gelegen haben sollen. Ein Teil ihres Wissens sei nach Tibet gelangt, wohin sich einige dieser Übermenschen nach dem Untergang ihrer Kultur retten konnten. Dieses Wissen sei nun, nachdem Deutschland am Rande seines Untergangs stehe, zur Rettung des Vaterlandes und zur Entstehung einer neuen Rasse von nordisch arischen Atlantiern bestimmt. Ein neuer Messias werde kommen, der das deutschen Volk zu dieser seiner wahren Bestimmung führen werde.[48]

Die neue Herrenrasse kann sich nach der Weltanschauung der Thule jedoch nicht ausbreiten, solange ihr „Feind" sie daran hindert. Ordensmeister Rudolf von Sebottendorff sagt am 9. November 1918 in einer Thule-Versammlung: „Meine Brüder und Schwestern! Wir erlebten gestern den Zusammenbruch alles dessen, was uns vertraut, was uns lieb und wert war. Anstelle unserer blutsverwandten Fürsten herrscht unser Todfeind: Juda... Wir sind alle gefährdet, die wir im Kampfe stehen, denn uns haßt der Feind mit dem grenzenlosen Hasse der jüdischen Rasse, es geht jetzt Auge um Auge, Zahn um Zahn!... Unser Orden ist ein Germanenorden, germanisch wie die Treue. Unser Gott ist Walvater, seine Rune ist die Aarrune... Die gestrige Revolution, gemacht von Niederrassigen, um den Germanen zu verderben, ist der Beginn der Läuterung. Von uns allein wird es abhängen, wie lange oder wie kurz diese Läuterung sein wird... Nun wollen wir reden vom

Deutschen Reich, jetzt wollen wir sagen, daß der Jude unser Todfeind ist, von heute ab werden wir handeln…"[49]

Das war das Programm der Thule-Gesellschaft. Aber es sollte nicht ein Hirngespinst einer kleinen Gruppe bleiben. Eckart forderte: „Wir brauchen einen Mann als Führer, ...der Reden halten kann." Eckart ist der Mann, der von der Thule ausgesucht wird, sich um Hitler zu kümmern. Ich habe Eckart oben schon als Schwabinger Bekanntheit vorgestellt.

Der Münchener Stadtteil Schwabing ist zu dieser Zeit ein Tummelplatz verschiedenster Gruppen. Theosophen, Mystiker, Gnostiker, Taoisten, Mazdaisten, Buddhisten, Neobuddhisten, Zionisten, Nihilisten, Syndikalisten, Anarchisten, Bolschewiken und Pazifisten – sie alle suchen nach einer Erklärung der geschichtlichen Abläufe und sie suchen Anhänger. Die Kunstszene um Michael Georg Konrad, Stefan George, Karl Wolfskehl, Ludwig Klages und Alfred Schuler fordert eine spirituelle Kunst. In allen diesen Kreisen ist von einem neuen geistigen Orientieren die Rede, ein neuer Sinn muß – nach dem Zusammenbruch der bisherigen Werte – gesucht werden.

Dietrich Eckart (1868-1923) hat seine geistige Heimat gefunden. Es ist die christliche Mystik, aus der er seinen Rassismus ableitet. Nach Rosenberg hat Eckart neben Schopenhauer und vor allem dessen Übernahme der Maya-Lehre (die stoffliche Welt ist Illusion) den „Cherubischen Wandersmann" des Mystikers Angelus Silesius geschätzt. Nach Silesius muß sich der Mensch von der Welt befreien, indem er die Vorherrschaft der Materie ablehnt, denn Materie ist Illusion. Nur der Tod bricht diesen Fluch, unter dem die Menschheit leidet. Eckart spinnt Silesius' Faden weiter: die Juden hätten dagegen die Lehre „Macht euch die Erde (Materie) untertan" in die Welt gesetzt. Christi Worte seien von Paulus und anderen mit den Schriften des (jüdischen) Alten Testaments in Einklang gebracht und damit verzerrt worden.

Aber Eckart ist nicht nur Literat, nicht Theoretiker. Gegen Juden und Kommunisten gründet er Anfang 1919 die „Deutsche Bürgervereinigung". Ein Mitarbeiter *Rudolf Steiners* soll nach Eckarts Angaben das Büro der „Bürgervereinigung" aufgesucht haben, um nach einer Möglichkeit zur Verbreitung der politischen Ideen Rudolf Steiners zu fragen. Steiner hat sie 1917 in seinem Buch „Zur Dreigliederung des sozialen Organismus" vorgestellt, in der er die Gesellschaft als Analogie zum menschlichen Körper sieht. Wie dieser sei die Sozietät von einem Kopf-System (dem spirituellen Leben einer Nation) gesteuert, die Regierung müsse in die Funktionen Wirtschaft, Gesetzgebung und Rechtsprechung geteilt werden. Ich gehe hier nicht näher auf Steiners politische Theorie ein, da sie Hitler nicht beeinflußt haben dürfte. Dennoch: mit seinem Anspruch, eine politische Organisation auf religiös-spiritueller Grundlage zu gründen, ist Steiner zum direkten Konkurrenten und Feind der Nationalsozialisten geworden.

Eckart beschließt, Steiner politisch anzugreifen. In zwei Ausgaben seiner Kampfschrift „Auf gut deutsch" (Juli, Dezember 1919) prägt Eckart den Stil für alle folgenden Attacken gegen die Anthroposophen, wie sich die Anhänger Steiners selbst nennen. Eckart schreibt, Steiner sei ein Jude aus Galizien und er betreibe sexuelle Magie. Seine Hintermänner strebten eine jüdisch-freimaurerische-kommunistische Weltverschwörung an. Steiners Ideen sind in den zahlreichen esoterisch-okkulten Gruppen Münchens bekannt. Daß Steiner den damals bekannten Eckart gewinnen will, scheint durchaus verständlich. Steiners Gedanke einer Volksgemeinschaft, eines politischen Organismus, der alle einschließt, findet sich in den völkischen Kreisen wieder: die bisherigen politischen Vorstellungen sind mit dem Zusammenbruch des Kaiserreiches unglaubwürdig geworden. Auf dem Boden dieser Orientierungslosigkeit soll der Ruf nach einer neuen Vision erklingen. Die Politik (wie die Kunst) soll spirituell begründet sein.

Eckart hat erkannt, daß Steiner den vielen Suchern einer neuen politischen Zukunft ein Konzept anzubieten hat. James Webb bezeichnet Steiner als wichtige politische (!) Figur in jenen Tagen.[50] Und dies macht Steiner zum Feind. Eckart hat Erfolg. Seine Verleumdungen diskreditieren Steiner, gegen den schon während des Krieges gehetzt worden ist, in den völkischen Gruppen.

Der Engländer Trevor Ravenscroft behauptet in seinem später von mir eingehend diskutierten Buch „Der Speer des Schicksals", die Nationalsozialisten hätten 1922 und danach Attentate auf Steiner geplant. Das klingt plausibel, ist jedoch nicht zu verifizieren. Nicht eindeutig zu beweisen ist auch, daß die Nationalsozialisten 1924 das erste Goetheanum bei Basel in Brand gesteckt hätten. Völlig von der Hand zu weisen ist indes die Behauptung, die der Nervenarzt Wolfgang Treher aufstellt. Treher bezichtigt in seinem Buch „Hitler, Steiner, Schreber"[51] Steiner neben Hitler und Schreber der Geisteskrankheit. Es kann nach meiner Auffassung nicht Aufgabe einer Ursachenforschung sein, die Ereignisse zwischen 1933 und 1945 auf eine Geisteskrankheit Adolf Hitlers zurückzuführen, die zudem höchst fraglich ist.

Aber zurück zu Eckart. Konrad Heiden, ein Zeitgenosse Hitlers aus seiner Münchener Zeit schreibt in seiner Biographie „Der Führer" (1940): „Dietrich Eckart übernimmt Adolf Hitlers geistige Führung. Hitler lernt von ihm schreiben und sogar sprechen."[52] Louis Pauwels und Jacques Bergier präzisieren diese Aussage: „Diese Unterweisung betraf zwei Gebiete: die Geheimdoktrin und die Propagandadoktrin."[53] Die Unterhaltungen der beiden Antisemiten sind von Eckart in der Broschüre „Der Bolschewismus von Moses bis Lenin: Zwiegespräche zwischen Adolf Hitler und mir" festgehalten und ein Jahr nach Eckarts Tod (1924) veröffentlicht worden.

Hitlers erste Veröffentlichung

Der Titel des Pamphlets ist irreführend, denn über den Bolschewismus ist so gut wie nichts zu erfahren. Dagegen spricht Hitler über Rasse und die jüdische Weltverschwörung. Die beiden Nationalsozialisten diskutieren daneben Freimaurerei, Christentum und Pazifismus. Sie loben Martin Luthers Antisemitismus, aber sie kommen zu dem Schluß, daß Luther mit der Teilung der Kirche die Macht der Juden gestärkt habe. Auch ist Luther nach ihrer Meinung zu gemäßigt. Die Juden, so fordern die beiden, müßten ausgerottet werden.[54]

Zur näheren Erläuterung des „Zwiegesprächs" greife ich auf Friedrich Heer, die beiden empfehlenswerten Bücher „Gottes erste Liebe" und „Der Glaube des Adolf Hitler", zurück. Heer schließt auf die Authentizität des „Zwiegesprächs" durch vergleichbare Aussagen Hitlers in seinen uns überlieferten „Tischgesprächen". Ein Blick in die „Zwiegespräche" zeigt auch deren verschrobenen Stil: „ Adolf Hitler weist auf die verborgene Kraft hin, die alles nach einer bestimmten Richtung deichselt: ‚Die aber ist da. Seit es Geschichte gibt, ist sie da. Wie sie heißt, weißt du. Der Jude.'"
„Ein Griff nach dem Alten Testament, ein kurzes Blättern, und – ‚Da', rief er, ‚schau's dir an, das Rezept, wonach die Juden von jeher ihre höllische Suppe kochen! Wir Antisemiten sind Mordskerle. Alles stöbern wir auf, nur das Wichtigste nicht.' Und er las, Wort für Wort betonend, mit harter Stimme." Folgt: „Und ich will die Ägypter aufeinanderhetzen, daß ein Bruder wider den anderen, ein Freund wider den anderen, eine Stadt wider die andere, ein Reich wider das andere streiten wird…"
Das „Gespräch" zwischen Hitler und Eckart schweift durch die Tiefen und Höhen der Weltgeschichte: Überall ist der teuflische Jude am Werk, in der Verführung der Völker, im Verderben der Völker. Dietrich Eckart weist auf den Kampf des Jesus Christus gegen die Juden hin. „Trotzdem er gesagt hatte: ‚Lie-

bet eure Feinde!'" Hitler entgegnet: „Friede ja, was so ein richtiger Feind ist, ein offener, meinetwegen noch so brutaler, den kann man auch lieben, man kann ihn wenigstens achten, und so hat es auch Christus gemeint; aber daß wir die reinen Bestien, Menschen, die keine Liebe der Welt davon abbringen könnte, uns Seele und Leib zu vergiften, an's Herz schließen, das zu ertragen ist Christus nicht im Traum eingefallen. Er tut es ja selbst nicht. Im Gegenteil, er haut zu, so fest er kann..."

Dann ein Ausfall Hitlers gegen jüdische Päpste und jüdische Würdenträger der Kirche: „War das, was sie vertraten, Katholizismus? Nein, es war Judentum. Nehmen wir nur eines: den Ablaßhandel. Der jüdische Geist, wie er leibt und lebt. *Wir beide sind Katholiken* (hervorgehoben vom Autor); aber dürfen wir das nicht sagen?"

Hitler fährt fort: „Will man uns wirklich weismachen, daß an der Kirche nie etwas auszusetzen wäre? Gerade *weil* (gesperrt im Originaldruck) wir Katholiken sind, sagen wir es. Mit dem Katholizismus hat das nichts zu tun. Von dem wissen wir, daß er unberührt geblieben wäre, auch wenn die halbe Hierarchie aus Juden bestanden hätte. Im allgemeinen kann man sagen, daß die Päpste germanischer Abstammung den Katholizismus reiner verkörperten, als die Italiener oder Spanier. Der deutsche Hildebrand stützte ihn als Gregor VII. konsequent wie keiner. Solange er am Ruder war, hatte die verderbliche Gleichberechtigung der Juden ein Ende."

Dietrich Eckart macht aufmerksam: „Wie ist es denn *jetzt?*" (fett im Originaldruck), unterbrach ich ihn. – „Ein katholischer Priester nach dem andern wird in Rußland von den jüdischen Bestien zu Tod gemartert; viele Hunderte sind schon erledigt; die Kirche liegt in den letzten Zügen; Satan und Judas haben Denkmäler; Rom bringt es nicht fertig, das Kind beim rechten Namen zu nennen. Manchmal ein kleiner Ansatz – sofort wieder aus. Der Katholizismus will reden, das Judentum lähmt ihm die Zunge. Du weißt ja, was ein Trebitsch (zu Trebitsch siehe später, Anm. d. Verf.) gesagt hat: Deutschland bolsche-

wistisch und die Juden werden mit Rom spielend fertig. Als ein Jude muß er es wissen."
Hitler: „Rom", versetzt er, „wird sich ermannen; aber erst, wenn wir uns ermannt haben werden. Nur die Gründlichkeit des Deutschen kann der Welt die Augen öffnen. Ein zweiter Hildebrand wird erscheinen, ein noch größerer, und den Weizen von der Spreu sondern. Und eines Tages wird es heißen: Die Kirchenspaltung ist *gewesen*."
Das Gespräch nimmt nun ausgesprochen antiprotestantische Züge an.
Hitler: „Unseren Protestanten ist nicht mehr zu helfen. ‚Ehrliche Leute, jedoch glatte Gesellen' nennt sie der Protestant Schopenhauer. Die Bibel ist kein Kochbuch." Luthers „positive" und negative Seiten werden ausführlich besprochen. Wobei Hitler Luther als Judenfreund und Judenfeind würdigt. Dietrich Eckart befürchtet nämlich, daß die Juden „auch den Luther zum Juden frisieren werden..." Hitler erwidert, ernst nickend: „Ich weiß es. *Die fürchterlichste Tragik* (fett im Originaldruck). Eine Schuld von so grauenhafter Wirkung, daß heute die ganze Kultur daran zugrunde zu gehen droht, in aller Unschuld begangen. Mit der größte Deutsche, die ahnungslose Ursache des deutschen Zusammenbruchs. Luther, der gewaltige Gegner der Judenheit, unbewußt ihr verhängnisvollster Wegbereiter. Nicht zu fassen; ich sage dir, nicht zu fassen. Um lausige zehn bis zwanzig Jahre zu spät geschehen! Wo alles bereits entschieden war! Vorher mit Leib und Seele für den Verräter! Da sind ihm die Hebräer noch ‚Vettern und Brüder unseres Herrn', wir Christen aber nur ‚Schwäger und Fremdlinge'... Der selige Erzberger hätte es nicht toller treiben können."
„Trotzdem: Luther war ein großer Mann, ein Riese. Mit einem Ruck durchbrach er die Dämmerung; er sah den Juden, wie wir ihn erst heute zu sehen beginnen. Nur leider zu spät, und auch dann noch nicht da, wo er am schädlichsten wirkt: im Christentum. Ach, hätte er ihn da gesehen, in der Jugend gesehen! Nicht den Katholizismus hätte er angegriffen, sondern den

Juden dahinter! Statt die Kirche in Bausch und Bogen zu verwerfen, hätte er seine ganze leidenschaftliche Wucht auf die *wahren* ‚Dunkelmänner' fallen lassen. Statt das alte Testament zu verklären, hätte er es als die Rüstkammer des Antichristen gebrandmarkt. Und der Jude, der Jude wäre in seiner scheußlichen Nacktheit dagestanden, zur ewigen Warnung. Aus der Kirche hätte er heraus müssen, aus der Gesellschaft, aus den Hallen der Fürsten, aus den Burgen der Ritter, aus den Häusern der Bürger. Denn Luther hatte die Kraft und den Mut und den hinreißenden Willen. Nie wäre es zur Kirchenspaltung gekommen, nie zum Krieg, der nach Wunsch der Hebräer dreißig Jahre lang arisches Blut in Strömen vergoß."
Im späteren Verlauf des Gespräches, in dem Hitler unter anderem auf „das Wunder der modernen Judenschaft: Moses Mendelssohn" und das verjudete Berlin seiner Zeit zu sprechen kommt, macht Dietrich Eckart noch einmal auf Luther aufmerksam, auf seine Forderungen, die Synagogen und Judenschulen zu verbrennen. Darauf Adolf Hitler: „Mit dem Verbrennen wäre uns verdammt wenig geholfen. Das ist es ja: auch wenn nie eine Synagoge, nie eine jüdische Schule, nie das Alte Testament und nie der Talmud existiert hätten, der jüdische Geist wäre doch da und täte seine Wirkung. Seit Anbeginn ist er da; und kein Jude, nicht einer, der ihn nicht verkörperte. Am deutlichsten wird das an den sogenannten aufgeklärten Juden..."
Fast automatisch – Hitler steht im Banne harter Denkzwänge, immer wieder kommt er in seinen Reden und in den intimsten Tischgesprächen im Führerhauptquartier während des Krieges auf dieselben Themen zurück – wendet sich das Gespräch dem jüdischen Bolschewismus zu. Dieser habe Rußland in eine Wüste verwandelt, wie die Weisen von Zion es forderten, und gehe jetzt daran, Deutschland durch den Kommunismus zu vernichten.
Hitler: „Die Kommunistische Partei in Deutschland wird vom Juden ausgehalten. Wir Nationalsozialisten haben alle Hände voll zu tun, nur um einen ‚Beobachter' durchzuhalten. Wenn

wir alle Juden hielten, hätten wir in kürzester Frist Parteiblätter die schwere Menge. Gibt es Genossen, die das bezweifeln?"
Dietrich Eckart ergeht sich nun über den „hundsgemeinen Charakter" der Juden: „*Die ganze Rasse hätte von vornherein totgeschlagen werden müssen!* So würden sie schreien wie die Besessenen und mit Recht..."
„Nun kommt aber das Schönste", sagte er. „Alle, aber auch alle sozialen Ungerechtigkeiten von Bedeutung, die es auf der Welt gibt, gehen auf den unterirdischen Einfluß des Juden zurück. Die Arbeiter suchen also mit Hilfe des Juden zu beseitigen, was kein anderer als der Jude zielbewußt eingeführt hat..."
Und wieder Adolf Hitler (mit diesen Äußerungen bricht das unvollendete Manuskript Dietrich Eckarts ab): „‚Es ist wohl so', meinte er, ‚wie du einmal geschrieben hast: man kann den Juden nur verstehen, wenn man weiß, wohin es ihn letzten Endes drängt. Über die Weltherrschaft hinaus, zur *Vernichtung* der Welt. Er glaubt, die ganze Menschheit unterkriegen zu müssen, um ihr, wie er sich einredet, das Paradies auf Erden verschaffen zu können. Nur er sei imstande, macht er sich weis, und es wird ja auch bestimmt so kommen. Aber schon an den Mitteln, die er anwendet, sieht man, daß es ihn insgeheim zu etwas anderem treibt. Während er sich vorspielt, die Menschheit hoch zu bringen, peinigt er sie in die Verzweiflung, in den Wahnsinn, in den Untergang hinein. Wenn ihm nicht Halt geboten wird, vernichtet er sie. Auf das ist er eingestellt, dazu drängt es ihn; obwohl er dunkel ahnt, daß er sich dadurch mitvernichtet. Er kann nicht aus, er muß es tun. Dieses Gefühl für die unbedingte Abhängigkeit seiner Existenz von der seines Opfers scheint mir die Hauptursache seines Hasses zu sein. Einen mit aller Gewalt vernichten zu müssen, gleichzeitig aber zu ahnen, daß das rettungslos zum eigenen Untergang führt, darin liegt's. Wenn du willst: die Tragik des Luzifer.'[55]
Heinrich Himmler, der in den zwanziger Jahren noch relativ wenig unter Hitlers Einfluss stand, nennt das „Zwiegespräch"

„ein urwüchsiges, geistreiches Gespräch". „Es gibt eine Perspektive durch alle Zeiten und öffnet einem die Augen in vielen Punkten, die man noch nicht gesehen hat. Ich wollte, jeder würde diese Schrift lesen", notiert er am 19.5.1924 in sein Notizbuch, in dem er gewissenhaft alle Bücher, die er liest, in einem Kurzkommentar zusammenfaßt.[56]

Zurück zu Dietrich Eckart. Nach Ravenscroft ist Eckarts letzte Tat, bevor er starb, die Einweihung Hitlers in einem magischen-sadistischen Ritual gewesen – ähnlich den Ritualen, die man dem Graf über Neapel und Sizilien Landulf II. auf seiner Feste Kalot Enbolot im 9. Jahrhundert nachgesagt hat. Eckart und der geheime innere Zirkel der Thule praktizierten nach Ravenscroft eine Form „astrologischer Magie". Ich komme im vierten Kapitel darauf zurück.

Daß Dietrich Eckart in Berlin zu einer der Gruppen gehört habe, die mit Peyote experimentierten, klingt plausibel, da wir wissen, daß Eckart Morphium und Alkohl konsumierte. Seine Reisen nach Nordafrika, Granada und Barcelona weisen auf sein Interesse für den Islam hin. Hitlers Neugier dem Islam gegenüber, von der manche Biographen sprechen[57] – scheint in Eckart ihre Ursache zu haben. Eckart soll sich selbst für eine Reinkarnation des Bernhard von Barcelona gehalten haben, eine der Schlüsselfiguren beim Zusammenprall der christlich-abendländischen Kultur und der arabisch-islamischen Welt. Die Begeisterung für den Islam öffnet Eckart den Zugang zu Nietzsche und Schopenhauer.

Dietrich Eckart ist nach diesem Studium als fünfzigjähriger zur Thule gestoßen und sei – so Ravenscroft – neben Karl Haushofer (siehe später) der Meister des inneren Zirkels geworden. Dieser innere Kreis habe SCHWARZE MAGIE praktiziert. Mit bestimmten Ritualen hätten diese Eingeschworenen ihr Bewußtsein zur Wahrnehmung nichtmenschlicher negativer Energien des Universums geöffnet und mit diesen kommuniziert.

Schwarze Magie?

Hinter diesem Verständnis von Magie steht der Glaube, daß Mensch und Universum oder in anderen Worten Mikrokosmos und Makrokosmos einander entsprechen. In der Schwarzen Magie wenden sich die Okkultisten (Magie als okkulte = geheime „Wissenschaft") an die dunklen (=schwarzen =negativ zerstörerischen) Mächte, indem sie diese beschwören und mit ihnen einen Pakt eingehen (faustischer Akt). Der Beschwörer – Ravenscroft vermutet es sei Eckart gewesen, Pauwels/Bergier schreiben es Haushofer zu – benutzt ein Medium, um mit diesen Kräften in Kontakt zu kommen. Zweck dieses Kontaktes ist, die kosmischen Energien aus dem eigenen Innern hervorzuholen und zu wecken. Um diesen Vorgang zu unterstützen, verwenden die Okkultisten eine breite Palette von Zeichen, Symbolen, Farben und Formen in ihren Ritualen, die dem Magier zur Verbindung mit den besonderen Kräften, die er anruft, verhelfen. Mit Hilfe dieser rituellen Elemente – Licht, Farben, Kreise, Dreiecke, Düfte – sammelt der Magier seine Willenskraft zu einem Strom reiner Energie.[58]

Ravenscroft verweist bei seiner These von den magischen Ritualen auf seinen Landsmann *Aleister Crowley*. Eine Betrachtung dieses „Magus des 20. Jahrhunderts" würde weit über den Rahmen dieses Buches hinausgehen. Da jedoch von verschiedenen okkulten Autoren immer wieder auf die Nähe zwischen Crowley und den Nationalsozialisten hingewiesen wird, ist ein kleiner Exkurs notwendig.

Aleister Crowley hat durch seine privaten Studien, sein Mitarbeiten in einflußreichen Geheimgesellschaften wie der „Golden Dawn", der „Pansophischen Weltföderation", der „Fraternitas Saturni" und sein Gründen des „Silver Star", der „astra argentea" und des „Orientalischen Templer-Ordens (OTO)" die Renaissance der Magie in Mitteleuropa im 20. Jahrhundert wesentlich gefördert. Wenn auch seine Person äußerst umstritten ist, so hat er doch mit seinen Erkenntnissen die Untersuchungen der Psychologie angeregt. Crowley ist einer der letzten Vertreter der Max Stirnerschen Betrachtungsweise, deren Credo lautet: „Mir geht nichts über mich." Mit diesem Individual-Anarchismus entfallen alle ethischen Bindungen. „Tue, was du willst!" fordert Crowley. „Das soll sein das ganze Gesetz!"

Ich fand bis heute keinen Beleg dafür, daß Crowley mit einem der führenden Nationalsozialisten in Kontakt gekommen ist. Aber ich stieß bei meinen Recherchen auf zwei Namen, die eine nähere Betrachtung lohnen: Karl Germer und Martha Küntzel.

Karl Germer ist einer von Crowleys Schülern, der seinem Meister vor allem in finanzieller Hinsicht Unterstützung zukommen läßt. Germer verkauft in Deutschland Crowleys „Lebenselixir"-Pillen. Als die Nationalsozialisten 1935 die Mehrzahl der okkulten Gruppen verbieten, wird Germer von der Gestapo verhaftet und später ins Konzentrationslager Esterwegen überführt. Zehn Monate später wird er plötzlich entlassen. 1941 emigriert er in die USA.

Germers Gesinnungsgenossin *Martha Küntzel* ist eine große Bewunderin Adolf Hitlers. Sie bombardiert Crowley mit Lobeshymnen auf den „Führer". Germer und Crowley sind nach Francis King „The magical world of Aleister Crowley"[59] der Meinung, Hitler sei Martha Küntzels „magischer Sohn" und Hitler habe durch sie Crowleys Buch „The Book of the Law" erhalten. Wenn auch Martha Küntzel in einem Brief an Germer die Theorie von ihrer „magischen Mutterschaft" in den Bereich der Fabel zurückweist, so ist doch der zweite Hinweis, Hitler habe Crowleys Werk studiert, nicht so ohne weiteres zu belächeln.

Unterstellen wir, daß sich Hermann Rauschning an Hitlers Aussagen nahezu wortgetreu erinnert hat, dann fallen in der Tat zwischen Hitlers Aussprüchen und dem „Book of the Law", von Crowley zahlreiche Übereinstimmungen auf. Beide glauben vor allem an die Existenz böser Mächte.

Nach Ravenscroft soll Crowley 1912 in der Berliner OTO-Loge alle Formen der sexuellen Magie kennengelernt haben. Perversion und verbotene Rituale (rituelle Masturbation,

Orgien und Sodomie) sind den Okkultisten zu allen Zeiten nachgesagt worden und sicher gibt es Beispiele dafür, daß mit Hilfe von Ausschweifungen versucht wurde, Energien freizusetzen, um den Ausübenden so mehr Macht zu verschaffen. Ich habe keinen Beweis dafür gefunden, ob Eckart und der innere Kreis der Thule diese Rituale kopierten, aber ich betrachte es als eine der Aufgaben dieses Buches, die weitere Erforschung dieses Themas anzuregen.

Folgen wir weiter Ravenscrofts' Gedankenführung. Crowley habe im sogenannten Thulekloster von Thelema (Sizilien) die Praktiken Landulfs II. von Capua studiert, dem von Richard Wagner erwähnten Klingsor des Anti-Gral. Bei einem nächtlichen Besuch auf Klingsors Schloß Kalot Enbolot habe Crowley den Anti-Christ in einem ähnlich faustischen Akt angerufen, wie es die Mitglieder des Armanenordens und später Hitler vor dem Speer in der Schatzkammer in Wien (s. 4. Kap.) und Dietrich Eckart und Alfred Rosenberg in ihren spiritistischen Sitzungen in der Thule getan hätten. (Eckart habe nach Ravenscroft ebenso Kalot Enbolot besucht.)

Diese Seancen in der Thule seien von Eckart mit den russischen Emigranten General Skoropadski und General Biskupski veranstaltet worden. (Ravenscroft behauptet, beide Russen hätten das Geld zum Kauf des „Münchener Beobachters" bereitgestellt, was absolut nicht den Tatsachen entspricht[60].)
Ein anderer Exilrusse, Dr. Nemirovitch-Dantchenko habe eine Frau als Medium entdeckt, die von den Wesenheiten, die Rosenberg angerufen haben soll, besessen worden sei. Hierbei seien Botschaften verstorbener Thulemitglieder empfangen worden. Eine der während einer Seance erhaltenen Prophetien sei das bevorstehende Erscheinen des lange erwarteten deutschen Messias gewesen.

Bedauerlich ist, daß Ravenscroft nahezu keine Quelle nennt und damit Zweifel an seiner Glaubwürdigkeit entstehen.

Die dürften doch auch wohl (hier) entstanden sein!

Bevor Eckart 1923 an den Folgen seines Alkohol- und Morphiumkonsums stirbt, sagt er: „Folgt Hitler! Er wird tanzen, aber die Musik zu seinem Tanz habe ich komponiert. Wir haben ihm die Mittel gegeben, mit Ihnen in Verbindung zu treten... Beklagt mich nicht: ich werde mehr Einfluß auf die Geschichte gehabt haben als jeder andere Deutsche..."[61]

Weitere Männer der Thule

Gottfried Feder (1883-1941) ist der Ökonom der Thule-Gesellschaft. Er hat sich 1918 aus seiner Tätigkeit als Bauunternehmer zurückgezogen und sich Finanztheorien zugewendet. Sein „Manifest zur Brechung der Zinsknechtschaft des Geldes" versteht er als Heilslehre gegen die Herrschaft des „internationalen Börsen- und Leihkapitals" und der „rein aufs Diesseitige gerichteten Lebensauffassung"[62]. Hauptmann Mayr engagiert ihn als Aufklärungsredner vor der Truppe. Am 12. September spricht er anstelle des erkrankten Dietrich Eckart im Sterneckerbräu vor den DAP-Mitgliedern und einem unbekannten Reichswehr-V-Mann namens Adolf Hitler (s. Kap.1). Im Januar 1920 gründet Feder den „Kampfbund zur Brechung der Zinsknechtschaft" und hält Vorträge und Diskussionsveranstaltungen. Seine Lehre von der verderblichen Rolle des Zinses und der Notwendigkeit seiner völligen Beseitigung hat er immer als das „Herzstück des Nationalsozialismus" betrachtet.[63] Tatsächlich hat Feder jedoch nie eine politisch entscheidende Position im späteren Dritten Reich innegehabt. Seine höchsten Posten sind Staatssekretär im Reichswirtschaftsministerium (1933-1934) und Reichskommissar für Siedlungsfragen (1934). Im November 1934 wird er als Honorarprofessor an die TH Charlottenburg abgeschoben, wo er bis zu seinem Tod 1941 eine eher unbedeutende Rolle spielt. Feder hat die jüdische „Goldene Internationale" zum Sündenbock des wirtschaftlichen Bankrotts Deutschlands gemacht. Das Judentum ist für ihn die Manifestation des materialistischen Geistes, der sich auch in einem politischen Atheismus niederschlage. In einer Rede vor dem Reichstag 1930 stellt Feder dem „die religiöse Grundlage unserer Bewegung“ entgegen, die erkennbar sei an den höchsten dem Menschen innewohnenden Tugenden: Opferbereitschaft, Hingabe und heiliger Zorn.

Alfred Rosenberg (1893-1946) stammt aus dem baltischen Riga. Die dort ansässigen „Deutschen Kolonisten“ sind die glühendsten Verfechter eines Großdeutschen Reiches. Schon vor der Revolution in Rußland (1917) sind diese Völkischen mit russischen okkulten Zirkeln in Verbindung. In diesen Kreisen bewegt sich auch Arthur Moeller Vandenbruck, der in seinem Buch „Das Dritte Reich“ (1923) ein neues spirituell errneuertes Deutschland fordert.

Es ist inzwischen historisch belegt, daß die russischen Emigranten, die vor der Revolution geflohen sind, ein Grundpfeiler des Antisemitismus im Nachkriegsdeutschland jener Jahre sind.[64]

Durch Rosenberg und diese Kreise gelangen die sogenannten *„Protokolle der Weisen von Zion“** in den Westen. Diese Protokolle, die angeblich die Aufzeichnung eines geheimen Treffens jüdischer Mächtiger sein sollen, haben auf die deutschen Rassisten einen tiefgreifenden Einfluß. James Webb und Norman Cohn haben dies anschaulich nachgewiesen.[65]

Die Hauptthesen der Protokolle sind:
Es gibt eine geheime Verschwörung mit dem Ziel, die Weltmacht zu übernehmen. Sie wird von einem internationalen jüdischen Syndikat angezettelt, das es zu seinem Geschäft gemacht hat, den Parteienzwist zu entfachen, die bestehende gesellschaftliche Ordnung zu stören und internationale Konflikte heraufzubeschwören. Die Hauptwaffe dieser Verschwörer sind die kommunistische Revolution und finanzielle internationale Manipulationen und Spekulationen. Diese Menschen werden die Weisen von Zion genannt. Sie finden Gefallen daran, die herkömmliche Moral und den Trost der Religion zu untergra-

* erwiesenermaßen eine Fälschung

ben und zu zerstören. Ihre besonderen Helfer sind die Freimaurer, aber es gibt noch andere Geheimgesellschaften, die ihre Mission zur Unterwanderung erfüllen. Ihr Ziel ist die Errichtung einer jüdischen Gewaltherrschaft, dessen totale Kontrolle über alle Bereiche menschlichen Lebens alle bisherigen Beispiele in der Geschichte weit übertreffen wird.

Es ist unschwer zu erkennen, daß die Nationalsozialisten dieses den Juden angedichtete Ziel der Weltherrschaft übernehmen, und wir alle wissen, daß die totale Kontrolle über alle Bereiche menschlichen Lebens in keinem anderen Staat in der Geschichte so total ausgeübt wurde wie im Dritten Reich.

Aber verlassen wir uns nicht auf Vermutungen. Es gibt Fakten, die Hitlers Bekanntschaft mit den „Protokollen“ beweisen. In einer Rede am 13.8.1920 sieht Hitler im Walten der Juden eine Entnationalisierung der Rassen. Sie sinken im Wert ab, „denn was der Jude nötig hat, um seine definitive Weltherrschaft zu organisieren, aufzubauen und erhalten zu können, ist die Senkung des Rasseniveaus der übrigen Völker, daß er als Einziger rasserein befähigt ist, über alle anderen letzten Endes zu herrschen…“[66] Am 26.10.1920 fügt er in einer Rede im Kindlkeller hinzu, der Marxismus sei ein jüdischer Trick, um den Zusammenbruch des Wirtschaftslebens eines Landes zu beschleunigen. Das internationale Kapital rette dann das Land aus seiner Not, um die „jüdische Weltherrschaft aufrichten“ zu können.[67] Ich will es mit diesen beiden Beispielen genug sein lassen. Weitere Nachweise hat Jochen Thies in seinem empfehlenswerten Buch „Architekt der Weltherrschaft“ in Fülle ausgebreitet.[68]
Dr. Albert Krebs berichtet von einem Gespräch mit Himmler aus dem Jahr 1929: „Die Phantom-Vorstellung von den ‚Weisen von Zion‘… gehörten zum geistigen Rüstzeug der Bewegung. Für die meisten nationalsozialistischen Führer bildeten sie aber mehr einen Propagandavorwand als eine echte Überzeugung. Zum mindesten war man sich der Übertreibung

bewußt. Von Himmler muß ich dagegen nach jenem Gespräch annehmen, daß er in diesen Vorstellungen lebte, daß sie seine Welt darstellten, der gegenüber die eigentliche, wirkliche Welt mit ihren Problemen und Aufgaben völlig in den Hintergrund trat."[69]
Zurück zu Rosenberg. Rosenberg empfiehlt sich mit den „Protokollen" Hitler und Eckart. Er hatte schon während seiner Studentenzeit *Houston Stewart Chamberlain* gründlich studiert. Seine Schriften wurden zu einer der wichtigsten Grundlagen von Rosenbergs Ideologie, die er später als neue „deutsche Volksreligion"[70] propagierte, 1923 während Hitler in Landsberg inhaftiert und Eckart bereits gestorben ist, schreibt Rosenberg „Natur, Grundsätze und Ziele der NSDAP". Er spricht dabei von der Überlegenheit des arisch deutschen Blutes, vom Dritten Reich und er fordert Lebensraum im Osten für deutsche Siedlungen mit einer gleichzeitigen Kriegserklärung an die Bolschewisten. Wegen dessen Angriffen auf das Christentum und dessen scharfem Antikommunismus hat Hitler Rosenberg später aus der vordersten Linie genommen, um nicht Ausland, Kirche und den neuen Verbündeten UdSSR (1939) zu brüskieren.

Rosenberg zieht 1923 Nutzen aus zwei Mängeln der NSDAP: Es gibt nach dem Tod von Scheubner-Richter und Eckart keinen Russlandexperten und keinen Ideologen mehr in der Partei. Rosenberg tritt als Opfer der „jüdischen" Revolution (1917) auf.

1930 veröffentlicht Rosenberg den *„Mythus des zwanzigsten Jahrhunderts"* in dem er eine Religion des Blutes entwickelt. Das nordisch arische Blut sei die kulturell erschaffende Kraft in der Weltgeschichte. Der Niedergang der alten Hochkulturen sei auf eine Blutvermischung mit Nichtariern zurückzuführen. Das deutsche Blut müsse daher um seine Reinerhaltung kämpfen. Blut und Ehre müssen die deutsche Seele formen.

Webb informiert über einige interessante Details zu Rosenbergs

„Mythus des zwanzigsten Jahrhunderts“. Rosenberg hat demnach einen Teil des Mythus geschrieben, bevor er 1917 Moskau verlassen hat. Das Kapitel über den philosophischen deutschen Idealismus hat er 1919 verfaßt. Den Rest des Buches entwickelt er in den zwanziger Jahren.[71]
Der Mythus läßt den Geist Houston Stewart Chamberlains spüren. Ich komme auf Chamberlain später zurück. „Rassengeschichte“, schreibt Rosenberg, „ist sowohl natürliche Geschichte als auch spirituelle Mystik.“ Wie viele Rassisten beginnt Rosenberg mit Atlantis als Heimat der Arier, ich komme später auf die „Geheimlehre“ von Helena Petrovna Blavatsky als weiterer Atlantis-Theorie zu sprechen. Die Atlantis-Welle war in jener Zeit hoch, was unter anderem eine Ausstellung von „Trancebildern“ von Atlantis in Berlin 1931 beweist.

Für Rosenberg hat Atlantis im Norden gelegen. Das „Sonnenrad“, das als religiöses Symbol in den nah- und fernöstlichen Religionen auftaucht, sei eine rassische Erinnerung der arktischen Sonne. Andere Rassen seien als Mischrassen durch Blutsvermischung mit bereits vorhandenen primitiven Völkern entstanden.

Rosenberg, Steiner, Blavatsky, Lanz, List und anderen Autoren jener Tage geht es nicht um eine historisch-wissenschaftliche Klärung.
Sie geben an, ihre Schau der Geschichte als Intuition und Eingebung empfangen zu haben. So findet sich zum Beispiel im „Mythus“ keine einzige Quellenangabe. Ein anderer Beweis, daß Rosenberg zu dieser Gruppe der okkulten Schriftsteller gezählt werden muß, ist seine Methode der Römisch-Katholischen Kirche zu widersprechen. Er, Rosenberg sagt, neben alle die „Märtyrer einer freien Forschung“ und neben die „Helden der nordischen Philosophie“, die der Macht des Christentums widerstanden hätten, müßten die „Albigenser, Waldenser, Kartharer, Arnoldisten, Stedinger, Hugenotten und

reformierten Lutheraner“ gesetzt werden, die den „arischen Kampf für die Freiheit des Glaubens“ repräsentieren. Dieser Katalog von Häretikern ist unter den Okkultisten eine herkömmliche und weit verbreitete Anschauung mit der sie die Kontinuität ihrer besonderen Version der „Geheimen Tradition“ demonstrieren wollen. Rosenberg hat zum Beispiel einmal auf einer Reise nach England die Heimat der Kartharer besucht, die ihn immer interessiert haben. Er sieht in ihnen, den Kartharern, die Vertreter einer wirklichen und „wahren Lehre“. Alle diese häretischen Gruppen sind für Rosenberg und so viele Okkultisten die Bewahrer des „Deutschen Wissens“. In diesem „Deutschen Wissen“ seien alle nichtwissenschaftlichen Kenntnisse beinhaltet wie Hellsichtigkeit, Zukunftsschau usw. Teil dieser Tradition ist die Sehnsucht der Okkultisten jener Jahre (19./20. Jahrhundert) nach einer Synthese aller nichtwissenschaftlichen Wissensgebiete.

Für Rosenberg ist der oberste Held die Rasse, die „deutsche arische Rasse“. Und diese „Rasse“ fußt in der deutschen Mystik. Rosenberg schreibt: „Zum ersten Mal und in vollem Bewußtsein der deutschen Mystik erscheint der neue wiedergeborene teutonische Mensch.“ Meister Eckehart ist ein glänzendes Beispiel dieses Typs für Rosenberg und Rosenberg findet auch etwas von dessen Kaliber in Dietrich Eckarts Held Angelus Silesius. Rosenberg hat von seinem Freund Eckart zweifellos die Unterscheidung zwischen der erleuchteten Seele der germanischen Mystiker und dem Juden, als Kreatur der materiellen Welt übernommen. Rosenberg definiert Freiheit als „organische Freiheit“ und der Organismus, um den es in der Geschichte ginge, sei der Volkskörper. Rosenberg erklärt, daß Paracelsus diese neue Version einer kultenen Volksgemeinschaft gebilligt und unterstützt haben würde. Diese Volksgemeinschaft nennt Rosenberg den „frisch erwachten Mythus unseres Lebens“.
Rosenbergs Geschichte der Arier hat viele Vorläufer, so die „Arier“, ein Buch, das 1920 von Karl Georg Zschaetzsch ver-

öffentlicht worden ist, und Rosenberg – nach Webb – als Vorlage gedient haben mag.[72]
Hitler hat Rosenbergs Hauptwerk nicht sonderlich geschätzt. Picker berichtet über ein „Tischgespräch" am 11. April 1942:
„Beim Abendessen betonte der Chef, daß Rosenbergs ‚Mythus' nicht als ein parteiamtliches Werk angesehen werden könnte. Er, der Chef, habe es seinerzeit ausdrücklich abgelehnt, diesem Buch parteipäpstlichen Charakter zu geben, da schon sein Titel schief sei. Denn man könne nicht sagen, daß man den ‚Mythus des 20. Jahrhunderts', also etwas Mystisches, gegen die Geistesauffassung des 19. Jahrhunderts stellen wolle, sondern müsse als Nationalsozialist sagen, daß man den Glauben und das Wissen des 20. Jahrhunderts gegen den Mythus des 19. Jahrhunderts stelle.
Bemerkenswert sei, daß die Hauptleserschaft dieses Rosenbergschen Werkes nicht unter den Altparteigenossen zu suchen sei. Man habe in der ersten Zeit nach dem Erscheinen sogar die größten Schwierigkeiten gehabt, um überhaupt die Erstlingsauflage absetzen zu können. Erst als das Werk in einem Hirtenbrief erwähnt worden sei, sei es gelungen, die ersten 10 000 Exemplare loszuwerden. Daß der Münchener Kardinal Faulhaber so dumm gewesen sei, auf einer Bischofskonferenz Zitate aus dem ‚Mythus' anzuführen und anzugreifen, habe erst die zweite Auflage ermöglicht. Als das Buch dann auf den Index gekommen sei, da man eine Häresie der Partei unterstellt habe, sei die Nachfrage nach dem Buch weiter gestiegen. Und als dann von der Katholischen Kirche all die Kampfschriften gegen die Rosenbergschen Gedankengänge mit all ihren Erwiderungen herausgekommen seien, sei die Auflagenziffer auf 170 000 beziehungsweise 200 000 hinaufgeklettert.
Er, der Chef, freue sich immer, wenn er feststellen müsse, daß eigentlich nur unsere Gegner in dem Buch richtig Bescheid wüßten. Ebenso wie viele Gauleiter habe auch er es nämlich nur zum geringen Teil gelesen, da es seines Erachtens auch zu schwer verständlich geschrieben sei."[73]
Rosenbergs Konzept von Deutschlands Zukunft ist vor allem

aus seiner baltischen Herkunft zu erklären. Er ist in Verbindung mit zahlreichen Exilrussen in München, die Hitler finanziell und ideologisch unterstützen. Sie alle versprechen sich von der Nationalsozialistischen Bewegung eine Germanisierung ihrer Heimat.

In der Literatur taucht bei der Erwähnung dieser russischen Emigranten stets der Name *Georg Iwanowitsch Gurdjieff* auf. Gurdjieff war neben Rasputin und Crowley einer der wichtigsten okkulten Lehrer oder wie seine Schüler sagen: Meister der Geheimwissenschaften im Europa des 19. und 20. Jahrhunderts. Die beiden französischen Autoren Pauwels und Bergier bringen ihn mit Professor Karl Haushofer (s. 6. Kap.) in Zusammenhang und ernennen Gurdjieff damit zu einem der geistigen Väter des Nationalsozialismus. Andere sehen von ihm eine okkulte Verschwörung ausgehen, wobei Alfred Rosenberg als Vermittler zwischen Gurdjieff und Hitler herhalten muß.[74]

Sehen wir uns die Fakten an. James Webb verweist in seinem Buch über Gurdjieff[75] auf einen nicht namentlich genannten NSDAP-Parteigenossen, der im gleichen Haus wohnte wie Rosenberg und angab, Rosenberg habe privat Gurdjieff gelesen. Ein weiterer Mitstreiter Rosenbergs Grigori Bostunitch, der sich nach seiner Emigration aus Russland *Gregor Schwartz-Bostunitch* nennt, ist ein mögliches Verbindungsglied zwischen Rosenberg/NSDAP und Gurdjieff. Bostunitch veröffentlicht vor der Novemberrevolution (1917) in seiner russischen Heimat Artikel über Rasputin und die Freimaurerei und empfiehlt sich damit Rosenberg als Spezialist für Okkultismus, Anthroposophie, Freimaurertum und die Juden. Er schwenkt später in den zwanziger Jahren von Rosenberg zu Himmler über und wird SS-Standartenführer. In der von ihm verfassten Broschüre „Doktor Steiner – ein Schwindler wie keiner" (1930) erweist er sich als Kenner der Anthroposophie. „Mein erster Lehrer in esoterischem Wissen", schreibt er, „das war im Kaukasus 1917-18 – warnte mich vor Steiner."[76] Es konnte sich

bei diesem Lehrer durchaus um Gurdjieff handeln, der Theosophismus und Anthroposophie rundherum ablehnte und nach Webb in der fraglichen Zeit im Kaukasus lehrte.[77]
Selbst wenn Bostunitch Gurdjieff nicht persönlich begegnet sein sollte, so konnte doch einer der zahlreichen Emigranten aus Rosenbergs Kreis Gurdjieffs Ideen „mitgebracht" haben. Nach Webb konnte Rosenberg selbst durch seine erste Frau Hilda Leesmann in Gurdjieffs Kreise gekommen sein. Immerhin hält Gurdjieff sich in den zwanziger Jahren mehrfach in Deutschland auf und hat in einem der damaligen Zentren des „Neuen Zeitalters" (der Begriff New Age taucht seit der Jahrhundertwende immer wieder auf) im Dalcroze Institut in Hellerau bei Dresden eine Schülergemeinde.[78] Ob Gurdjieff je mit einem der führenden Nationalsozialisten (Hess?) zusammengetroffen ist, ist bis heute ungeklärt.
Ein weiterer Nationalsozialist von Bedeutung aus Rosenbergs Emigrantenzirkel ist *Max-Erwin von Scheubner-Richter*. Er ist der Verbindungsmann zwischen den deutschen Nationalisten, Baron von Wrangel und Baron von Wrangels „Weißen Truppen", die für eine Niederschlagung der Russischen Revolution kämpfen. Scheubner-Richter tritt im Frühjahr 1920 der NSDAP bei, wird Hitlers politischer Berater und wird 1923 beim „Bürgerbräu-Putsch" erschossen.
Ellegard Ellerbek ist ein weiterer Thule-Mann, der nach dem Krieg auf sich aufmerksam macht. Der List-Bewunderer Ellerbek beschreibt 1919 in seinen „Versailler Visionen" die „Größe" des deutschen Volkes. „Wißt Ihr, daß Ihr Götter seid?" fragt er seine gedemütigten Landsleute. 1920 entwirft er ein völkisches Utopia in der Novelle „Sönne, Sonnings Söhne auf Sonnensee". Vier Briefe von List (s. 4. Kap.) sind diesem Werk als Anfang beigefügt. Ellerbek hält Vorträge und schreibt für Eckarts Zeitschrift „Auf gut deutsch". Immerhin hat sich Alfred Rosenberg noch 1946, bevor er von den Alliierten zum Tode verurteilt worden war, in seinem Tagebuch an Ellerbek erinnert.

Der Name *Rudolf John Gorsleben* (1883-1930) ist bereits erwähnt worden. Gorsleben kämpfte im 1. Weltkrieg mit einer den Türken angeschlossenen deutschen Einheit in Arabien. Nach seiner Rückkehr kommt er über Eckart mit der Thule in Verbindung. Am 18. Dezember 1920 hält er in der Thule-Gesellschaft einen Vortrag über den „arischen Menschen".[79] Von da ab wird Gorsleben immer aktiver. Im Juli 1921 wird er Gauleiter des südbayerischen radikal antisemitischen *Deutsch-völkischen Schutz- und Trutzbundes*, bei dessen Aufstellung Ernst Röhm beteiligt gewesen ist. Wir werden den Lebensweg Gorslebens im 4. Kapitel weiterverfolgen.

Rudolf von Sebottendorff (1875-1945) alias Adam Alfred Rudolf Glauer ist nicht nur der Gründer der Thule, sondern sicher auch ihre schillerndste Figur. Der gescheiterte Student fährt zunächst zur See und arbeitet dann für den einflußreichen türkischen Großgrundbesitzer Hussein Pasha in Ägypten und in der Türkei. Dabei kommt er mit der okkulten Lehre des Islam, dem Suffismus, in Berührung und mit einer Loge, die sich die Termudis nennen. In der Bücherei dieser Loge studiert er die islamische Mystik (alle Berichte nach seiner eigenen Autobiografie „Der Talisman des Rosenkreuzers"[80]). Seinen Baronstitel hat der naturalisierte Türke durch die Adoption durch Heinrich von Sebottendorff erhalten. Schließlich kehrt Sebottendorff nach Deutschland zurück, trifft Hermann Pohl, den Meister des Germanenordens, und vereinbart, die bayerische Provinz des Ordens aufzubauen. Am 21. Dezember 1917 wird er zum Meister der bayerischen Provinzen gewählt. Bei den anschließenden zahlreichen Treffen, die Sebottendorff für seine 1500 Mitglieder (250 davon in München) abhält, beschließt er den Orden als „Thule-Gesellschaft" zu tarnen. Im Juni 1918 kauft er den *Beobachter* und verlegt dessen Redaktion in die Thule-Geschäftsräume im Hotel *Vierjahreszeiten*. Während der Räteregierung wechselt die Redaktion in die Räume der von seinem Ordensbruder Grassinger geführten „Deutschsozialistischen

Partei“ und der *Beobachter* wird zu deren offiziellem Parteiorgan.

Daneben organisiert Sebottendorff militärische Aktionen gegen die Räteregierung (s. 1. Kap.). Er sammelt Waffen für Lehmanns Alldeutsche und die Bürgerwehren und gründet den Kampfbund Thule, der in Eching bei München exerziert. Er unterstützt ebenfalls die von Epp und seinem Adjutanten Röhm aufgestellten Freikorps. Als die Rote Armee – wie bereits oben erwähnt – die Räume der Thule durchsucht und die Mitgliederlisten beschlagnahmt, wird Sebottendorff von seinen Ordensbrüdern beschuldigt, zu leichtfertig gewesen zu sein. Er verläßt die Thule und geht nach einiger Zeit in die Türkei zurück.

Ein Nachtrag ist zu machen auf Sebottendorffs Zeitung, den *Beobachter*. Webb weist nach, wie Sebottendorff die Ideen des *Lanz von Liebenfels, Guido von List* und *Philipp Stauff* (s. 4. Kap.) übernimmt.
Einige Seiten des *Beobachters* sind mit Hakenkreuzen und S-Runen geschmückt (s. 4. Kap.).
„Nieder mit den Tschandalen!“ ist die Devise. Der Begriff der Tschandalen ist zum ersten Mal von Lanz von Liebenfels geprägt worden. Philipp Stauff schreibt im *Beobachter* einen Nachruf auf seinen Meister Guido von List.[81]

Es waren in meiner Untersuchung Namen aufgetaucht, die mit Wien zu tun haben: Liebenfels, List, Gorsleben. Hitler lebt von 1908 bis 1913 in Wien. Ich mußte also erneut die Frage nach Querverbindungen aufstellen. Kannte Hitler diese Ideologen? Lehrten sie ihn ihre Weltanschauung? Hitler, der 1913 nach München umzieht (nach eigenen Angaben geht er im Frühjahr 1912 nach München, er ist aber erst am 24. Mai 1913 in Wien abgemeldet[82]), 1914 als Kriegsfreiwilliger mit dem Reserve Infanterie Regiment Nr. 16 in den Krieg zieht und 1919 als Gefreiter nach München zurückkehrt, sagt selbst über seine Wiener Zeit: „Ich kam als siebzehnjähriger Mensch nach Wien und lernte dort drei bedeutsame Fragen studieren und beobachten:

die soziale Frage, das Rassenproblem und endlich die marxistische Bewegung. Ich ging von Wien weg als absoluter Antisemit, als Todfeind der gesamten marxistischen Weltanschauung, als alldeutsch in meiner politischen Gesinnung und weil ich wußte, daß das deutsche Schicksal auch für Deutschösterreich nicht ausgefochten wird in der österreichischen Armee, sondern in der deutschen und österreichischen Armee, deshalb habe ich mich zur deutschen Armee gemeldet."[83]

4. Die eine Wirklichkeit: der Sucher

Adolf Hitler ist gerade 17 Jahre alt (1906), als er zum ersten Mal aus der oberösterreichischen Provinz in der damaligen Welt- und Kaiserstadt Wien eintrifft. Die Metropole ängstigt ihn und zieht ihn zugleich an. Ein Jahr später nimmt er an der Aufnahmeprüfung der Allgemeinen Malerschule an der Akademie der Bildenen Künste teil, aber er scheitert. Auch die Prüfungen 1908 besteht er nicht. Der junge Oberösterreicher bleibt dennoch in Wien, um sich als Kunstmaler zu versuchen.

Viele Historiker haben Hitlers eigene rührselige Geschichte vom darbenden mittellosen Künstler geglaubt, die er in „Mein Kampf" von sich erzählt. Er widmet seiner Wiener Zeit immerhin 120 Seiten in seiner Polit-Biografie. Tatsächlich hat Hitler jedoch in seinen fünf Jahren in Wien 85 Kronen im Monat zur Verfügung: 25 Kronen aus der Waisenrente (Hitler ist ab 1908 Vollwaise) und 60 Kronen aus der Erbschaft seiner Großtante Walpurga.[84] Hitler hat also mehr Geld für seinen Lebensunterhalt als ein Lehrer oder Postbeamter dieser Tage. Das Bild des Hungerkünstlers, der in abgetragenen Anzügen auf den Verkauf seiner Zeichnungen und Aquarelle angewiesen ist und im Obdachlosenasyl wohnt, entbehrt allerdings dennoch nicht einer realistischen Grundlage. Denn der junge Kunstmaler versteht nicht, mit seinem Geld umzugehen. Er hält sich in Kaffeehäusern auf und besucht die Oper, so oft es geht.[85] Kurz, er lebt das Leben eines Mittelklassebohemien. Auf jeden Fall ist der junge Hitler bildungshungrig. Wenn auch die Nachweise, was er nun studiert und gelesen hat, schwer zu finden sind. So schreibt sein Freund aus diesen Tagen August Kubizek: „Bücher waren seine ganze Welt... Ich fragte ihn einmal, ob er die ganze Bibliothek (die Wiener Hofbibliothek, Anm. d. Verf.) lesen wolle."[86]

Hitlers Jugendfreund Josef Greiner behauptet in seinem einseitig subjektiven Buch „Das Ende des Hitler Mythos" unter

anderem, Hitler habe „Lesestoff aus Leihbibliotheken kilogrammweise nach Haus“ geschleppt.[87] Greiner glaubt sich an folgende Namen erinnern zu können: Shakespeare, Goethe, Schiller, Herder, Wieland, Rückert, Dante, Scheffel, Stifter, Hamerling, Hebbel, Rossegger, Hauptmann, Sudermann, Ibsen und Zola. Inwieweit Greiners Aussagen der Wahrheit entsprechen, läßt sich nicht nachvollziehen.
Der ansonsten so akribische Hitlerbiograph Werner Maser glaubt aus wirren Formulierungen Hitlers folgern zu können, daß der junge Privatstudent Adolf folgende Denker gelesen habe: Thomas Robert Malthus (1766-1834), Karl von Clausewitz (1780-1831), Arthur Schopenhauer (1788-1860), Charles Darwin (1809-1882), Gregor Mendel (1822-1884), Robert Hamerling (1830-1889), Alfred Ploetz (1860-1940), Wilhelm Bosche (1861-1939), Houston Stewart Chamberlain (1855-1927), Ernst Haeckel (1834-1919), Gustave Le Bon (1841-1931), Sigmund Freud (1856-1939), Rudolf Kjellen (1864-1922), William McDougall (1871-1938), Sven Hedin (1865-1952), Fridtjof Nansen (1861-1930), Hanns Hörbiger (1860-1931) und Alexander von Müller (1892-1964).[88]

Maser bleibt allerdings den stichhaltigen Beweis für Hitlers Lektüre schuldig. Ich mußte belegbare Nachweise finden, „Was er (Hitler) gelesen und in Frage gestellt, woran er sich gebildet und woran er geglaubt hat“.[89] Ich suchte nach Belegen für Hitlers Studium.

Der englische Historiker Nicholas Goodrick-Clarke hat in seinem überaus genau recherchierten Buch „The Okkult Roots Of Nazism (Die okkulten Wurzeln des Nationalsozialismus)“[90] die verschiedenen völkisch-rassistischen Gruppen in Österreich und Deutschland untersucht. Seine Forschungsergebnisse bestätigen, was Hitler selbst in „Mein Kampf“ beschrieb: „Wien… war und blieb für mich die … Schule meines Lebens. Ich erhielt in ihr die Grundlage für eine Weltanschauung im Großen und meine politische Betrachtungsweise im Kleinen, die ich später nur noch im einzelnen zu ergänzen brauchte, die mich aber nie mehr verließ."[91] Allerdings ist diese von Hitler selbst in „Mein Kampf" vorgenommene Beurteilung seiner Wiener Zeit – wie so vieles in „Mein Kampf" – nur die halbe Wahrheit. Der Finne Vappu Talgren hat in seiner Dissertation „Hitler und die Helden" bewiesen, daß „Mein Kampf" wohl eher als verklärender Heldenmythos zu werten ist, denn als Geschichtsquelle.[92]

Hitlers Antisemitismus und sein Deutschtum sind schon in seiner Realschulzeit in Linz und Steyr (1900-1905) angeregt worden.[93]

Entgegen Hitlers oben zitierter Aussage waren, wie wir später noch sehen werden, auch die ersten Münchener Jahre im Einfluß der Thule-Leute von entscheidender Bedeutung für seine Weltanschauung. Der Grundstock freilich ist in Wien gelegt worden.

Schönerer und Lueger: Rassismus als Politik

Der Antisemitismus ist Ende des 19. Jahrhunderts ein gesamteuropäisches Phänomen, das in Österreich-Ungarn, mit seinen vielen Nationalitäten, eine besondere Bedeutung hat: Die Wirtschaftskrise des Jahres 1873 ist den jüdischen Spekulanten angelastet worden. Im sogenannten Linzer Programm der Alldeutschen Bewegung von 1882, die von dem als Hitlers nächstes politisches Vorbild bezeichneten Gründer und Führer der Alldeutschen Partei *Georg Ritter von Schönerer* ins Leben gerufen worden ist, hat man schon 1885 die Verdeutlichung eingeübt: „Zur Durchführung solcher Reformen ist die Beseitigung des jüdischen Einflußes auf allen Gebieten des öffentlichen Lebens und Schutz gegen die Fälschungen der öffentlichen Meinung durch die Presse, vor allem aber die Schaffung einer wirklichen auf gerechter und volkstümlicher Grundlage beruhender Volksvertreter unerläßlich."[94] Vergleichen wir dazu Hitlers Worte aus dem Jahre 1919:

„Der Antisemitismus der Vernunft jedoch muß führen zur planmäßigen gesetzlichen Bekämpfung und Beseitigung der Vor-

rechte des Juden, die er nur zum Unterschied der anderen zwischen uns lebenden Fremden besitzt (Fremdengesetzgebung). Sein letztes Ziel aber muß unverrückbar die Entfernung der Juden überhaupt sein.“[95]
Dem Antisemitismus von Schönerer und Hitler gemeinsam war, außer dieser Forderung nach gesetzgeberischen Maßnahmen gegen die Juden, auch die Rede von den Juden als den Hauptvertretern des kapitalistischen Geistes und des Mammonismus (Lehre vom Geld als dem Goldenen Kalb).

Georg Ritter von Schönerers rassischer Antisemitismus war sowohl in seinem Wortschatz als auch in seiner Argumentation sehr schrill.[96] In der Wiener Atmosphäre war es sogar möglich gewesen, im Reichsrat offen die Beseitung der Juden zu fordern.[97]

Hitler berichtet selbst, daß er Schönerer als Mensch und Denker bewundert habe.[98] Mit keinem Wort aber geht er in „Mein Kampf“ auf Schönerers Antisemitismus ein. Hitler verschweigt auch völlig dessen Zeitung *Deutsches Tageblatt,* aus dem er, wie viele Historiker annehmen, viel für seine politische Argumentation gelernt hat. Schönerers Glanzzeit war in den Jahren 1908-1913 allerdings schon vorüber. Seine Gedanken waren jedoch jahrelang in tausenden Reden, Artikeln und Broschüren verkündet worden. Alles wesentliche in Hitlers Weltanschauung ist schon in Schönerers Alldeutschen Bewegung zu finden gewesen. Jäckel behauptet in seinem Buch „Hitlers Weltanschauung“[99], daß Hitler außer dem Antisemitismus auch den aggressiven Nationalismus, das Programm der Vereinigung von Deutschland und Österreich, den Haß auf die Habsburger und den Antisozialismus übernommen habe.[100] In Schönerers deutscher Bewegung nahm neben dem Nationalismus der Antisemitismus eine zentrale Rolle ein. Deshalb ist es schwer, sich einen mit Vorbehalten dem Antisemitismus gegenüberstehenden Anhänger von Schönerer, wie es Hitler nach eigener Aussage gewesen ist, vorzustellen.

Ein weiterer Einfluß auf den Neuwiener Adolf Hitler ist der Christsoziale *Karl Lueger*. Hitler schreibt: „Hätte Dr. Karl Lueger in Deutschland gelebt, würde er in die Reihe der großen Köpfe unseres Volkes gestellt worden sein."[101] Der Wiener Bürgermeister, Gründer und Führer der Christlich Sozialen Partei, Dr. Karl Lueger, wird allgemein und unbestimmt als unmittelbarer Vorgänger des Nationalsozialismus angesehen. Man sieht in ihm Hitlers Vorbild im politischen Taktieren. Schönerers Einfluß auf Hitler gilt als größer. Dennoch wecken die Übereinstimmungen in den Führerrollen Luegers und Hitlers den Verdacht, daß Luegers Einfluß auf Hitler stärker ist, als vielleicht bisher vermutet. In Lueger könnte man nämlich Hitlers Vorbild in seiner Rolle als politischer Führer sehen. Lueger ist als erster charismatischer Führer in Mitteleuropa bezeichnet worden.[102] Er war der „Führer" einer politischen Partei, die „Bewegung" genannt wurde. Lueger war außerdem ein geschickter Demagoge. Er stammte aus einfachen Kreisen. Intellektualismus war ihm fremd. Der Instinkt bestimmte seine Politik, er machte Politik „mit der Spürnase".[103] Wie Hitler, so hatte Lueger als Hobby die Stadtplanung. Der „schöne, siegfriedhafte" Lueger blieb unverheiratet und weihte sein ganzes Leben der Stadt Wien. Damit sicherte er sich die Zuneigung zahlloser Frauen.[104] In Luegers und in Hitlers Leben und in ihren Rollen als politische Führer gab es demnach eine Reihe von Übereinstimmungen. Es läßt sich jedoch schwer nachweisen wie groß Luegers Anteil als Vorbild Hitlers wirklich gewesen ist. Greiner behauptet, daß Hitler leidenschaftlich für Luegers Antisemitismus eingetreten sei.[105] Später als erfahrener politischer Führer lobt Hitler Luegers „unendlich klug ausgestaltetes Verhältnis" zur Kirche.[106] Für Karl Lueger war der Antisemitismus ein Mittel der Politik, mit dem er die hilflose, panikartige Angst der Wiener Kleinbürger vor den Juden in die Bahnen einer politischen Bewegung lenkte.[107] Er war wie Schönerers Antisemitismus vom völkisch-nationalen Typus, aber wesentlich milder als dieser.

Die Motive für seinen Antisemitismus waren wirtschaftlich und religiös bestimmt. Hinter Hitlers Antisemitismus hingegen stand die Rassentheorie und der Glaube an die Berufung als der Erlöser der „Arischen Rasse".

Hitler liest das *Deutsche Volksblatt*, die Luegertreue Tageszeitung. Das *Volksblatt* besteht aus einer Mischung von Rassismus, Sex und Verleumdungen der politischen Gegner. Eine Geschichte zum Beispiel erzählt von einer jüdischen Dame, die „arische" Frauen zu Orgien verführt, eine andere berichtet von „alten jüdischen Lüstlingen", die „arische Kinder" mißbrauchen. Das *Volksblatt* wettert gegen die „Judaisierung" der Oper und der Universität und fordert „werft die Juden aus den Bildungseinrichtungen, aus der Wirtschaft, aus der Zivilverwaltung und aus den Künsten"[108].

Lanz, List und Fritsch: Rassismus als Religion

Eine weitere für unsere Fragestellung wichtige Quelle Hitlerscher Bildung sind die Broschüren, Zeitschriften und Flugblätter. So kommt Hitler bereits in Linz und Steyr mit dem *Südmark Kalender* in Berührung, jener Zeitschrift, die vom „Großen Deutschen Gesamtvolk" und bereits von „Volksgenossen" spricht. Zur Ausformung von Hitlers Antisemitismus, der dann nach dem 1. Weltkrieg zum Rassismus wird, hat wesentlich die Zeitschrift *Ostara, Briefbücherei der blonden Mannesrechtler* [109] beigetragen.

Der österreichische Tiefenpsychologe Wilfried Daim hat diesem Einfluß auf Hitler ein ganzes Buch gewidmet: „Der Mann, der Hitler die Ideen gab"[110]. Daim hat mit größter Akribie nachgewiesen, daß Hitler mit größter Wahrscheinlichkeit die *Ostara*-Hefte 26-31 gelesen haben muß, wenn nicht einige Hefte mehr. Dr. Daim hatte im Mai 1951 mit zwei Begleitern Lanz von Liebenfels in Wien besucht. Lanz erzählte seinen Besuchern, daß eines Tages im Jahr 1909 Hitler ihn in seinem Büro angerufen habe und ihm erzählt habe, er habe regelmäßig

Lanz' *Ostara* bei seinem örtlichen Trafikhändler in der Felberstraße gekauft. Lanz schickte Hitler mit Kopien seiner Zeitschrift und zwei Kronen für sein Fahrgeld wieder nach Hause. Dr. Daim entdeckte, daß Hitler in der Tat in der Felberstraße bis August 1909 gelebt hatte und daß es da tatsächlich einen Tabakhändler oder, wie es in Österreich heißt, einen Trafik zwei Türen von seiner Unterkunft gab. Es ist sehr unwahrscheinlich, daß Lanz von Liebenfels 1951 sich eines Zusammentreffens mit Hitler gerühmt haben könnte. In der Tat fallen auch zwischen den *Ostara*-Ausgaben und „Mein Kampf" zahlreiche Parallelen auf. Außerdem muß erwähnt werden, daß Dietrich Eckart einer der Abonnenten von *Ostara* war und mit Sicherheit Lanzsches Gedankengut auf diesem Wege zu Hitler gelangt sein muß.

Gehen wir aber zurück zu den *Ostara*-Nummern, die Hitler wohl mit Sicherheit gelesen hat. Sie sind alle in der Wiener Staatsbibliothek zu finden. Sie lesen sich wie ein Querschnitt aus Hitlers weltanschaulichen Äußerungen. „Die *Ostara* ist die erste und einzige Zeitschrift zur Erforschung und Pflege des heroischen Rassentums und Mannesrechtes, die die Ergebnisse der Rassenkunde tatsächlich in Anwendung bringen will, um die heroische Edelrassee auf dem Weg der planmäßigen Reinzucht und des Menschenrechtes vor der Vernichtung durch sozialistische und feministische Umstürzler zu bewahren."[111] So beschreibt Adolf Josef Lanz, der sich *Georg (Jörg) Lanz von Liebenfels* (1872-1954) nennt, seine rassistische Zeitschrift, die nach seinen Angaben zeitweilig eine Auflage von 100 000 (!) Exemplaren erreicht haben soll. Wenn auch diese Zahl, wie so vieles im Leben dieses Hochstaplers (falscher Adels- und Dr. Titel) und ehemaligen Zisterziensermönches zu hoch gegriffen scheint, so ist dennoch eine weite Verbreitung dieser häufig mit Hakenkreuzabbildungen versehenen Schrift anzunehmen. Lanz, der 1900 den „Orden Neuen Tempels" (ONT) gründet, gilt neben dem bereits erwähnten Thule-Stifter Sebottendorff und neben Guido von List (Armanen-Orden, siehe später) als einer der deutschsprachigen Esoteriker die oft mit Aleister Crowley und seiner Geheimloge „Golden Dawn" in einem Zusammenhang genannt werden (s. 2. Kap.).

Mich interessierte das Detail. Was waren die Themen und Geschichten der von Hitler studierten „Ostara"-Hefte?

In der „Einführung in die Rassenkunde" (Heft 26, 1908) schreibt Lanz: „Rasse ist ein Komplex gewisser körperlicher und geistiger vererbbarer Merkmale, der den verschiedensten Entwicklungsstufen der Menschheit entspricht."[112] Das mag sogar für unsere Zeit vernünftig klingen. Lanz' Schlußfolgerungen sind es indes nicht mehr. Denn für ihn sind die Arier die überlegene Rasse, während die sogenannten niederen Rassen kindliche und äffische Merkmale aufweisen. Kurzum: die niederen Rassen sind für Lanz alle „Nichtarier", die noch in der Entwicklung der Tiere oder bestenfalls der Kinder stecken. In den weiteren Heften vertieft Lanz diese Behauptungen durch eine „beschreibende Rassenkunde" in Heft 27, 1908, durch eine „rassenkundliche Physiognomik" (unter anderem der große differenzierte Schädel der „Arier" bedeute große und geordnete Intelligenz) in Heft 29, 1908, und eine „besondere rassenkundliche Somatologie" in Heft 30 und 31, 1908.

Um den Nachweis zu führen, daß Hitler die Gedanken des Lanz übernommen hat, sind nähere Erläuterungen nötig. Ich fand sie bei Nicholas Goodrick-Clarke.[113]

Lanz hat für seinen Templer-Orden in Oberösterreich die Burg Werfenstein erworben. 1907 hält er hier ein Treffen ab und hißt dabei die Hakenkreuzfahne. Wie alle anderen Rassisten jener Zeit beschäftigt sich Lanz mit kultischen Symbolen und forscht nach, welche Form das Hakenkreuz haben solle. Das Hakenkreuz taucht fortan in den *Ostara*-Heften auf – also genau in den Ausgaben, die Hitler liest. Ich komme später auf das Symbol des Hakenkreuzes zurück. Lanz spricht vom Kommen des Messias, von der Verantwortung der „Arier“ in der Geschichte in ihrem Kampf gegen die dunklen Mächte Judas.

Gehen wir zurück zu den „Ostara“-Heften. Gab es Hinweise, daß Hitler mehr gelesen hat, als die oben genannten Ausgaben? Da war einmal Lanz' oben zitierte Aussage. Aber selbst wenn sie nicht als zwingender Beweis dafür gilt: Ein Vergleich Lanzscher Zitate mit Hitlers Aussagen zeigt doch, daß Hitler mit größter Wahrscheinlichkeit mehr von Lanz gelesen hat als nur die wenigen „Ostara“-Nummern von 1908.

In einem Heft von 1913 behandelt Lanz den „Heiligen Gral Deutschen Blutes, der von der neuen Bruderschaft der Templer“ verteidigt werden müsse. Und Hitler sagt 1934 über die SS: „Wie können wir den Niedergang der Rasse aufhalten… sollen wir einen Orden gründen, die Bruderschaft der Templer um den Heiligen Gral reinen Blutes?“[114]
Hitler und Lanz nennen die Vermischung der Rassen eine Todsünde. Lanz prägt die von Hitler übernommenen Begriffe der Rassenschande und der Untermenschen. Schließlich mag den jungen Hitler Lanz' Theorie der sexuellen Kraft des menschlichen Auges angesprochen haben, ist ihm doch von Lehrern und Verwandten sein durchdringender Blick bescheinigt worden.[115] „Heroische Erotik ist Liebe mit dem Auge“, sagt Lanz.[116]

Ich fand es der Hinweise genug. Hitler hat das Lanzsche Gedankengut gekannt, hat seine Literatur gelesen. Aber ich mußte noch anderen Spuren folgen: List, Fritsch, Wagner. Die anglo-amerikanischen Historiker haben über diese geistigen Lehrer Hitlers und der Nationalsozialisten weit mehr Nachforschungen angestellt als die Deutschen. Webb, Waite, Goodrick-Clarke gaben mir die Namen, nach denen ich nun recherchieren mußte.

Eng mit Lanz verbunden ist ein anderer rassistischer Geheimbündler jener Jahre: *Guido von List* (1865-1919). Er ist der erste populäre Autor, der die völkische Ideologie mit dem Okkultismus verbindet. Er beansprucht, der letzte Magier der Armanen zu sein, die früher die geistigen Führer, so etwas wie die Priester der „Arier“ gewesen seien. List ist Mitglied in Lanz' Templer-Orden (und Lanz gehört der List-Gesellschaft an). List gründet daneben als inneren Zirkel seiner List-Gesellschaft den *Hohen Armanen Orden* (HAO). Während Lanz jedoch die „Dunklen Mächte“ ganz allgemein für den Feind des Deutschtums erklärt, nennt List ganz konkret den Hydra-Kopf der internationalen jüdischen Verschwörung. Ein großer Krieg sei nach List notwendig, um den allgegenwärtigen Feind auszulöschen. „Alle militärischen Vorbereitungen müssen in vollständigen Einzelheiten getroffen werden, um diesen unvermeidlichen Krieg zu führen, der kommen wird, weil er kommen muß.“[117] Um diesen Endkampf vorzubereiten, müsse ein rassistischer Staat geschaffen werden, in dem die minderen Rassen in die Sklaverei zu zwingen seien. „Es wird der Tag kommen, an dem die gesamte Mischlingsbrut, die die Sitten, die Religion und die Gesellschaft zerstört, vom Antlitz der Erde hinweggefegt werden muß.“[118]

Auf diesen Festen soll der Listsche neue Staat gegründet werden. Aber List denkt auch in praktischen politischen Kategorien. Das neue Reich solle in Gaue untergliedert sein, mit einem Gauleiter als Führer. An der Spitze dieses neuen Reiches solle die sichtbare Verkörperung der arischen Ordnung stehen. Dieser neue Herrschertyp sei notwendig, weil der Arier einen selbstgewählten Führer brauche, dem er sich freiwillig unterordne. Der Führer binde sich mit heiligem Eid an seine Untergebenen.

Das neue Reich solle besondere Rassengesetze verkünden, um die Arier zu schützen und die Minderen zu unterdrücken. Nur den arischen Herrenmenschen solle die Bürgerschaft zugesprochen werden. Die Mitglieder der minderen Rassen sollen von allen einflußreichen Stellungen ausgeschlossen werden. Zur

Vermeidung von Rassenvermischung seien strenge Ehegesetze notwendig. Jede Familie müsse einen Stammbaum führen, der von Staatsbeamten überprüft werden könne. List empfiehlt die doppelte Sieg-Rune SS als Symbol eines neuen rassereinen Reiches.[119]

Lists Gedanken sind 1908 veröffentlicht worden. Kurz vor seinem Tod 1918 schreibt List, 1932 werde ein rassisch reiner Staat gegründet werden, der Demokratie und Judentum auslösche. Der Brief Lists an seine Schüler ist unterschrieben „Mit Armanengruß und Heil.“[120] Die Vorhersage war um ein Jahr und zwei Worte falsch (Hitlers Machtergreifung war 1933 und man grüßte „Mit deutschem Gruß“ und „Heil Hitler“).

Ob Hitler Lists Schriften gekannt hat, läßt sich nicht eindeutig klären, aber es besteht eine hohe Wahrscheinlichkeit. Elsa Schmidt-Falk, die behauptet, Hitler habe sie und ihren Mann in München regelmäßig besucht, berichtet, Hitler habe erwähnt, er hätte List gelesen und sogar ein Empfehlungsschreiben der Wiener List-Gesellschaft an den Münchener Präsidenten der Vereinigung bei seinem Umzug nach München 1913 mitgeführt. Dr. Babette Steininger, eines der ersten NSDAP-Mitglieder, hat Hitler 1921 Tagores Essay über den Nationalismus zum Geburtstag geschenkt, als Widmung vermerkt sie: „Für Adolf Hitler, meinen lieben Armanenbruder“[121]. Schließlich berichtet August Kubizek, Hitlers Mitbewohner in Wien, Hitler habe 1908 den Entwurf zu einem Drama geschrieben, bei dem es um einen Konflikt zwischen christlichen Missionaren und den germanischen Priestern eines heidnischen Schreins in den bayerischen Alpen ging. List hatte zu Beginn des gleichen Jahres „Die Armanenschaft der Ariogermanen“, in der er vor den Armanen als den germanischen Priestern spricht, veröffentlicht.

Der Wiener Jude *Arthur Trebitsch* ist in Wien ein johanneischer Vorläufer Hitlers. Trebitsch glaubt an den heilsgeschichtlichen Sieg der Deutschen im Ersten Weltkrieg und sieht die Niederlage als ein Komplott der Dunkelmächte an: Hitler beruft sich auf Trebitsch in seinen Münchener Gesprächen mit Dietrich Eckart 1922. Er hat Trebitsch nicht vergessen. Falk von Gagern macht Friedrich Heer in einem Brief vom 10. Januar 1968 aufmerksam: Hitler unterzog Falk von Gagern in der ersten oder zweiten Märzwoche 1935 im „Elefanten" in Weimar einer Art Verhör, vermittelt durch die Kronprinzessin Cecilie. Im Zuge einer Hausdurchsuchung waren bei Gagern auch Briefe der Kronprinzessin an seine Mutter beschlagnahmt worden.

Hitler ging auf diese Korrespondenz nicht ein, sondern kam impulsiv auf die Schriften Rathenaus und Trebitschs zu sprechen. Hitler über Trebitsch: „Lesen Sie jeden Satz, den er geschrieben hat. Er hat die Juden entlarvt wie keiner. Er ist abgeblieben. Wohin? Man hört nichts mehr von ihm. Er hat dem General – gemeint ist Ludendorff – gesagt, daß ich einen blinden Fleck im Auge habe. Blinden Fleck für die neunmalschlauen Schlangen der Zionisten im Kader der Partei. Er hat dem alten Herrn gesagt, Judenstämmlige und Judasse hätten die Bewegung unter ihre Kontrolle gebracht. Die Partei werde ihnen ausgeliefert sein. Was war daran? Warum solche Worte? Streicher hat ihm nicht gepaßt, Strasser nicht, Ley, Frank, Rosenberg und andere – ein ganzes Register mit Namen hat er gehabt. Ich weiß nicht, wohin wir gekommen wären mit ihm, wenn ich ihm gesagt hätte, daß er ein Amt übernehmen wird. Ich habe Alfred Rosenberg mit der Überwachung der weltanschaulichen Schulung beauftragt. Das hätte auch er, der Trebitsch – aber er glaubte, nicht verstanden worden zu sein. Hat sich abgewendet – ich weiß nichts von ihm. Aber das ist mir nicht vergessen, was er geschrieben hat. Warum haben Sie keinen Nutzen aus dem gezogen! Wozu haben Sie seine Bücher gelesen? Sie haben sich uns nicht angeschlossen. Wozu lesen Sie dann die Bücher?"[122]

Der „bedeutendste deutsche Antisemit vor Hitler"[123] ist *Theodor Fritsch* (1852-1934). Sein „Handbuch der Judenfrage" kommt 1907 in der 26. Auflage heraus. Es ist für Hitler, der

das Buch vermutlich schon in Wien gelesen hat[124], bedeutend, enthält es doch eine Reihe antisemitischer Zitate von berühmten Männer, so von Seneca, Tacitus, Erasmus von Rotterdam, Luther, Friedrich dem Großen, Voltaire, Kant, Herder, Goethe, Fichte, Schopenhauer, Bismarck, Gibbon, Wagner, Treitschke u.a.
Es darf vermutet werden, daß einige meiner Historikerkollegen, wie viele Zeitgenossen, auf den Trick Hitlers hereingefallen sind. Hitler hat des öfteren die obengenannten Denker zitiert und seine Umgebung mit diesem Wissen verblüfft. Zahlreiche Historiker schlossen aus diesen Zitaten Hitlers auf seine umfassende Bildung.

Die Thesen des „Handbuches der Judenfrage" unterscheiden sich nicht wesentlich vom List- oder Lanzschen Gedankengut, das damals in allen völkischen Kreisen anzutreffen ist. Das Infame dieser Schmähschrift liegt darin, daß Fritsch Namenslisten von jüdischen Künstlern und Wissenschaftlern aufführt und Juden namentlich als Täter verschiedener aufgeklärter und unaufgeklärter Straftaten nennt. Das Handbuch wird nach 1933 als Lehrmaterial an den deutschen Schulen zugelassen.

Ich hatte einige von Hitlers geistigen Lehrern in Wien ausfindig gemacht. Vor allem Fritsch hatte mich dabei die Notwendigkeit erkennen lassen, nach der Vergangenheit dieser Männer zu fragen und schließlich auch nach ihrem politischen Einfluß. Welche Kontakte zu einflußreichen Kreisen hatten Sie? Ich machte mich wie bei Thule und Reichswehr auf die Suche nach Querverbindungen.

Theodor Fritsch hat sich die Vertreibung der Juden aus Deutschland zum Lebensziel gesetzt. Bereits in den achtziger Jahren des 19. Jahrhunderts will er den Antisemitismus zu einer außerparlamentarischen Bewegung aufbauen, nachdem die antisemitischen Parteien (Deutschsoziale Partei von Max Liebermann, die 1894 in Deutschsoziale Reformpartei umbenannt wird) bei den Reichstagswahlen keinen Erfolg erzielten. In seinem Buch

„Zur Bekämpfung zweitausendjähriger Irrtümer“ (1886) fordert er die Neuorganisation der deutschen Gesellschaft ohne Juden. 1889 veranstaltet er eine europäische antisemitische Konferenz in Bochum. 1902 gibt er die Zeitschrift *Hammer* heraus, deren Leser sich zu sogenannten „Hammer-Gemeinden“ zusammenschließen. Aus diesen Gruppen entsteht 1908 die „Deutsche Erneuerungs-Gemeinde“. Ihre Ziele sind: Landreform, Errichtung von Gartenstädten, Lebensreform. 1912 fordert Fritsch eine antisemitische Bewegung „über den Parteien“. Am 24./25. Mai 1912 trifft er sich in Leipzig mit Vertretern des „Alldeutschen Verbandes“. Dieses Treffen führt zur Gründung zweier Gesellschaften mit dem Ziel, die Bevölkerung antisemitisch zu beeinflussen. Karl August Hellwig, Oberst a.D., und Mitglied der *List-Gesellschaft* , faßt die „Hammer-Gemeinden“ zum *Reichs-Hammer-Bund* zusammen. Hermann Pohl wird Vorsitzender der Zwillingsorganisation *Germanen-Orden*, aufgebaut als Geheimloge, um die „geheime jüdische Weltverschwörung“ mit ihren eigenen Mitteln zu bekämpfen.

Der prominente völkische Journalist *Philipp Stauff* gehört neben *Bernhard Koerner*, einem Forscher des Hakenkreuzsymbols, auf den ich später noch zurückkomme, und neben *Eberhard Brockhusen*, der einer der Gründungsmitglieder des „Germanen-Ordens“ ist, der *List-Gesellschaft*, dem *Hohen Armanen Orden* und dem *Ordo Novi Templi* an. 1918 gibt Stauff den „Semi-Gotha“ heraus, ein genealogisches Handbuch, in dem die Juden in der deutschen Gesellschaft identifiziert werden. Stauff erwähnt in seiner Korrespondenz, eine geheime Loge sei der beste Schutz, um ein Eindringen des jüdischen Feindes zu verhindern. Johannes Hering, Mitglied der Münchener „Hammer-Gemeinde“ und des „Alldeutschen Verbandes“ und Freund von Lanz von Liebenfels und Guido von List, empfiehlt Stauff den Aufbau der Loge nach dem Muster der Freimaurer.
Tatsächlich wird der *Germanen-Orden* nach dem freimaurerischen Vorbild aufgebaut. Der Orden fordert eine arisch-ger-

manische Religionsgründung und die Schaffung eines alldeutschen Armanenreichs, aus dem alle Nichtarier ausgewiesen werden sollen. Die Aktivitäten jüdischer Mitbürger werden von diesen Logen, die sich bald in allen größeren Städten bilden, überwacht. Antisemitische Schriften werden verteilt, der „Hammer“ muß von den Mitgliedern abonniert werden. Diese haben bei ihrem Eintritt in den Orden den Ariernachweis vorzulegen. Die Riten des Ordens sind nach dem einzig historisch ernsthaften Forscher dieser Gruppen, Nicholas Goodrick-Clarke, der Armanenzeremonie entlehnt, die der von List gegründete HAO (deutscher Ordenskanzler Philipp Stauff) pflegte. Die *Allgemeinen Ordens-Nachrichten* sind auf ihrer ersten Seite mit einem Hakenkreuz, das auf einem Kreuz aufgesetzt ist, geschmückt.

Ein Dokument aus dem Jahr 1912 beschreibt die Einweihung von Novizen in die unterste Stufe des Ordens. Während die neuen in einem Raum zu warten haben, kommen die Brüder im Zeremoniensaal der Loge zusammen. Der Meister sitzt unter einem Baldachin, flankiert an beiden Seiten von zwei „Rittern“, die in weiße Roben gekleidet sind, einen Helm mit Hörnern als Kopfbedeckung tragen und sich auf ihr Schwert stützen. Vor ihnen sitzt der Schatzmeister und der Schriftführer, beide in weißen Umhängen. Der Herold steht in der Mitte des Raumes. Im Hintergrund der Kammer, in den Tiefen des Grals, steht der Barde in weißem Mantel und vor ihm der Zeremonienmeister in einem blauen Gewand. Die anderen Logenbrüder stellen sich im Halbkreis um ihn herum auf. Ganz im Hintergrund befindet sich der Musikraum mit Harmonium und Klavier und dem Chor der „Waldelfen“.

Die Feierlichkeit beginnt mit sanften Weisen, gespielt auf dem Harmonium, während die Brüder den Pilgerchor aus Tannhäuser singen. Das Ritual findet bei Kerzenlicht statt. Die Brüder machen das Zeichen des Hakenkreuzes, der Meister wiederholt es in umgekehrter Richtung. Darauf werden die Novizen, eingehüllt in Pilgermäntel und mit verbundenen Augen, vom Zeremonienmeister in den Saal geführt. Der Logenmeister erklärt darauf die deutsch-arische Weltanschauung des Ordens. Der Barde entzündet die heilige Flamme im Gral und den Novizen werden Mantel und Augenbinde abgenommen. In diesem Moment ergreift der Meister Wotans Speer und hält ihn vor sich, während die beiden „Ritter" ihre Schwerter darüber kreuzen. Eine Reihe von Aufrufen und Antworten, begleitet von Musik aus Lohengrin, bilden den Eid der Novizen. Ihre Weihe wird von den „Waldelfen" mit Rufen gefeiert, während die Novizen um die heilige Flamme geführt werden.[125]

Kommen wir zu dem Namen, der immer wieder auftaucht: *Guido von List*. List verschafft sich vor der Jahrhundertwende mit seinem historischen Roman „Carnuntum", in dem er behauptet, auf österreichischem Boden habe schon vor der römischen Besetzung eine hochstehende germanische Kultur existiert, Beachtung in der völkischen alldeutschen Bewegung. Ritter Georg von Schönerer ist deren politisches Aushängeschild. Schönerers Alldeutsche gründen eine Reihe von Kulturvereinen und Gesellschaften. List veröffentlicht zahlreiche Artikel und Bücher, in denen er die „teutonische Kultur" verklärt. Die folkloristischen und kulturellen Aktivitäten der Alldeutschen machen die germanischen Traditionen in Österreich populär. Über die heroische Vergangenheit und die religiöse Mythologie seiner Heimat kommt List zum Okkultismus.

In einer Eingabe an die Akademie der Wissenschaft fordert er einen Lehrstuhl für Germanische Linguistik und Symbolkunde. Er will die Runen in den Mittelpunkt dieser Forschung stellen. Die Eingabe bleibt unbeantwortet, aber sie gewinnt List weitere Freunde. 1905 gründen Lanz von Liebenfels (s.o.) und 50 seiner Freunde zur Unterstützung Lists die „Guido-von-List-Gesellschaft". Zu ihren Mitgliedern zählen: Konrad Glasenapp, der Wagner-Biograph, Oberst Karl Hellwig, der spätere Gründer des *Reichs-Hammer-Bundes*, Bernhard Koerner, der Hakenkreuzforscher und *Germanen-Orden*-Initiator, der oben erwähnte Philipp Stauff und die gesamte Wiener *Theosophische Gesellschaft.* Die Mitgliederkartei zeigt, daß die Listschen Ideen in der Ober- und Mittelschicht des damaligen Deutschland und Österreich zahlreiche Anhänger gefunden haben.

List wird geradezu zum Guru der Alldeutschen. In einer zeitgenössischen Biografie von Johannes Balzli wird er als der „Wiederentdecker uralter arischer Weisheit"[126] gefeiert. Bei dieser Publicity kann es nicht ausbleiben, daß die Listsche mythische Verherrlichung des Deutschtums über die deutschen Mitglieder der List-Gesellschaft auch im Wilhelminischen Kaiserreich Verbreitung finden. Die List-Anhänger Philipp Stauff, Karl Hellwig, Georg Hauerstein, Bernhard Koerner und Eberhard von Brockhusen gründen, wie bereits erwähnt, mit anderen in Deutschland den „Reichs-Hammer-Bund" und den „Germanen-Orden", aus dem 1919 in München die „Thule-Gesellschaft" entsteht.

Eine zweite Verbindung Lists zu Deutschland war ein Autor mit dem Pseudonym *Tarnhari*, der Lists „seherische Erinnerungen" an das germanische Altertum teilt. Dietrich Eckart hat im gleichen Verlag veröffentlicht wie der mysteriöse Tarnhari und er zeigt in seiner Broschüre „Auf gut deutsch" (s.o.) die gleiche Argumentationsweise. Schließlich gibt es eine dritte Linie von List nach Deutschland: seine Idee eines okkulten arisch-germanischen Erbgutes, das er in der Weisheit der Runen, der Geomantie, der Edda und der Teutonischen Astrologie sieht. *Rudolf John Gorsleben*, den wir bereits oben als politischen Lehrer für die Reichswehr entdeckten, *Werner von Bülow* und *Herbert Reichstein* machen diese Ideen in deutschen völkischen Kreisen populär und gründen esoterische Zirkel. Ich komme auf diese Zirkel später zurück.

Der von List selbst 1911 gegründete innere Zirkel seiner List-Gesellschaft, der *Hohe Armanen Orden*, unternimmt einige „Pilgerfahrten" an „heilige Stätten" der Arier, bleibt aber ohne nen-

nenswerten Einfluß. Die Idee einer berufenen Elite von Eingeweihten (Armanen) jedoch spukt fortan in den Köpfen der Alldeutschen, bis sie von der SS in blutige Taten umgesetzt wird.

Trevor Ravenscroft fügt zwei Informationen über List und dessen „Armanen-Orden" zu unserer Geschichte bei, die er aber nicht näher belegt. Ravenscroft behauptet, Hitler habe alle seine Broschüren und Bücher in einem Antiquariat gekauft, das er regelmäßig aufsucht und das ein gewisser Ernst Pretzsche führt. Ein Photo in diesem Buchladen zeige Pretzsche neben List. Ravenscroft folgert Pretzsche könne Hitler mit dem „Armanen-Orden" in Verbindung gebracht haben. Ravenscroft behauptet weiter, der Orden sei damals von der Öffentlichkeit wegen seiner Riten stark angegriffen worden. Diese Rituale sollen sexuelle Perversionen und schwarze Magie beinhaltet haben. List sei aus Wien geflohen, weil er gefürchtet habe, von Katholiken gelyncht zu werden.
Halten wir diesen Behauptungen von Ravenscroft die Tatsachen gegenüber. Beim Magistrat der Stadt Wien ist für die Zeit zwischen 1890 und 1920 kein Ernst Pretzsche gemeldet, und der Name taucht ebenfalls nicht in der Mitgliederliste der List-Gesellschaft auf. Pretzsche ist nach Ravenscroft auch für Hitlers Einweihung verantwortlich, soll er doch dem jungen Adepten Adolf die Droge Peyote gegeben haben. Woher Ravenscroft oder sein Gewährsmann Stein diese Information haben, bleibt unklar. Auch daß List Wien zu verlassen hatte, entbehrt jeder Grundlage. List hatte im Gegenteil prominente Mäzene in Wien.[127] Es scheint eher plausibel, daß Ravenscroft für seine Phantasien die literarische Vorlage von *Edward Bulwer-Lytton* „Zanoni" benutzte. Immerhin ist dieser bekannte englische Autor (u.a. „Die letzten Tage von Pompeji") seit seiner Novelle „The Coming Race" (Die kommende Rasse, 1871) in okkulten Kreisen sehr beachtet worden. Bulwer-Lytton spricht in diesem Werk von der Vril-Energie, auf die ich später zurückkommen werde.

Lists Weltanschauung hat – wie in den oben genannten Beispielen gezeigt – in Deutschland Verbreitung gefunden. Aus den Germanen macht List die „arische Rasse" aus ihren Kulten eine „arische Religion". Das Hakenkreuz erklärt er – obwohl es in den verschiedensten Kulturen auftaucht – als „heiliges arisches Symbol". In Helena Petrovna Blavatskys „Geheimlehre"[128] sieht er die Bestätigung für seine „Religion der Ario-Germanen", einem von ihm 1910 veröffentlichten Buch[129]: germanische und hinduistische Weisheitslehren stimmen für List überein. Die Geschichte wird von ihm als Beleg für die Notwendigkeit eines kommenden Großdeutschen Reiches interpretiert. Die Feinde dieses Ziels aller Arier sollen Femegerichten zum Opfer fallen. Die Idee dieser Standgerichte ist wie oben gezeigt auch in der Thule populär. Ein heiliger Krieg solle die Arier zum Tausenjährigen Reich führen.

Georg Lanz von Liebenfels ist einer der Schüler und Freunde des Guido von List. Lanz, ehemaliger Zisterziensermönch, kommt 1905 mit politischen und antisemitischen Kreisen in Berührung und beginnt damit als 33-jähriger seine Laufbahn als okkult-völkischer Autor. Zunächst schreibt er für *Fritsch*, dessen Einfluß auf Hitler bereits geklärt ist, Artikel für dessen anitsemitische Zeitschrift *Hammer*. Ende 1905 gibt er dann seine eigene Broschüre *Ostara* heraus. Die Autoren dieser Schrift sind neben Lanz: Adolf Harpf, Ludwig von Bermuth, Adolf Wahrmund und Harald Grävell van Jostenoode. Einige dieser Namen tauchen auf der Liste der Gönner der List-Gesellschaft auf. Besonders Grävell bringt das Gedankengut der von Madame Blavatsky in London gegründeten *Theosophischen Gesellschaft* in die *Ostara* ein.[130] Der deutsche Generalsekretär dieser Gesellschaft war zu dieser Zeit *Rudolf Steiner*. Steiner gründet später seine eigene *Anthroposophische Gesellschaft*.

Während des 1. Weltkrieges erweitert Lanz das Programm seiner Zeitschrift. Neben alldeutsche und rassistische Betrachtun-

gen reiht er astrologische Prophetien. So sieht er in *Ostara* I,81 aus dem Jahr 1915 ein kommendes rassistisches tausendjähriges Reich voraus, das in Wien seinen Ursprung nehme. In *Ostara* III,4 (1928) ergänzt Lanz: „Nicht mehr Parlamente... sondern weise Priesterfürsten, geniale, ariosophisch-mystisch geschulte Patrizier und Führer ritterlich-geistlicher Geheimorden werden die Geschichte der Völker leiten.“
1907 gründet Lanz den *Ordo Novi Templi* (ONT), den Neuen Templer-Orden. Er selber faßt das Programm im *Ostara*-Heft I,18 vom Dezember 1907 zusammen. Der ONT sei die arische Gesellschaft zur gegenseitigen Hilfe. Zweck sei das Rassebewußtsein durch Stammbaum- und Wappenkunde-Forschung, Schönheitswettbewerbe und die Gründung rassistischer Zukunftsstätten in unterentwickelten Teilen der Erde zu fördern.

Aber es gab noch mehr auszugraben aus den „Ostara“-Heften und aus der ONT-Geschichte.

Nach dem 1. Weltkrieg baut der Norddeutsche Detlef Schmude einen deutschen Zweig des ONT auf, dessen Prior Lanz und Johann Walthari Wölfl sind. 1922 startet Schmude in Deutschland mit der *Ostara.* In den ersten Nummern druckt er Lanz' „Theozoologie“ ab. Wölfl publiziert in den folgenden Jahren etliche Verlautbarungen des ONT und bringt die ONT-Ideologie schließlich zu dem 1932 gegründeten *Lumenclub* nach Wien. Diese Gesellschaft ist wie die „Thule-Gesellschaft“ in München mit einer Zeitung verquickt. In München ist es der *Völkische Beobachter*, zu dieser Zeit (1932) schon elf Jahre NSDAP-Parteiblatt, zählt zu den Abonnenten der *Ostara*-Rundschau. Der *Lumenclub* ist vor dem „Anschluß Österreichs an das Reich“ ein Zentrum der illegalen österreichischen nationalsozialistischen Partei.

Ich war auf einen neuen ernsten Hinweis gestoßen: das Lanzsche Gedankengut, insbesondere seine „Theozoologie“, war den Nationalsozialisten offiziell zugänglich. Hitler hatte Teile dieser Ideologie in den früheren Ostara Heften in Wien kennengelernt. Ich hatte jedoch nirgends Hinweise gefunden, daß er die „Theozoologie“ gelesen hatte. Einzig ein Vergleich der in dem Werk dargestellten Ideen mit der Hitlerschen Weltanschauung, könnte die Wahrscheinlichkeit untermauern, daß Hitler die Bibel des Lanz gelesen hatte.

Die „Theozoologie oder die Kunde von den Sodoms-Äfflingen und dem Götter-Elektron“ ist 1905 zum ersten Mal veröffentlicht worden. Das Kompendium ist mit Zitaten aus beiden Teilen des Testaments gespickt. Aber es ist auch zeitnah. Nach Lanz beginnt die Evolution der Menschheit mit göttlichen Wesen (Theozoa), die außergewöhnliche Sinnesorgane gehabt hätten, mit denen sie elektrische Signale empfangen und aussenden konnten. Der Niedergang habe eingesetzt, als sich diese Gottmenschen mit Affen oder Biest-Menschen vermischt hätten. Diese Pygmäen seien an allem Schuld und nur eine Rassentrennung durch einen neuen Messias könne den Untergang, die Vernichtung der Kultur aufhalten. Zunächst müsse die Rassereinheit verwirklicht werden. Die niederen Rassen sollen sterilisiert werden, die arische Rasse der Gottmenschen solle sich durch strenge Unterordnung der Frau unter den arischen Mann vermehren. Unverheiratete Brutmütter sollen in Zuchtklöstern von blonden, blauäugigen arischen Ehehelfern begattet werden, um Neuarier zu gebären.
Alle diese Ideen tauchen in den Planungen und Aktionen der Nationalsozialisten wieder auf („Lebensborn“). Wie List spricht Lanz von einem notwendigen alles entscheidenden Krieg zwischen den Gottmenschen und den niederen Rassen. Die Arier würden Ordnung machen und dann werde „im Land des Elektrons* und des Heiligen Grals ein neues Priestergeschlecht entstehen... Großfürsten, starke Krieger, gottbegeisterte Priester, Sänger mit beredter Zunge, Weltweise mit hellen Augen werden aus Deutschlands urheiliger Göttererde ent-

* Lanz meint vermutlich hiermit die Entdeckumg der Röntgenstrahlen durch den Würzburger Wilhelm Röntgen, für die dieser 1901 den Nobelpreis erhielt.

stehen, den Sodoms-Äfflingen wieder die Ketten anlegen, die Kirche des heiligen Geistes… aufrichten und die Erde zu einer Insel der Glückseligen machen.“[131]

Die Anschauungen Himmlers über seine Elite-Kaste der SS sind – wie wir später sehen werden – mit denen des Lanz von Liebenfels nahezu identisch. Für Hitler ist die Lanzsche „Theozoologie“, falls er sie gelesen hat, eine Bestätigung seines übrigen Wiener geistigen Umfeldes. Hat Hitler die „Theozoologie“ nicht gelesen, so ist ihm doch aus den „Ostara“-Heften die Lanzsche Beweisführung bekannt.
Aber ich muß noch auf eine andere „Ostara“-Nummer zurückkommen, die mir auffiel. Es ist das Heft I,6 vom Juli 1906. Mit der Betrachtung dieser Ausgabe wechseln wir wieder in die andere Wirklichkeit über.

Ich hatte die Verzweigungen der verschiedenen völkisch okkulten Zirkel herausarbeiten können. Die Wissenschaft faßt diese Geistesrichtung als „Ariosophie“ zusammen, um sie von der „Theosophie“ zu trennen. Das Wissen um die Rasse der Arier (als auserwähltes Volk) war in der Tat das neue Gott-Wissen für einige einflußreiche Gruppen und Einzelpersonen. Die Ariosophie war damit unbestreitbar der geistige Vorläufer des Nationalsozialismus.

Ich war bei der Untersuchung der „Wiener Szene“ auf ein Phänomen gestoßen, das in der „Münchener Szene“ wiederkehren sollte: die glühendsten Chauvinisten kamen aus den damals umkämpften Grenzgebieten oder aus ethnisch gemischten Provinzen, in denen Deutschstämmige fürchteten, einen geknechtete Minderheit zu werden. Das Deutschtum wurde von diesen Nationalisten zunächst nostalgisch erhöht, die germanisch-deutsche Vergangenheit verklärt. Schließlich wurden die Deutschen als jahrtausendealte Rasse der Arier vergöttert. Die Gott-Söhne stammten mit einem Male von der untergegangenen Superkultur der Atlantier ab.

Die politische Realität sah freilich anders aus: das Deutschtum war an den Randgebieten der Monarchie gefährdet, die Welt ohne die Deutschen (und die Österreicher) aufgeteilt worden.

Wie konnte diese Schmach den Sonne-Söhnen geschehen? Nach dem ersten Weltkrieg wurde ihnen, den Auserwählten, das Land weggenommen, sie wurden zu Zahlungen an ihre Feinde gezwungen, ihre beider Kaiser waren verjagt und „bolschewistische Banden" stürzten das neue seltsame Gebilde, das Republik hieß, in ein Chaos. Wer war Schuld an diesem Leid?
Die jüdische Weltverschwörung. Das klang nach einer Antwort und es schien, wie wir gesehen haben, belegbar zu sein. Hatten nicht die „Protokolle der Weisen von Zion" enthüllt, daß die Juden eine Weltverschwörung anzettelten und die Völker in Kriege und Bankerotte stürzten?
Die Protokolle sind, wie inzwischen nachgewiesen, eine Fälschung.* Zur damaligen Zeit waren sie das geeignete Argument, um selbst verträumte Alldeutsche für den Antisemitismus zu gewinnen. Nur wenn die Arier selbst sich geheim zusammenschließen, kann die Gefahr der jüdischen Weltherrschaft gebannt werden, sagen die Lanz, List, Fritsch und wie sie alle heißen. In der germanischen Vergangenheit liegt die Rettung. Die Gedanken der Rassereinheit und die Vertreibung der Juden (aus dem Tempel, der das großdeutsche tausendjährige Reich heißen soll) soll verbreitet werden. Geheime Orden und Elitegruppen sollten für diese Idee kämpfen, ein Kampf, der wirkliche Helden erfordert – oder gar einen Messias als Retter. Aber davon später.

* (Doch trifft für sie das Gleiche zu, was für jede Falschmeldung in der Zeitung gilt: die Richtigstellung wird nicht beachtet.
Der ehemalige Diktator von Uganda, Idi Amin, soll an den Wahrheitsgehalt der „Protokolle" geglaubt haben. 132

5. Die andere Wirklichkeit: der Traum vom Heldentum

In der „Ostara"-Ausgabe I,6 vom Juli 1906 fordert der schon erwähnte Lanz-Autor Grävell die Rückführung der Reichskleinodien zu der neuen ersehnten Reichshauptstadt Nürnberg, um ein neukarolingisches Reich wieder zu errichten. Es solle neben dem Deutschen Reich, das deutschsprachige Österreich, Böhmen, Mähren, Belgien, Holland und Skandinavien einschließen. Dieser Hinweis hätte mich nicht näher interessiert, wäre ich bei meinen Recherchen nicht auf Ravenscrofts Thesen gestoßen. Ravenscrofts Quellen sind umstritten. Sein Hauptgewährsmann für seine Thesen, Hitler sei beim Anblick des Speers des Longinus in der Weltlichen Schatzkammer der Hofburg in Wien erleuchtet worden, ist ein gewisser Walter Johannes Stein, der ein Berater Sir Winston Churchills gewesen sein soll. Stein sei, nach Ravenscroft, dem jungen Hitler in Wien begegnet und habe von dessen lebensveränderndem Erlebnis in der Hofburg erfahren. Bevor wir uns den Bericht Steins ansehen, möchte ich auf Ravenscrofts andere Quellen eingehen.

Josef Greiner, einer der Freunde Hitlers, ist Ravenscrofts zweiter Gewährsmann. Wie Kubizek und Jetzinger beschreibt Greiner Hitler aus seiner subjektiven Sicht – meist ohne irgendwelche Nachweise zu führen – so schreibt er: „Hitler zerbrach sich den Kopf über das Fakir- und Yogatum in Indien, deren Anhänger durch die Abwendung der Sinne von der Außenwelt und durch die Konzentration des Denkens nach innen, die sie durch Selbstkasteiung aller Art erreichen, unglaubliche Wunder an menschlicher Willenskraft vollbringen. Er verglich die Fakire mit den Heiligen der Katholischen Kirche, die gleichfalls durch konsequente Bußübungen in Ekstase gerieten und in diesem Zustand Wunder wirkten. Er verwies dabei auf die Verzückungen der Katharina Emmerich, welche die Passionsgeschichte Jesu in allen Phasen schaute und dabei Blut schwitzte…
Da zur damaligen Zeit in Wien (1908-1913, Anm. d. Verf.) mehrere Vorträge über Okkultismus gehalten wurden, besuchte

sie Hitler. Er gelangte durch sie auf das Gebiet der Telekinese, der Berührung von Gegenständen aus der Ferne. Er verschaffte sich Zutritt zu solchen Kreisen in der Absicht, einen etwaigen Schwindel oder Betrug rücksichtslos aufzudecken. Doch er kam staunend von derlei Sitzungen nach Hause und konnte sich die Vorgänge nicht enträtseln deren Zeuge er war. Er berichtete, daß beim Erscheinen des Mediums eine Wasserflasche und ein Trinkglas vorerst in heftige Bewegungen gerieten und dann vom Tische fielen, obwohl der Tisch selbst am Boden befestigt war, sich nicht rührte und auch keine mechanischen Einrichtungen angebracht waren, die eine Bewegung hätten auslösen können. Hitler suchte diese Erscheinung durch Materialisierung von fluidalen, rutenartigen Gliedern zu erklären und glaubte an ähnliche Erscheinungen wie bei der Wünschelrute.

Sofort ging er daran, die Probe auf das Exempel zu machen. Er verfertigte mehrere Gabeln, die wie ein Y aussahen, und zog, die beiden Gabelenden haltend, quer durch den Wiener Wald. Mehrmals neigten sich, seinen Berichten zufolge, die Gabelspitzen ziemlich stark nach unten. Er bezeichnete die einzelnen Stellen und wiederholte in der Folge an verschiedenen Tagen die Versuche mit abwechselndem Erfolg. Was lag näher, als mich gelegentlich zu einem solchen Wünschelrutengang einzuladen? Wir begaben uns gemeinsam im Wiener Wald zum Schoppenhof, über dessen Ziel mir Hitler am Wege eine bestimmte Stelle bezeichnete. Sowohl in seiner als auch in meiner Hand machten die Rutengabeln einen starken deutlichen Ausschlag nach unten, was sich ständig wiederholte.

Einige Tage später wanderte Hitler in Begleitung zweier Leute und mit Krampen und Schaufeln bewaffnet zu dieser merkwürdigen Stelle und begann zu graben. Aber kaum hatte er ein ca. ein Meter tiefes Loch gegraben, als schon ein Flurwächter kam, der ihn und seine beiden Helfer als ‚grauperte Lauser' beschimpfte und fortjagte. Der Flurhüter hatte offenbar vermutet, daß die Angehaltenen eine Wildfalle errichten wollten und zeigte für die Rutengängerei nicht das geringste Verständnis. Hitler verschaffte sich dann noch einige Broschüren über die Rutengängerei, ließ aber, wie alle Projekte so auch dieses plötzlich fallen."[133]

„Auch der Graphologie, der zur Erforschung der Persönlichkeit immerhin eine gewisse praktische Bedeutung zukommen mag, brachte Hitler großes Interesse entgegen. Seine Liebe galt aber zweifellos der Astrologie. Er war immer bemüht, aus der Sternendeutung seine Zukunft zu erforschen. Ich kann nicht entscheiden ob es einem natürlichen Wissensdrang oder dem Streben nach Erkenntnis zuzuschreiben ist, oder ob es bloß den verzweifelten Versuch darstellte, sein Los durch übernatürliche Kräfte zu verbessern und zu diesem Zweck die Zukunft zu erfahren, daß sich Hitler fast unausgesetzt mit dem Okkultismus und mit der Astrologie abgab. Gerade auf diesem Gebiete bedrängte er mich, nach der Lektüre aller nur verfügbaren Bücher, ständig mit Fragen nach meiner Meinung oder wie er es anstellen sollte, aus diesen Geheimlehren einen praktischen Nutzen oder Erfolg zu erzielen…

Belehrung ließ ich Hitler nur auf dem Gebiete seiner Zahlenmystik zuteil werden, da die ganze Natur und auch die Kunst dem Gesetz des Maßes und der Zahl unterworfen ist und das Licht, die Sterne, die Kristalle und Bienenwaben ebenso wie der Tanz oder die Musik von der Zahl beherrscht werden, führte ich Hitler in die Grundlagen der Zahlen ein. Aber dafür hatte er, wie dies seine Schulzeugnisse eindeutig beweisen und trotz seiner Architektenaspirationen, kein Interesse, denn er wollte hinter die Geheimnisse der Zahlen wie hinter jene der Sterne kommen, da er in ihnen eine Wunderkraft vermutete, deren Kenntnis ihm die Beherrschung der Natur und der Menschheit zu verheißen schien. Wie die Gnostiker aller Religionen, wollte er die Geheimnisse der 3,7,9,13 etc. ergründen und war auf die Zahlen 23 und 28 eingeschworen, die mit der Umlaufzeit des Mondes und mit der Mensis des Weibes in engem Zusammenhang stehen sollen. Auch dem System der Quadratur, aus dem das Hakenkreuz abzuleiten ist, widmete er als Zeichner große Aufmerksamkeit.

Was die Erforschung der menschlichen Seele betrifft, befaßte sich Hitler emsig mit der Hypnose, dem Vorahnungsvermögen und dem Zweiten Gesicht. Seine Führereigenschaften wurden ja später von seinen Anhängern gerne damit begründet, daß er die Zukunft zu schauen vermöge, daß er also von der Vorsehung mit besonderen übersinnlichen Eigenschaften ausgestatten worden sei, die schließlich für das deutsche Volk so verhängnisvoll werden sollten, und zwar schon zu einer Zeit, als selbst dieses den rettungslosen Untergang bereits vor Augen sah.

Der natürliche Somnambulismus, der sogenannte Schlafwandel, erweckte gleichfalls Hitlers größtes Interesse. Er wollte Personen, die in derartige Zustände verfallen, unbedingt kennenlernen. Ob ihm dies einmal gelang und mit welchem Erfolg, blieb mir unbekannt. Ich konnte ihm jedenfalls die Frage nicht beantworten, was in der Seele eines Menschen vorgeht, der sich in diesem Zustand befindet und der schlafwandelnd sich aus dem Fenster eines hohen Stockwerks schwingt, an kleinen Mauervorsprüngen hochklettert und über Dächer schreiten kann, als dürfte das Gesetz der Schwere für ihn bis zum tödlichen Anruf überhaupt nicht existieren. Auch die Fähigkeit, im somnambulen Zustand verschlossene Briefe zu lesen und hellzusehen, beziehungsweise die somnambule Schrift, die mit unseren Schriftzeichen nichts gemein hat und nur von Somnambulen gelesen werden kann, studicrte Hitler, ohne wahrscheinlich in die Tiefe dieser Phänomene weiter eingedrungen zu sein."[134]

Zu Greiners Beobachtungen lassen sich so gut wie keine Nachweise führen. Aber es ist nicht nur Ravenscroft, der Greiner als historische Quelle benutzt. Der englische Historiker Sir Allan Bullock tat dies ebenfalls. Andere übernahmen es von Bullock. Auf diese Weise konnte sich von Hitler („Mein Kampf") ebenfalls über Greiner („Er war wirklich ein armer Teufel.") die These vom armen mittellosen jungen Kunstmaler Hitler in den historischen Untersuchungen festsetzen. Ebenso die Greinersche Behauptung Hitler habe Unmengen von Büchern gelesen.

Ich stelle hier nur Greiners These vom jungen Hitler, der sich mit Okkultem beschäftigt habe, zur Diskussion und wiederhole, daß es keine eindeutigen Beweise oder Belege dafür gibt. Ravenscrofts dritte Quelle ist Dr. Hermann Rauschning, der ehemalige Senatspräsident von Danzig, der zu den Alliierten flüchtete. Rauschnings bereits zitiertes Buch „Gespräche mit Hitler", 1940 erschienen, ist von nahezu allen Hitler-Biographen reichlich ausgewertet worden. Ravenscroft hat einige Aussprüche Hitlers daraus entnommen, um die These seines Gewährsmannes Dr. Johannes Stein vom Speer der Hitlerschen Erleuchtung zu untermauern.

Sehen wir uns diesen Dr. Johannes Stein, Trevor Ravenscrofts erste Quelle, genauer an.

Der magische Pakt vor dem Speer des Schicksals?

Ravenscroft trifft Stein nach eigenen Angaben einige Jahre nach dem Zweiten Weltkrieg. Walter Johannes Stein (1891-1957) ist österreichischer Jude gewesen und 1933 vor den Nationalsozialisten nach England geflüchtet. Daß Stein in der gleichen Zeitspanne in Wien studiert hat, in der Hitler sein „Privatstudium" unternimmt (1909-1913), ist jedoch noch kein Beweis dafür, daß er Hitler auch tatsächlich getroffen hat. Ravenscroft behauptet, Stein habe Hitler über Pretzsche kennengelernt. Wie ich bereits oben erwähnte, ist jedoch kein Ernst Pretzsche in der fraglichen Zeit in Wien gemeldet. Hitler sei Stein näher gekommen in einem Erfahrungsaustausch über den *Parzival* von Wolfram von Eschenbach als westlichen Weg zur „Einweihung" oder Erleuchtung. Es gibt keinen Hinweis aus späteren Äußerungen Hitlers, daß er den Parzival eingehend studiert habe. Es scheint vielmehr Steins eigene Interpretation des Grals-Mythos zu sein, der er der schwarzmagischen Auslegung Hitlers gegenüberstellt. Stein, der während der zwanziger Jahre Lehrer an der Waldorf-Schule in Stuttgart war und bei den *Anthroposophen* Rudolf Steiners als Experte für die Literatur und Geschichte des Mittelalters galt, hat sich in seinem Buch „Weltgeschichte im Lichte des Heilige Grals" (1928) ausführlich mit dem Parzival-Mythos befaßt.

Stein behauptet in diesem Werk, die Geschichte Parzivals sei auf dem historischen Hintergrund des neunten Jahrhunderts entstanden. Die in dem Epos auftretenden Personen seinen reale Figuren aus der karolingischen Epoche. So stelle der Gralskönig Anfortas König Karl den Kahlen dar, den Enkel Karls des Großen. Kundrië, die Botin des Grals, sei in Wirklichkeit Ricilda, die Böse gewesen. In Parzival glaubt Stein Luitward von Vercelli wiederzufinden, den Kanzler am fränkischen Hof. In dem bösen Magier Klingsor erkennt er Landulf II. von Capua wieder, der in Sizilien mit den Arabern paktiert hat. Schließlich interpretiert Stein den Kampf zwischen den christlichen Rittern und ihren bösen Widersachern als eine Metapher (ein symbolisches Bild) für den ständigen Kampf um den Besitz der Heiligen Lanze, die Jesus am Kreuz durchbohrt hat. Genau hier setzt Ravenscrofts Geschichte an.

„Es gibt eine Legende um den Speer, die besagt, wer auch immer den Speer für sich beansprucht und seine Geheimnisse ergründet, der hält das Schicksal der Welt in seinen Händen – zum Guten oder zum Bösen."[135]

Dieser Speer des römischen Legionärs Longinus sei, fährt Ravenscroft fort, im Lauf der Geschichte von den Europa beherrschenden Kaisern und Königen als heilige Reliquie und als Talisman verehrt und besessen worden. So zuletzt von den Habsburgern.

Hitler hat nach Ravenscroft die Geschichte dieses „Machtbringers“ studiert und zahlreiche „Pilgergänge“ zur Schatzkammer unternommen. Eines Nachmittags, es sei im September 1912 gewesen, sei Hitler beim Anblick des Speers plötzlich „erleuchtet“ worden: er sah sich selbst als Träger einer weltgeschichtlichen Bestimmung. Stein ist der einzige in Wien, dem Hitler dieses Geheimnis anvertraut habe. So erinnert sich Stein gegenüber Ravenscroft, daß Hitler gesagt habe: „Ich wußte (während dieser ‚Erleuchtung‘, Anm. d. Verf.), daß das Blut in meinen Adern eines Tages das Gefäß für den Geist meines Volkes sein würde.“

Am 14. März 1938 nach dem „Anschluß Österreichs“ an das Reich sagt Hitler: „Ich habe an diese Sendung geglaubt ich habe für sie gelebt und ich glaube ich habe sie jetzt erfüllt.“ Ravenscroft beschreibt dieses Sendungsbewußtsein als Faustischen Akt. Hitler habe an jenem Nachmittag vor dem Speer seine Seele dem Übermenschen geweiht. Dieser Übermensch, über Nietzsche zu Wagner und über Wagner zu Hitler gelangt, ist zunächst nur eine Kraft, eine Energie, die später den Übermensch – das kommende Herrenvolk – verwirklichen soll. Jeder Arier habe diese Energie bereits in sich: die Willenskraft, den Willen zur Macht. Rauschning erinnert sich, Hitler habe einmal triumphierend verkündet: „Der Übermensch lebt bereits unter uns! Er ist hier! Ich habe den Neuen Menschen gesehen. Er ist unerschrocken und grausam. Ich fürchte mich vor ihm.“[136]

Ravenscroft erläutert, in der Lanze des Longinus sei die Energie und Kraft zur Herrschaft enthalten für den, der sich ihr weiht. So könne die Energie des Übermenschen (= Antichrist) angerufen werden, da die Lanze das Symbol der Tötung Christi (=Liebe und Hingebung), mit Hilfe von Wille und Macht sei. Derjenige, von dem diese Energie Besitz ergreife, sei von unbändigem Willen zur Macht beseelt und Werkzeug des Übermenschen. Von den Kaisern des Heiligen Römischen Reiches sei die Lanze als Reliquie mit dem Blut Christi als Kraftspender für die Verwirklichung eines Reiches Christi (=die Kirche) verstanden worden.

Hitler habe sich nach Ravenscroft an jenem Nachmittag in Trance dem Geist des Antichrist geweiht und sich somit diesen Kräften geöffnet. Es kann hier nicht erörtert oder gar bewiesen werden, ob der Speer des Longinus tatsächlich der Speer ist, mit dem Christus am Kreuz durchbohrt worden ist. Noch weniger kann der Nachweis erbracht werden, daß der Speer eine Art Gefäß für den Geist (die Energie) des Antichristen sei und man diesen in einer magischen Anrufung herbeizitieren könne. Es geht hier nur um eine Möglichkeit.

Wenn Hitler an die Existenz derartiger Kräfte geglaubt haben sollte, dann war die Magie des Speeres für ihn Realität. Dann, und nur dann, ist es vorstellbar, daß er diese Kräfte angerufen hat, um mit ihnen einen magischen Pakt einzugehen. In dem Buch „Experimentalmagie" heißt es dazu:

„Das Problem des Paktes hat vor allem die mittelalterliche Magie beschäftigt. Es handelt sich hierbei um eine Bindung für lange Zeit, d.h. es steht der Glaube hinter dieser Operation, daß es möglich sei, ein Wesen der Transzendenz sich durch das Versprechen dienstbar machen zu können, im Jenseits – also nach dem Ableben – für diese intelligente Kraft zu arbeiten. Dafür dient das transzendente Subjekt dem Magus in seiner dreidimensionalen Zeit. Nach seinem Ableben geht er in die Sphäre des betreffenden Wesens ein, um seine karmischen Verpflichtungen abzuleisten. Daß Pakte geschlossen worden sind, ist ein historisches Faktum. Ob sie möglich sind, d.h. ob es überhaupt durchführbar ist, Wesen des Jenseitigen zu binden, ist eine Angelegenheit des Glaubens. Aber die Menschen vieler Kulte und vieler Religionen, Mysterien und zu allen Zeiten haben versucht, mit der Transzendenz Kontakt aufzunehmen und sie sich dienstbar zu machen."[137]

Wenn Hitler einen derartigen Pakt eingegangen ist und sich fortan als Werkzeug dieser höheren Macht gesehen hat, dann wirft das auf Aussagen einiger seiner ehemaligen Mitstreiter ein ande-

res Licht. So schreibt der ehemalige Chef der Gestapo, Rudolf Diels, in seinen Memoiren:
„Ich konnte mich des Gefühls nicht erwehren, daß es sich bei solchen Monologen (von Hitler, Anm. d. Verf.) nur um die eine Seite eines Zwiegesprächs handelte, das er mit einer zweiten Person in sich selber führte. Jetzt hatte sein Dämon gesprochen, der leibhaftige Böse, der in ihm hauste, der alle Hemmungen übersprang und ihn zum Monomanen machen konnte. Wollte nicht ein anderer Teil seiner Natur der Heilsbringer sein, der Schöpfer einer neuen, tausendjährigen friedlichen Harmonie? Oder wollten beide Naturen dasselbe erreichen, nur die eine auf menschlichen, die andere auf widermenschlichen Wegen?"[138]

Der ehemalige NSDAP-Pressechef Ernst Hanfstaengl bemerkt:
„Es ist das Erlebnis der Macht gewesen, das in Hitler den hemmungslosen Sadisten zur Reife brachte. Im Lauf des Jahres 1933 wurde mir allmählich klar, daß der Dämon in ihn gefahren war. Sogar damals glaubten die meisten von uns noch nicht, daß der Punkt erreicht war, von dem es keine Rückkehr mehr gab."[139]

Der mehrfach zitierte Hermann Rauschning geht sogar noch weiter, wenn er aussprach, „was jeder, der mit Hitler in Berührung kam, empfinden mußte: Hitler lieferte sich Kräften aus, die ihn mit fortrissen. Kräfte dunkler und zerstörerischer Gewalt. Indem er noch meinte, die freie Wahl des Entschlusses zu haben, hatte er sich längst einem Zauber ausgeliefert, den man wohl mit gutem Grunde und nicht bloß im bildhaften Vergleich als eine dämonische Magie bezeichnen konnte. Und statt eines Mannes, der sich im Höhersteigen von Stufe zu Stufe der Schlacken seiner dunklen Vergangenheit entledigte und freier und klarer wurde, sah man ein Wesen, das mehr und mehr zum Besessenen wurde, mit jedem Schritt gebundener, knechtischer, ohnmächtiger, der Raub von

Mächten, die sich seiner bemächtigten und ihn nicht mehr losließen.
Hätte es Hitler in der Hand gehabt, einen anderen Weg zu gehen? Viele unter uns, die wir ihn kannten, glaubten es. Viele hofften noch auf eine Wandlung, als es bereits längst zu spät war... Aber der eigentliche Grund dafür, daß Hitler den Weg in den Abgrund ging, lag in einer Schlaffheit seines Willens. Der Augenschein, daß Hitler ein großer Willensmensch ist, trügt. Im Grunde seines Wesens ist er schlaff und apathisch und bedarf nervöser Reize, um aus einer chronischen Lethargie sich zu krampfhaften Willensimpulsen zu steigern. Er wählte den bequemeren Weg, er ließ sich fallen, er lieferte sich den Kräften aus, die ihn im Absturz forttrugen."[140]

„Ich bewege mich wie ein Schlafwandler wohin die Vorsehung mich befiehlt"[141], sagt Hitler selbst in einem Interview. Ravenscroft verfolgt Hitlers Weg nach seinem „Pakt" im September 1912: das scheinbar aussichtslose Leben des Kunstmalers wandelt sich. Er geht nach Deutschland, der Krieg bricht aus, Hitler baut nach dem Krieg die NSDAP auf und erobert die Macht und verleibt Österreich dem Reich ein. 26 Jahre nach der unheimlichen Begegnung mit dem Speer steht er wieder vor diesem Talisman der Macht – diesmal als mächtigster Mann Deutschlands und unter dem Schutz perfekt ausgerüsteter Divisionen. Von da an folgt er der Bestimmung dieser „Macht" ohne jeden Skrupel – er strebt nach Weltherrschaft.

Der Speer und die habsburgischen Reichskleinodien (Krone, Reichsapfel, Szepter, Kreuz und Schwert) werden 1938 nach Nürnberg gebracht, wo sie am 30. April 1945 von amerikanischen Soldaten in einem unterirdischen Tresor entdeckt werden. Hitler beginnt am selben Tag Selbstmord. Die USA sind nun im Besitz des Speers als Symbol der Weltmacht. Im August zünden sie die ersten Atombomben und beenden damit den Weltkrieg. Die Reichskleinodien werden samt der Lanze am 4. Januar 1946 in die Weltliche Schatzkammer der Hofburg zurückgebracht, wo sie seither außer Sonntag von 9 – 18 Uhr besichtigt werden können.

Ich hatte geklärt, daß Hitler in Wien mit völkisch-rassistischen Ideolo gien in Berührung kam und diese seine Weltanschauung formten. Als er 1913 nach München ging, fühlte er sich berufen Deutsch-Österreich „heim ins Reich" zu führen. Er war mit der Idee der Überlegenheit der arischen Rasse und der Minderheit der anderen Rassen vertraut. Die Namen der Männer, deren Ideen sich Hitler zueigen machte (Schönerer, Lueger, Lanz, List und Fritsch) waren von nahezu allen Biographen bestätigt. Die herausgearbeiteten Zitate waren überzeugend – und dennoch fehlte mir das entscheidende: das Motiv. Warum haben diese alldeutsch-rassistischen Ideen auf Hitler einen tiefen Eindruck hinterlassen? Sie hatten keinen vergleichbaren starken Einfluß auf die überwiegende Mehrheit der Österreicher. Warum sog Hitler die antisemitische Ideologie geradzu in sich auf?

Den ersten Hinweis fand ich bei Robert G. L. Waite. In seinem bereits zitierten Buch „The Psychopatic God Adolf Hitler" bezeichnet der Amerikaner Richard Wagner als die wichtigste „primary inspiration" Hitlers. Ich las Gustl Kubizeks Hitler-Biographie und Maser, Gorlitz, Fest und andere und stieß immer wieder auf Hitlers Wagner-Begeisterung, die schon in seinr Linzer Realschulzeit begonnen habe. Bekannt war, daß Wagner in der Wiener Oper vor dem 1. Weltkrieg sehr häufig auf dem Spielplan stand und daß Hitler zahlreiche Aufführungen gesehen hatte.

War Wagner Hitlers erster geistiger Vater, der mit seinen theatralischen Singspielen dem jungen Mann die Idee der Überlegenheit des deutschen Helden emotional erschloß? Ich mußte die Frage klären, ob es soetwas wie eine Saat gab (neben der hinreichend geklärten Tatsache, daß Hitlers Geschichtslehrer Schönerer-Anhänger war), die in Linz gepflanzt wurde und in Wien aufging. Gab es geistige Väter?

„Wer das nationalsozialistische Deutschland verstehen will, muß als erstes Wagner kennen“, sagte Hitler als Reichskanzler in einem Interview.[142] Hitler hat Hermann Rauschning gegenüber gesagt, er habe alles gelesen, was Wagner geschrieben habe.[143] Wagners Schriften mußten also mit Hitlers Äußerungen verglichen werden. Ferner ist hierbei die Rolle von Wagners Schwiegersohn Houston Stewart Chamberlain zu klären, dessen 1899 erschienenes Buch „Die Grundlagen des Neunzehnten Jahrhunderts“ ungewöhnliche Verbreitung und Begeisterung fand. Chamberlain war mit diesem nationalbegeisterten Werk zum Vertrauten Kaiser Wilhelms geworden und damit zur öffentlichen Figur. Er lebte 1889-1909 zeitweise in Wien. Hitler muß von ihm gelesen haben.

Schließlich war im gesamten Komplex Wagner Hitlers Liebe zu Heldensagen[144] und seine Begeisterung zu Karl May zu klären.

Wagner, Chamberlain, May: die deutschen Helden

Rauschning erinnert sich, daß „Hitler keine Vorläufer“ anerkannte. „Mit einer Ausnahme: Richard Wagner.“[145] Hitler sei mit Wagners Gedankengängen auf's innerlichste vertraut. Auf jedem Schauplatz seines Lebens komme er auf Wagner zurück. Einem amerikanischen Korrespondenten erklärt Hitler: „Für mich ist Wagner göttlich und seine Musik ist meine Religion. Ich gehe zu seinen Konzerten, wie andere zur Kirche gehen.“[146] Und von Kubizek wissen wir dann, daß Hitler des öfteren „plötzlich innehielt, das Thema das ihn beschäftigt hatte, ... unvermittelt abbrach“ und auswendig „den Text eines Briefes oder einer Aufzeichnung von Richard Wagner vortrug, oder... eine seiner Schriften, beispielsweise ‚Kunst und Zukunft‘ oder ‚Die Kunst und die Revolution‘, vortrug.“[147]
Hitler selbst erzählt in „Mein Kampf“, daß er mit zwölf Jahren Lohengrin gesehen habe: „Mit einem Schlage war ich gefesselt.“
Vor dem Münchener Volksgericht des Hochverrates angeklagt, verbindet Hitler in seinem großen Schlußwort am 27. März

1924 den Namen Wagners mit seinem Entschluß den Marxismus zu zerbrechen: „Als ich zum ersten Mal vor Wagners Grab stand, quoll mir das Herz über vor Stolz, daß hier ein Mann ruht, der es sich verbeten hat, hinauf zu schreiben: Hier ruht Geheimrat Musikdirektor Exzellenz Baron Richard von Wagner. Ich war stolz darauf, daß dieser Mann und so viele Männer der deutschen Geschichte sich damit begnügen, ihren Namen der Nachwelt zu überliefern, nicht ihren Titel. Nicht aus Bescheidenheit wollte ich damals Trommler sein; das ist das Höchste, das andere ist eine Kleinigkeit."[148]
Dahinter steht außer Hitlers Wagnerbewunderung auch sein Besuch in Bayreuth im Oktober 1923 – also kurz vor dem „Bürgerbräu-Putsch". Der Schwiegersohn Richard Wagners, der geschätzte Rassentheoretiker Houston Stewart Chamberlain, diktiert seiner Frau Eva einen Hitler nach dem Besuch gesandten Brief. Dieser wird später als „klassisches Dokument" des Nationalsozialismus veröffentlicht. In dem Brief vom 7. Oktober 1923 schreibt Chamberlain unter anderem: „Daß Sie mir Ruhe gaben, liegt sehr viel an Ihrem Auge und an Ihren Handgebärden... daß Deutschland in der Stunde seiner höchsten Not einen *Hitler* gebiert, das bezeigt sein Lebendigsein – desgleichen die Wirkung, die von *ihm* ausgeht. Denn diese zwei Dinge, die Persönlichkeit und ihre Wirkung gehören zusammen."[149] Im Brief vom 1. Januar 1924 preist Chamberlain wieder Hitler mit beredten Worten und stellt ihn in der Kühnheit neben Luther.[150] Hitler bieten die Worte des Schwiegersohns von Richard Wagner die Gelegenheit sich mit der Kulturtradition des Hauses Wagner zu verbinden.

Hitler nimmt auf die Festung Landsberg ein Grammophon und eine Reihe Wagnerplatten mit. Ans Ende des ersten Teils von „Mein Kampf", das er in der Haft diktiert, stellt er – bei der Schilderung der Verkündung des 25 Punkte-Programms der Partei – das Siegfriedmotiv: „Das Feuer war entzündet, aus dessen Glut dereinst das Schwert kommen muß, das dem germanischen Siegfried die Freiheit, der deutschen Nation das Leben wiederbringen soll." Hitler erreicht was er will. Das Werk soll beim Klang der heroischen Musik Wagners entstanden sein.[151]

Die Belege für Hitlers Wagnertum ließen sich beliebig fortsetzen, sei es aus Darstellungen, die Hitler zeigen als Ritter in glänzender Rüstung auf einem Pferd mit einer wehenden Hakenkreuzflagge, sei es die These, daß Hitlers Tod als Wagnerische Götterdämmerung dargestellt werden könne. Wagners Einfluß auf Hitlers Gedankenwelt zur Zeit des 2. Weltkrieges wird ebenfalls als entscheidend gewertet. Viereck ist sogar der Ansicht, Hitler habe sich in die Rolle der dritten Reinkarnation von Siegfried und Barbarossa hineingelebt.[152] Waite betont die Ähnlichkeit von Wagner und Hitler und ist sicher, daß Hitler auch die politischen Schriften Wagners mit ihrem Rassismus gründlich gelesen habe und daß er seine Ideen daher bezogen habe.[153]

Hitlers Wagnerkult ist religiös. Kubizek schreibt: „... er wurde still, fügsam, lenkbar... wie ein Rausch, eine Ekstase kam es über ihn."[154] Fest notiert, die Wagnersche Musik habe Hitler in eine „unwirkliche" Welt katapultiert, die neben und über seinem realen Leben stand.[155] Ich halte es nach diesen Aussagen für angemessen, von einer *Trance* zu sprechen, in die Wagners Musik Hitler zu versetzen imstande war. Hitler hat selbst gesagt: „Wenn ich Wagner höre, ist mir als seien das Rhythmen der Vorwelt."[156] Ernst Hanfstaengl, der seit 1923 viel mit Hitler zu tun hat, betont die therapeutische Wirkung der Musik Wagners auf Hitler und sieht in Hitler einen wahren Wagnerkenner. Er schreibt: „Wagners Musik war ihm nun einmal zur zweiten Natur geworden."[157]

Die Wagnerbegeisterung des jungen Hitler zeigt sich auch in seinem Wunsch, den Spuren seines Vorbildes zu folgen. Nach Gustl Kubizek hat Hitler in Wien versucht die Oper „Wieland der Schmied", von der Wagner nur einen Entwurf hinterlassen hat, zu komponieren.[158] Joachim Fest hat in seiner Hitler-

Biographie 1968 geschrieben; Wagners Ideal des politischen Führers und Wagners Helden hätten Hitler mehr geprägt, als bisher vermutet wurde.[159] Der bereits zitierte Finne Vappu Talgren schreibt, Hitler habe ständig die Rolle des Helden gesucht, die es ihm ermöglichen würde, in glänzendem Rahmen aufzutreten, und er habe sich selbst als der von Wagner vorausgesagte halbgottähnliche Führer dargestellt.[160] Wagner hat das Prinzip des Führertums in seiner Schrift „Das Heldentum" von 1881 erörtert. Ausgangspunkt ist die Prophetie von der dritten Inkarnation Siegfried – Barbarossa.[161] Der Held auf den Wagner wartet, ist die Personifikation der deutschen Volksseele. Es ist nicht nachzuweisen, ob Hitler diese Schrift oder andere Werke Wagners gelesen hat. Wir können hier nur auf seine eigenen Angaben verweisen, in denen er schreibt, er habe Wagner gut gekannt. In einem Gespräch mit Rauschning deutet Hitler darauf hin, daß er seine Weltanschauung der Metapolitik Wagners mit ihrer Rassenlehre gleichstelle.[162] Wagner ist der Schöpfer des sogenannten nordischen Mythos und seine Musikdramen sind als pseudomysthische Religion bezeichnet worden.[163]
Kubizek behauptet, Hitler habe in seiner Linzer Schulzeit begonnen, Wagners Essays zu lesen. Er habe dabei Wagners Berufung zu seiner eigenen gemacht, indem Wagner schreibt: „Ich bin der deutscheste Mensch. Ich bin der deutsche Geist."[164]

In seinem Artikel „Das Judentum in der Musik" schreibt Wagner, das jüdische Blut sei nicht fähig, irgend etwas von kreativem Wert in der Geisteswissenschaft, Kunst, Literatur oder Musik zu erschaffen. Jesus war für Wagner (und Hitler) nicht jüdischer Abstammung. Sein Blut sei mysteriöses Blut von besonderer magischer Kraft, wie es neben ihm nur noch Parzival besitze. Wagner sieht in den Juden eine Bedrohung Deutschlands, nur war sich der Komponist nicht sicher, was mit den Juden zu tun sei. Allerdings spricht er an anderer Stelle von einer Zeit, in der es keine Juden mehr geben werde.[165] Sicherlich kann man Wagner nicht Hitlers „Endlösung" unterschieben, wohl aber erscheint die Idee durchaus plausibel, Hitler habe das Problem seines Idols: die „Judenfrage“ für diesen mitlösen wollen.

Was Hitler bei Wagner wahrscheinlich zum ersten Mal als begeisterungsfähiger Jugendlicher über Antisemitismus liest, findet er bei seinen Wiener Lehrern Lueger, List und Fritsch wieder. In der Thule-Gesellschaft in München wird dieses „Wissen“ dann erneut bestätigt.

Hitler entdeckt bei Wagner die Idee der Überlegenheit des deutschen Volkes, die Erneuerung des deutschen Blutes und den Auftrag, über niedere Rassen zu herrschen. Wagner stellt dem Kampf gegen die Juden den heroischen Parzival gegenüber, der christliche Symbole in sein heldisches Heidentum überträgt. Parzivals Ritter binden sich in einem Bluteid aneinander, der Gral wird zum Symbol arischen Rassismus. Demokratie und Parlamentarismus haben in dieser Welt des Kampfes und der Herrschaft keinen Platz. Die gesamte Geschichte sieht Wagner im Blut besiegelt. Mit seinem Begriff des Wahns hat Wagner den Führer des Volkes legitimiert: er herrscht mit gottähnlichen Kräften und ist nur seiner Berufung, seinem Wahn verpflichtet.

Houston Stewart Chamberlain wird 1855 als Sohn eines englischen Admirals und Neffe des Feldmarschals Sir Neville Chamberlain geboren. Er wächst in Paris bei Verwandten auf und wird von einem preußischen Privatlehrer unterrichtet. Das militaristische Preußen und die deutschen Dichter und Philosophen begeistern ihn. Mit 27 Jahren zieht er nach Dresden, in seine verehrte Wahlheimat, um. 1899 veröffentlicht er „Die Grundlagen des Neunzehnten Jahrhunderts“ – ein Buch, das ihn mit einem Schlag berühmt macht. Er entwickelt darin Wagners Lehre von der arischen Herrenrasse weiter. Wagner hatte gemutmaßt, die arische Rasse sei im Abstieg begriffen, weil sie die Vermischung mit den niederen Rassen zugelassen habe.

Chamberlain sieht die Entwicklung dagegen ausschließlich positiv. „Der Geist der weltgeschichtlichen Bestimmung" werde in einem historisch bedeutsamen Augenblick zutage treten und ein hohes geistig-religiöses Ideal werde das deutsche Volk zur neuen Rasse formen. Der weltgeschichtliche Moment sei die Schaffung des zweiten deutschen Reiches (1870-1871) gewesen. Der Boden für den Aufstieg einer neuen Rasse von „Übermenschen" war bereitet. Diese neue Rasse baut sich auf den Fundamenten des deutschen Geistes, des preußischen Organisationstalents und der technischen Überlegenheit auf. Der deutsche allmächtige Geist müsse die arischen Völker zu rassischer Überlegenheit und Weltherrschaft führen.[166]

Für Kaiser Wilhelm und seinen Hof ist Chamberlain der Prophet des imperialen Deutschlands. Daß Chamberlain Wagners Antisemitismus aufgreift, paßt nur zu gut in die Zeitströmung. Das Gerücht von einer jüdischen Weltverschwörung grassiert in ganz Europa. Ravenscroft behauptet, Chamberlain habe in seinen zwanzig Wiener Jahren eingehend die Legende vom Speer des Longinus studiert und wie Hitler bei dessen Anblick eine blitzartige Erleuchtung erfahren (vgl. dazu oben).

Von Hitlers früher Lektüre kennt man außer dem illustrierten Werk über den Deutsch-Französischen Krieg von 1870/71 die Werke von James Fenimore Cooper und später von *Karl May*.[167] Ungewöhnlich ist, daß Hitlers Begeisterung für Karl May nicht nachgelassen hat. In der Bibliothek des Führers von Deutschland stehen auf einem Ehrenplatz in einer Prachtausgabe die gesamten Werke von Karl May in einer Breite von 2 Metern und 25 Zentimetern.[168] Hitler stellt in „Mein Kampf" nur tendenziöse Behauptungen auf, mit denen er etwas zu beweisen versucht. Er nennt nicht die Lektüre seiner Kindheit und Jugend und erzählt nichts von ihrer Wirkung. Die einzigen Ausnahmen sind das nicht näher bekannte illustrierte Werk über den Deutsch-Französischen Krieg und Karl May. Zu Karl

May bekennt er sich ohne jede Vorbehalte, die Jahre hindurch und allen gegenüber.

Seiner Sekretärin erzählt Hitler, daß er Karl May in jungen Jahren entdeckt habe. Die Art der Indianer, ihre Selbstbeherrschung zu kultivieren, indem sie bei der Folterung keine Träne vergossen, habe ihn sehr beeindruckt. Als der Vater ihn zweihundertdreißig Mal geschlagen habe, habe er nicht geweint. Danach habe er keine Prügel mehr bezogen.[169]
Otto Dietrich erzählt Hitler, daß er in den Jahren 1933-1934 „noch einmal" die fast siebzig Werke Karl Mays gelesen habe.[170] Seinem Autofahrer Kurt Lüdecke versichert er, daß die Romane Karl Mays in ihm immer wieder Spannung erzeugten.[171] Im Jahr 1942 erklärt Hitler in seinen Tischgesprächen, daß ihm einst durch Karl May die Augen geöffnet worden seien. Er erzählt, daß er die Geschichten Karl Mays genieße, und er befiehlt jedem Offizier, Karl Mays Indianerbücher bei sich zu tragen. Karl May wüßte nämlich am besten, wie gegen die Russen zu kämpfen sei.[172] Andere Autoren behaupten, Hitler habe Offizieren gegenüber, als sie den Plan zur Eroberung Frankreichs für zu gewagt hielten, erklärt: „Sie hätten mehr Karl May lesen sollen."[173]
Interessant ist ein Hinweis des Historikers Karl Alexander von Müller, von dem schon die Rede war. Müller schreibt, Hitler habe ihn in seinem Aussehen und in seiner Kleidung an Karl May erinnert.[174] Klaus Mann schließlich schreibt in seinem 1940 veröffentlichten Artikel, Hitlers ganze Lebensauffassung sei von den Wildwestromanen Karl Mays und deren Heroismus durchtränkt. Mann bezeichnet das Dritte Reich als „Karl Mays letzten Sieg" und hält es nicht für übertrieben zu behaupten, daß Mays „naive und kriminelle Phantasie" indirekt die Weltgeschichte beeinflußt habe.[175]

In Karl Mays Romanen findet sich die Thematik des charismatischen Führers. Mays Romane sind vermutlich die einzigen Bücher mit charismatischem Material, die Hitler mit Sicherheit gelesen hat. Im Weltbild der Romane Karl Mays und in Hitlers Weltanschauung lassen sich gemeinsame Züge entdecken.[176] Die wichtigsten Helden in Mays Romanen gleichen Hitlers Rolle oder Hitlers Selbstverständnis. Die Helden sind Vertreter der weißen Rasse, meistens Deutsche. Sie sind edel und kämpferisch. Vappu Talgren erläutert dies am Beispiel Old Shatterhands. „Old Shatterhand", so schreibt Talgren, „war Deutscher von Geburt, im Charakter hart, aber dennoch gottesfürchtig. Die wichtigste seiner geistigen Eigenschaften ist die Kombinationsfähigkeit. Old Shatterhand ist streng keusch, wie auch die anderen Männer des sogenannten Westens. Er trinkt nicht und er stiehlt nicht. Er ist in allem besser als die anderen. Der Umfang und die Vielseitigkeit seines Wissens verblüffen immer wieder die Freunde. Er breitet seine Kenntnisse entweder in Vorträgen am Lagerfeuer oder beim Reiten aus. Old Shatterhand hat übernatürliche Eigenschaften. Ihn befallen Ahnungen, die sich im allgemeinen als richtig erweisen. Ihn umgibt eine vernunftmäßig nicht erklärbare Aura. Er tritt auf, erhebt seine Stimme und seine Hand. Zweihundert unruhige Indianer beruhigen sich augenblicklich. Old Shatterhand fasziniert seine Freunde. Sie wagen voller Begeisterung ihr Leben für ihn. Er ist immer bereit sich für seine Gefährten zu opfern. Seine Ideen weichen vom Gewöhnlichen ab. Old Shatterhand ist ein charismatischer Führer, um den sich eine Gesellschaft schart, die ihren Beitrag zum Charisma durch Gehorchen entrichtet. Er ist die Quelle der Normen seiner Gruppe. Aus schwierigen Situationen zieht sich Old Shatterhand mit List. Der Inhalt der in Amerika spielenden Romane sind Kampf und Krieg. Alles endet unter der Führung Old Shatterhands immer mit dem Sieg."[177]

Hitler war als Schüler von seinem Geschichtslehrer Dr. Leopold Pötsch zum ersten Mal mit den Begriffen des Großdeutschen Reiches, der Überlegenheit der arischen und der Minderwertigkeit der jüdischen Rasse konfrontiert worden. Die Lektüre der Karl May Bände und der deutschen Heldensagen prägen die Auffassung des heranwachsenden Adolf vom Helden- und Führertum. Kubizek erzählt, daß sich Hitler schon in frühester Jugend an den deutschen Heldensagen so berauschte, daß ihm nichts erstrebenswerter schien, „als nach einem Leben voll kühner weitreichender Taten, einem möglichst heroischen Leben, nach Walhalla einzuziehen und für alle Zeiten zu einer mythischen Gestalt zu werden..."[178] Der politische und pseudoesoterische Antisemitismus der Schönerer, Lueger, Lanz, List, Fritsch und anderer lassen in Wien die Saat aufgehen, die bereits davor in den jungen Adolf von seinem Vorbild Richard Wagner gesät worden ist. Alles paßt für Hitler zusammen.

Dem Sucher Hitler müssen alle Broschüren, die er in Wien in die Hände bekommt, wie eine Bestätigung seiner jugendlichen „Erkenntnisse" gewirkt haben. Die Autoren, die er liest, stimmen mit seiner zunächst verschwommenen Vorstellung von einer glorreichen arischen Zukunft überein. Es gab bereits politische Vorläufer (Lueger und Schönerer), die mit dem Deutschtum und dem Rassismus politische Erfolge erzielten.

Der Trick, die germanisch-deutsche Vergangenheit als Beleg für die Überlegenheit der arischen Rasse umzudeuten, hat viele Nationalisten ins Lager der Rassisten schwenken lassen, zumal diese sehr aktiv waren und zahlreiche Broschüren veröffentlichten.

Hitler hat aus diesen Heften auch den Eindruck gewinnen müssen, diese rassistischen Gruppen und Zirkel hätten Einfluß auf führende Kreise der Gesellschaft.*[179] In der Tat bestand ja eine Verbindung zwischen den alldeutschen (völkischen) Rassisten und Adel und Finanz, sowie eine Verbindung zwischen den Zirkeln in Wien und in Deutschland.

* Die Behauptung Eberhard Jäckels: „Es ist sogar der Schluß erlaubt, daß Hitler sich in dieser Zeit für Politik überhaupt nicht interessierte, geschweige denn seine spätere Weltanschauung entwickelte", ist nach den oben aufgeführten Belegen sicherlich nicht mehr haltbar. Jäckel hat allerdings recht, wenn er sagt, Hitlers Weltanschauung sei in Wien keineswegs klar oder gar ausformuliert gewesen. Erst in München in der Zeit nach 1919, schreibt Jäckel weiter, beginne von den Grundlagen des konventionellen Antisemitismus und Revisionismus aus „ein mehrjähriger Prozess der Entwicklung und Vervollkommnung".

Als Hitler nach dem Krieg nach Deutschland zurückkehrt, trifft er hier Männer, deren Gedanken ihm aus seiner Wiener Zeit vertraut sind. Im Rahmen einer gegen die Gefahr der Sowjetisierung Deutschlands (Räterepublik) gerichteten nationalen Gegenrevolution hatten sich diese Völkischen, denen Hitler jetzt begegnet, als Retter des Vaterlandes empfohlen. Damit hatten sie, wie ich oben an der Thule-Gesellschaft aufzeigen konnte, das Vertrauen des Bürgertums, des Adels und des Militärs gewonnen. Für eine Neugestaltung Deutschlands war freilich die Unterstützung der breiten Massen notwendig.

Da fällt diesen völkischen Verschwörern dieser Gefreite auf, der nicht nur ein Gesinnungsbruder sondern sogar ein talentierter Redner ist. Schon sein Jugendfreund August Kubizek berichtet von der ungewöhnlichen Rednergabe des sechzehnjährigen Hitler: „Er mußte eben sprechen und brauchte jemand, der ihm zuhörte. Ich staunte oft, wenn er vor mir allein mit lebhaften Gesten eine Rede hielt. Niemals störte es ihn, daß ich allein das Publikum war. Aber ein junger Mensch, der so wie mein Freund das, was er sah und erlebte, mit ungewöhnlicher Intensität aufnahm, bedurfte ja irgendeines Mittels, um die Spannungen, die sein ungestümes Temperament heraufbeschworen, ertragen zu können. Unmittelbaren Ausdruck fanden diese Spannungen in ihm dadurch, daß er darüber sprach und redete. Solche Reden, meistens irgendwo im Freien, unter den Bäumen des Freinberges, in den Auwäldern an der Donau, wirkten oft wie vulkanische Entladungen. Es brach aus ihm, als dränge etwas Fremdes, ganz Anderes in ihm empor. Ich hatte solche Ekstasen bisher nur im Theater bei Schauspielern erlebt, die irgendwelche Gefühle zum Ausdruck bringen mußten, und war anfangs vor solchen eruptiven Ausbrüchen nicht mehr als ein betroffener und fassungsloser Zuhörer, der vor Staunen am Ende zu applaudieren vergaß. Aber ich begriff bald, daß dieses ‚Theater' gar kein Theater war. Nein, das war nicht gespielt, nicht übertrieben, nicht ‚aufgetragen', das war unmittelbar erlebt. Ich sah ja auch wie bitterernst ihm dabei zumute war.
Immer von Neuem mußte ich staunen, wie gewandt er sich auszudrücken wußte, wie anschaulich er alles, was ihn bewegte, zu schil-

dern vermochte, wie bereit ihm die Worte vom Munde flossen, wenn er sich ganz von einer Empfindung hinreißen ließ. Nicht was er sprach, gefiel mir zuerst an ihm, sondern wie er sprach. Das war für mich ganz etwas Neues, Großartiges. Ich hatte gar nicht gewußt, daß ein Mensch mit Hilfe bloßer Worte soviel ausrichten könne. Von mir erwartete er dabei nur eines: Zustimmung. Das hatte ich bald herausgebracht. Es fiel mir auch nicht schwer ihm zuzustimmen, weil ich über viele Fragen, die er anschnitt, überhaupt noch nicht nachgedacht hatte."[181]

Dennoch: Hitler ist 1919 kein bekannter Mann. Die Münchener Gesellschaft ahnt noch nicht, daß eine kleine 50 Mitglieder zählende Partei – eine von den vielen neuen Erfindungen der Republik – einen Volkstribun in ihren Reihen hat. Der Unbekannte ist zunächst nur *ein* Mitglied einer der vielen nationalistischen Gruppierungen. Aber er hat einflußreiche Freunde in der Reichswehr und in der Thule-Gesellschaft.

Wie gelang es ihm und seinem kleinen Häuflein eingeschworener Rassisten die führende Rolle in der nationalen Bewegung zu spielen? Mit welchen Praktiken formten seine Förderer den ehemaligen Wiener Kunstmaler, der doch nur „einer der vielen Schönerianer" (Greiner über Hitler) war und noch dazu einer, der „sich vom Strom willenlos treiben ließ" (Greiner über Hitler) zu einem politischen Führer um, dem die Spitze der deutschen Gesellschaft unbeugsamen Willen bescheinigte?[182]

6. Die eine Wirklichkeit: die Kampfzeit

„Wir brauchen einen Mann als Führer... der Reden halten kann", fordert Dietrich Eckart, der Ideologe der Thule-Gesellschaft.
Ich habe schon eingangs des ersten Kapitels gezeigt, daß Ende 1919 Eckart und andere Männer der Thule-Gesellschaft in Hitler diesen Trommler einer Massenbewegung erkannten.

Das Hauptwerk des französischen Arztes Gustave Le Bon galt lange als Hitlers einzige Lektüre von wissenschaftlich anerkanntem Rang in seiner Wiener Zeit. Vergleicht man „Die Psychologie der Massen" (seit 1908 in der deutschen Übersetzung in der Wiener Hofbibliothek ausleihbar) mit „Mein Kampf", so kann man nach Walter Görlitz[183] Hitler „den Vorwurf des Plagiats nicht ersparen" in den Passagen, in denen er auf die Behandlung der Massen zu sprechen kommt. Le Bon hat lange vor Hitler entdeckt, daß die Massen durch „weibliche Eigenschaften" gekennzeichnet seien. Sie suchen nach einem Herren, denn sie sind immer bereit, sich vor einer starken Autorität untertänig zu verbeugen. Der erfolgreiche Führer solle, nach Le Bon, immer deren Gefühle ansprechen, niemals deren Verstand. Er solle große theatralische Versammlungen veranstalten, denn diese hätten stets einen gewaltigen Einfluß auf die Massen. Dieser Führer solle eine Pseudoreligion errichten. Die Wirksamkeit der Propaganda hänge nach Le Bon ab von der Gewalttätigkeit, von der Technik der großen Lüge und ständigen Wiederholungen.

Ob Hitler in Wien Le Bon studiert hat, ist nach wie vor umstritten. Außer der Übereinstimmung von „Mein Kampf" und „Psychologie der Massen" gibt es keinen Hinweis, der Hitlers Le Bon-Lektüre untermauert. Albrecht Tyrell schreibt in seinem bereits zitierten Buch „Vom ‚Trommler' zum ‚Führer'", es erscheine unwahrscheinlich, daß der in Wien „von einer Baumeisterkarriere träumende Hitler" sich für das fernliegende Gebiet der Massenpsychologie interessiert habe. „Wenn man

Hitlers Aussagen in ‚Mein Kampf' folgt, so gewann er in Wien zwar schon Einblick in die Wirksamkeit und den Nutzen der Propaganda, die andere betrieben – die ‚sozialistisch-marxistischen Organisationen' und die christlich-soziale Bewegung werden genannt, als abschreckendes Beispiel auch die deutsche Vorkriegspolitik – doch wurde seine eigentliche Aufmerksamkeit offenbar erst durch einen ihn gewissermaßen persönlich in Mitleidenschaft ziehenden Anlaß auf dieses Gebiet gelenkt, nämlich durch das Versagen der deutschen gegenüber der ‚feindlichen Kriegspropaganda', an der er nach eigenen Worten ‚unendlich' lernte. Der Gedanke klingt nicht abwegig", schließt Tyrell, „daß dieses Interesse dann durch den inneren Zusammenbruch des Reiches und die Agitatorenrolle, in die der berufslose Gefreite nach Kriegsende allmählich hineinglitt, wohl erst voll zum Tragen gekommen sein dürfte."[184]

Tyrell macht auf eine Broschüre aufmerksam, deren Veröffentlichung gerade in diese Zeit (1919) des Beginns der politischen Karriere Hitlers fällt. Am 29. September 1919, wenige Tage nach Hitlers Eintritt in die DAP, bespricht Thule-Mitglied Max Sesselmann im *Völkischen Beobachter* den Vortrag des Münchener Nervenarztes Dr. J. R. Roßbach „Die Massenseele, Psychologische Betrachtungen über die Entstehung von Volks-(Massen-) Bewegungen (Revolutionen)", der kurz zuvor von einem Münchener Verlag veröffentlicht worden ist.

„Nur der kann fortreißen, der selbst von der Wahrheit und Kraft seiner Ideen im Innersten überzeugt ist", schreibt Roßbach. „Die Massenseele zeigt sich intellektuell tiefstehend, von einer überwertigen Idee beherrscht, weibisch, primitiv, wandelbar, launisch, höchst suggestibel, von ihrer Macht und Kraft überzeugt, automatisch handelnd, von starken Affekten geleitet, unwiderstehlich, barbarisch, grausam, zu allen Taten zu bewegen, von den gemeinsten, rohesten, lüsternsten bis zu den edelsten. Ihr erfolgreicher Führer muß ein harter Willensmensch sein. Nur der unerbittliche Wille zwingt Völkermassen. Unsere politischen Führer (vom Kaiserreich bis zur

Gegenwart) waren willenlose... zagende Leisetreter, keine Männer der Tat.
Hoffentlich erwächst dem deutschen Volk nun ein Führer, der dadurch, daß er selbst an seine Idee glaubt, wie alle großen Volksführer, Religionsgründer und Reformatoren, Deutschland wieder einen Glauben schenkt, nämlich den Glauben an seine nationale Einheit unter dem Zeichen des Volksstaates, aber nicht unter orientalischer (=jüdischer) Leitung, weder politisch noch kapitalistisch."[185]

Ganz nach Le Bon klingt es, wenn Roßbach sagt: „Die Massenführer müssen maßlos übertreiben, in einem fort das Gleiche wiederholen, ihren Ton der Rede immer in der gleichen Weise stimmen." Besonders im Krieg müsse die Führung dem Volk „*das eine unbedingte Ziel* * immer wieder vor Augen halten: den unbeugsamen Willen vom *Sieg**." Daß Hitler diesen Rat gehorsam befolgt hat, werden wir noch sehen. Roßbach fährt fort: „Alle Massengefühle haben die Eigenschaft sehr *einfach** und absolut *übertrieben** zu sein. Es gibt keinen Übergang, keine Nuance, es gibt keinen Zweifel, keine Ungewißheit. Es gibt nur einen ganz *unbedingten Glauben**." An anderer Stelle schreibt Roßbach: „Der Masse imponiert nicht die Klugheit und Güte, sondern nur die Gewalt" – ein häufig von Hitler verwendetes Zitat. Roßbach kommt zu dem Schluß, daß man derzeit „im Zeitalter der ‚organisierten' Massen" lebe, die „wie ein Block dem Führer, der Parole" folgten.[186] Unbedingter Gehorsam gilt bei den Nationalsozialisten als eine der deutschen Grundtugenden.

Roßbachs Schrift ist für Hitler leicht zugänglich. Ob er sie gelesen hat, wissen wir nicht. Daß er jedoch aus Sesselmanns Besprechung im *Völkischen Beobachter* Informationen und Anregungen erhalten hat, ist nicht zu leugnen. Möglicherweise hat ihn der Artikel zu einer Beschäftigung mit Le Bons Werk und anderer einschlägiger Literatur angeregt. Das ist auch aus dem Grund wahrscheinlich, weil Hitler kurz nach seinem Parteieintritt Werbeobmann der DAP geworden ist und sich daher

*Hervorhebungen im Original

in seine neue Rolle als Parteiagitator einarbeiten muß. Zudem ist in dieser kleinen Partei zunächst niemand, der Hitlers Verständnis von der Gewinnung der Massen durch Massenveranstaltungen teilt.

Aber das soll sich rasch ändern. Mit Hilfe Hauptmann Röhms zieht Hitler Reichswehrkameraden in die Partei nach. Einer seiner Vertrauten, Rudolf Schüßler, wird erster Geschäftsführer. Dadurch erfährt die Leitung der DAP eine erste, nach außen hin unsichtbare Spaltung: die Harrer-Drexler-Gruppe bestehend aus Arbeitern, Handwerkern und kleinen Geschäftsleuten, auf der einen und die Hitler-Gruppe mit ihren Frontsoldaten auf der anderen Seite. Rudolf von Sebottendorff bezeichnet den Gegensatz zwischen den beiden Gruppen als Streit um die Organisationsform.[187] Franz-Willing sieht die Meinungsverschiedenheit als Streit um die Frage, ob die DAP „Loge" oder „Massenbewegung" sein solle.[188]

Diese Streitfrage ist für die Gruppen der völkischen Bewegung jener Jahre kennzeichnend. Aus der Furcht vor den vermeintlich verschwörerisch arbeitenden Feinden, den Juden und Freimaurern, plädieren viele Völkische für getarnte Geheimbünde. Andererseits erkennen die Völkischen in der Politisierung der Massen seit 1918, daß ihre Ideen nur nach der Gewinnung breiter Massen eine Aussicht auf Verwirklichung haben. Aus dieser Erkenntnis entstehen zahlreiche Bestrebungen, öffentlich wirkende Organisationen und geheime Führungszirkel, sogenannte „äußere" und „innere" Ringe zu verbinden. Auf diese Weise will der *Alldeutsche Verband* den *Deutschvölkischen Schutz- und Trutzbund* und der *Hammer-Bund* die *Deutschsozialistische Partei* (DSP) „führen".

Tyrell vermutet, daß Harrer die Thule und den von ihr kontrollierten Arbeiterzirkel als einen derartigen „inneren" Führungskreis betrachtet.[189] Hitler sieht darin eine Bevormundung, die die innere Geschlossenheit der Partei stören werde. Diese Geschlossenheit sei aber eine Voraussetzung für die Gewinnung der Massen. Und eben darin sieht Hitler seine Hauptaufgabe. Drexler schwenkt auf Hitlers Linie ein.

Harrer gibt sich geschlagen und scheidet im Januar 1920 aus der Partei aus. Hitler hat die aktiveren Helfer. Schüßler führt von seiner Dienststelle in der Kaserne aus den provisorischen Geschäftsbetrieb für die Partei. Die Beschlüsse der Partei werden im Arbeitsausschuß gefaßt, der aus 10-12 Mitgliedern besteht. Der Parteivorsitzende, jetzt Anton Drexler, ist nur im Falle der Stimmengleichheit stimmberechtigt. Hitler setzt sein Propagandaprogramm (Massenversammlung) durch und wird bald danach als „Rednerkanone“[190] angepriesen.

Das Zusammentreffen des Ökonomen Gottfried Feder, des Ideologen Alfred Rosenberg mit seinen Kontakten zu den finanzkräftigen russischen Emigranten, des Journalisten Dietrich Eckart mit seinem Zugang zu einflußreichen Gesellschaftskreisen und des Demagogen Adolf Hitler war der erste Schritt aus einer kleinen, aber mächtigen Gruppe eine Massenbewegung zu schaffen.

Hitler trommelte die Menschen zusammen, Feder erstellte 1920 das Parteiprogramm der NSDAP und Rosenberg übernahm mit Eckart die Chefredaktion des „Münchener Beobachter“, den die NSDAP am 17. Dezember 1920 aufkaufte und in „Völkischer Beobachter“ umbenannte.

Doch Hitler hat nicht nur die publizistische Unterstützung der Thule-Gesellschaft. Wenn ihm auch die Thule wenig Geldmittel zur Verfügung stellen will[191], so hat er doch zunächst Schutz vor politischer Verfolgung dank der Thule-Leute in Justiz und Polizei. Vor allem aber hat er immer noch die Protektion durch die Reichswehr.

Und der Einfluß der Reichswehr auf Hitler wächst – dank Röhm. Röhm ist Vorsitzender und Kommandeur *Der eisernen Faust*, einer Vereinigung ehemaliger Frontoffiziere. Röhm ist Stabschef des Münchener Stadtkommandanten gewesen (s.o.) und stellt nun Einwohnerwehren auf. Röhm rekrutiert aus den Reihen seiner Soldaten auch den Saalschutz der jetzt in Nationalsozialistische Deutsche Arbeiterpartei (NSDAP) umbenannten Partei. Wie die Ideologie und die Symbole der NSDAP, so ist auch der Name übernommen. Es hat davor bereits in Österreich eine DNSAP (Deutsche Nationalsozialistische Arbeiterpartei) und im Sudetenland eine DAP (Deutsche Arbeiterpartei) gegeben.

Hitlers Soldaten

Am 3. August 1921 schließen sich die Ordner und Saalschutztrupps der NSDAP zu einer Turn- und Sportabteilung zusammen, die später den Namen Sturmabteilung (SA) bekommt. Die SA schult ihre Mitglieder in Boxkursen, hält politische Unterrichtsabende ab und beteiligt sich an allen Veranstaltungen der NSDAP. Ihre Mitglieder kommen sowohl aus der NSDAP als auch aus den zahlreichen vaterländischen Wehrverbänden, vornehmlich dem Freikorps Oberland und der Marine-Brigade Ehrhardt.

Hauptmann Ernst Röhm fördert die SA von seiner Position in der Reichswehr aus, soviel er nur kann. Die Freikorps, besonders die Brigade Ehrhardt, arbeiten in dieser Zeit eng mit der NSDAP zusammen. Es scheint, als habe damals die von den Freikorpsoffizieren geführte SA wohl politisch der NSDAP zur Verfügung gestanden, sich militärisch aber weiter unter dem Befehl des Kapitäns Ehrhardt befunden.[192] Nach der Eingliederung der Freikorps in die Reichswehr wird die Verbrüderung zwischen NSDAP/SA und Armee noch enger. Die SA-Stürme werden in den Reichswehrkasernen planmäßig ausgebildet.[193] Hauptmann a.D. Hermann Göring wird Chef des „SA-Oberkommandos“ und damit Oberbcfehlshaber über eine 11 000 Mann starke Wehrmacht.

Es ist augenscheinlich, daß Hitlers Einfluß in der Partei in dieser Phase überragend ist. 1921 feiert Eckart Hitler im „Völkischen Beobachter“ bereits als den „Führer der NSDAP“. Hitler, bis dahin noch Werbeobmann der Partei, tritt am 11. Juli

1921 aus der Partei aus und ist nur zu einem Wiedereintritt bereit, wenn er „I. Vorsitzender mit diktatorischer Machtbefugnis“[194] wird. Er wird der oberste Nationalsozialist, der alleinige Machthaber. Rudolf Hess, einer seiner Sturmtrüppler, schreibt am 21.8.1921 im „Völkischen Beobachter“: „Seid ihr wirklich blind dagegen, daß dieser Mann die Führungspersönlichkeit ist, die allein den Kampf durchzuführen vermag? Glaubt Ihr, daß ohne ihn die Massen sich im Zirkus Krone stauen? – unserem Ehrenvorsitzenden Drexler sei es nie vergessen, daß er die innere vornehme Größe aufbrachte, gefallene Schroffheiten zu verwinden und Frieden zu schließen im Hinblick auf das große gemeinsame Ziel… Ich traue mir allerdings zu, mich in einem Menschen nicht zu täuschen, nachdem ich eineinhalb Jahre beinahe täglich mit ihm zusammen war. Für diejenigen aber, die nur den scheinbaren Demagogen, nicht die dahinterstehende scharf umrissene Persönlichkeit kennen, und die so doch einen leisen Zweifel hegen, möchte ich folgendes feststellen:
Hitlers Wesen ist reinstes Wollen; seine Kraft beruht nicht nur auf Rednergabe, sondern in gleichem Maße auf bewundernswertem Wissen und klarem Verstand. Tief zu bedauern ist, daß die Bewegung sich nicht in der Lage befindet, wenigstens für den Unterhalt des Führers zu sorgen. Nach Verdienst kann sie ihn nie lohnen. Es ist begreiflich, daß der Mann, welcher sich für die Sache ohne geringes Entgelt opfert, nicht geneigt ist, dafür auch noch jedem Auskunft über seine eigensten Verhältnisse zu geben. Ich aber weiß: auch diese Seite ist rein.“[195]

Es ist nicht Thema dieses Buches, zu beschreiben, wie Hitler in den November-Putsch 1923 hineinschlittert. Ein Aspekt dieses Operettenaktes ist jedoch beachtenswert für den Nachweis, daß NSDAP und Reichswehr verfilzt waren. Die Bayerische Staatsregierung hatte als Vorsichtsmaßnahme für den 1. Reichsparteitag der NSDAP den Ausnahmezustand verhängt (26. Januar 1923). Hitler hatte zuvor verkündet, er werde diese Anordnung nicht hinnehmen und die SA gegen Polizei und

Reichswehr marschieren lassen. Die Bayerische Staatsregierung hatte sich nicht von ihrer Entscheidung abbringen lassen. Röhm erinnert sich in seiner Polit-Biographie: „Hitler befand sich in schwerer Lage; er hatte seinen Kopf zum Pfand gesetzt; ein Zurückweichen kostete ihn einen unerträglichen Ansehensverlust... In diesem Augenblick schwerster Spannung, einem Augenblick, der über sein Schicksal überhaupt entscheiden konnte, fand Hitler in der Reichswehr eine helfende Stütze. General von Lossow hatte angesichts der beunruhigenden Lage die Truppenkommandeure und die Offiziere des Standortes München zu einer Besprechung befohlen. In dieser Besprechung ergriffen viele aufrechte Offiziere für Hitler das Wort. Insbesondere war es der General von Epp, der für ein Eingreifen in die verfahrene Lage seine mahnende Stimme erhob. Ich fieberte in jener Versammlung und gab meiner Erregung über das Verhalten der Bayerischen Regierung lauten Ausdruck... Nach einem Vortrag, den ich unmittelbar nach der Offiziersbesprechung mit einigen Gleichgesinnten bei General Epp hatte, sprach dieser persönlich bei General von Lossow vor.
Darauf befahl mir der Landeskommandant, Hitler herbeizuholen. Augenblicklich brachte ich ihn. In der Aussprache, die im Beisein des Chefs der Landespolizei stattfand, gab Hitler die Versicherung, daß er für eine ruhige Abhaltung des Parteitages sich verbürge. General von Lossow beauftragte mich dann, bei der Regierung in seinem Namen für die Milderung der einschneidenden Bestimmungen einzutreten. Ich fuhr nun mit Hitler zum Staatskommissar für Oberbayern Exzellenz von Kahr, der auf die Rücksprache hin zusagte, sich für den nationalsozialistischen Führer einzusetzen. Von dort brachte ich Hitler zu dem Staatskommissar für München Stadt und Land, dem Polizeipräsidenten Nortz, der nach langer eindringlicher Untersuchung sich bereit erklärte, von sich aus einen Teil der nationalsozialistischen Versammlung zu genehmigen... ein großer Erfolg war errungen, der mich mit Freudenstolz erfüllte... die NSDAP konnte ihr Banner stolz entfalten."[196]

General von Seeckt, der Oberbefehlshaber der Reichswehr besucht Anfang März 1923 München. Er sondiert hier die Lage für eine eventuelle geheime Mobilmachung gegen Frankreich. Dabei sucht er auch Kontakte mit General von Ludendorff und am 11. März 1923 sogar zu Hitler. Später sagt Seeckt, daß er sich mit Hitler im Ziel, nicht aber im Wege einig gewesen sei. Jedenfalls halte er die Münchener Begegnung für einen großen und wichtigen Moment seines Lebens.[197]

Hitler ist bereits eine politische Größe. Er hat Kontakte zu hohen Offizieren der Reichswehr. Eckart hat ihn in der Münchner Gesellschaft hoffähig gemacht. Thulemitglied *Dr. Friedrich Krohn* erlaubt Hitler, seine völkische Bibliothek mit etwa 2500 Büchern zu benutzen. Hitler leiht sich zwischen 1919 und 1921 mehr als 100 Bücher von Friedrich Krohn. Er kann sie unmöglich alle gelesen haben. Waite vermutet, Hitler habe sie ausgeliehen, um seinen Mäzen zu beeindrucken.[198] Unter den geborgten Werken sind nach Waite nahezu zwei Drittel antisemitische Pamphlete: „Goethe und die Juden, Das geheime Gesetz der Juden, Luther und die Juden, Bolschewismus und Judentum, Schopenhauer und die Juden, Wagner und die Juden, Auszüge aus dem Talmud, Henry Fords: Der internationale Jude: ein Weltproblem.“ Neben diesen Schriften borgt Hitler „Die Geschichte des mittelalterlichen und modernen Deutschland“, Kirchengeschichte und Bücher über die katholische Kirche sowie eine Übersetzung von Gedanken von Montesquieu und Rousseau.“ (Alle Nachweise bei Waite.)

Ich komme auf Hitlers Lektüre immer wieder zurück. Zu diesem Zeitpunkt unserer Geschichte ist nur wichtig, daß Hitler einflußreiche Freunde und Gönner hat und diese mit Fleiß und Studium beeindruckt.

Einer dieser Gönner ist auch *Erich Ludendorff*, der oberste Kriegsherr während des 1. Weltkrieges. Er hat Hitler zuerst 1920 in Berlin getroffen, als Hitler mit Eckart zur Unterstützung des rechtsgerichteten Kapp-Putsches nach Berlin fliegt. Ludendorff zieht nach Solln (damals) vor München um. 1923 schreibt er „Kriegsführung und Politik", in dem er das Bild eines Staates in Waffen entwirft. Das Buch hat nach Meinung einiger Hitlerbiographen großen politischen Einfluß auf Hitler gehabt.

Ludendorff darf nicht erwähnt werden ohne seine Frau *Mathilde*, verwitwete *von Kemnitz*. Sie ist mit Gottfried Feder befreundet, der ihr Buch „Triumph des Unsterblichkeitswillens" (1921) dem Feldmarschal vorstellt.
Ludendorff lernt sie über Feder kennen.

Mathilde von Kemnitz ist die Tochter eines Theologen und Orientalisten namens Professor Bernhard Spiess. Nachdem ihr erster Ehemann, ein gewisser Dr. von Kemnitz, in einer Lawine umgekommen ist, studiert sie unter dem Münchener Psychiater Emil Kräpelin und widmet sich dabei besonders der Forschung parapsychologischer Phänomene. Sie nimmt an den Seancen des Barons von Schrenck-Notzing teil und brandmarkt dessen unwissenschaftliches Vorgehen. Ihr Pamphlet „Moderne Mediumforschungen" wird 1914 veröffentlicht und markiert den Anfang einer Karriere, die sie den magischen Orden und der parapsychologischen Forschung widmet. Sie greift die katholische Kirche an, wirft den Jesuiten eine Weltverschwörung vor, erklärt das Christentum als eine nicht arische Erfindung des Orients, dem sie ihre eigene Religion des „germanischen Gottwissens" gegenüberstellt.

Nach ihrem ersten Treffen mit Ludendorff wächst ihre Bekanntschaft mit dem Feldmarschall. In Ludendorffs Begleitung besucht Frau von Kemnitz Hitler in seiner Landsberger Festungshaft. Zusammen mit dem Feldmarschall und Gottfried Feder sprich sie über religiöse Probleme auf einem Parteikongress der NSDAP in Weimar im Jahr 1924. Die Grundthese ihrer Rede ist, daß das Leben des Volkes ein Ausdruck der heiligen Idee des Kosmos sei. 1926 heiratet sie Ludendorff. Ludendorff schreibt darüber: „Das war ein grundlegender Wendepunkt in meinem Leben, in der Tat im Leben unseres Volkes, vielleicht im Leben aller Völker. Eines Tages werden die Historiker dies bestätigen.“[199]

Unter dem Einfluß seiner Frau „untersucht“ Ludendorff nun die „Dämonen“ der Theosophie, Rudolf Steiners, der Mazdaisten und des OTO (Ordo Templi Orientis), die geheimen Zeichen der Freimaurer und den Zahlenmystizismus in der jüdischen Tradition der Kabbalistik. Die Theorie, die Mathilde Ludendorff aus diesen Untersuchungen zieht, wie die von einer freimaurerischen Verschwörung gegen den Zaren, sind von völkischen Kreisen stark beachtet worden. Der Einfluß, den sie auf die NSDAP ausübt, läßt allerdings mehr und mehr nach. Nach der Machtergreifung führen sie und ihr Mann eher die Rolle von Sektierern.

Rudolf Hess (1896-1987), der Fliegerleutnant des 1. Weltkrieges, lernt Hitler 1920 kennen. Er hört ihn reden und sagt anschließend: „Wenn irgend jemand Deutschland wieder auf seine Füße stellen kann, dann ist es dieser Hitler.“[200] Ilse Hess beschreibt das überwältigende, nahezu religiöse Erlebnis ihres Mannes, als er von dieser Begegnung mit Hitler nach Hause kommt: „Er war wie ein neuer Mensch, lebendig, strahlend, nicht länger niedergeschlagen und bedrückt. Irgend etwas völlig Neues, etwas Erschütterndes mußte ihm widerfahren sein.“[201] Kurze Zeit später gewinnt Hess den ersten Preis für ein Essay mit dem Titel „Wie muß der Mann beschaffen sein, der Deutschland wieder zu seiner Größe führen wird.“ Hess beschreibt diesen Mann: „Gründliches Wissen aller Belange des Staates und der Geschichte, die Fähigkeit aus beiden zu lernen, der Glaube an die Reinheit der eigenen Sache und an den Endsieg und ein unbezwingbarer Wille, ihm die Macht zu geben, mit seinen Reden die Zuhörer zu bezaubern und die Massen zu veranlassen, ihn zu umjubeln.“ Einen solchen Führer suche und brauche das Volk. Denn: „Die Grundlage jeglicher nationalen Größe ist nationales Selbstbewußtsein", und dieses könne nur von einem Führer wieder aufgerichtet werden. Dieser Mann verfolge nichts als sein Ziel, auch wenn dabei Blut fließe oder er, der Herrscher sogar gegen seine Freunde vorgehen müsse. „So haben wir das Bild eines Diktators vor uns", schreibt Hess, „klar im Verstand, wahrhaft, leidenschaftlich und doch kontrolliert, kalt und kühn, sicher seiner Ziele bewußt, wo er Entscheidungen fällen muß, unnachgiebig in deren Ausführung, unbarmherzig gegenüber sich selbst und anderen, erbarmungslos hart und dann wieder sanft in der Liebe zu seinem Volk..." Und Hess schließt: „Wir wissen noch nicht, wann der ‚Mann' eingreifen wird, um uns zu retten. Aber Millionen fühlen, daß er kommt."[202]

Rudolf Hess hat in dem um sieben Jahre älteren Hitler von Anfang an diesen ersehnten Führer gesehen. Hess ist der entscheidende Propagandist des Führerkults gewesen. Er hat damit allen anderen nationalsozialistischen Führern die Richtlinien für ihre, zumindest in der Öffentlichkeit verkündete, Einstellung zu Adolf Hitler gegeben.

Der Kontakt zu Hitler ist über die Thule-Gesellschaft hergestellt worden, deren Mitglied Hess seit Kriegsende ist. Die Thule sieht sich in dieser Zeit (zu Recht) als der Ziehvater der DAP/NSDAP an. Hess tritt der Partei bei, wird 1922 Hundertschaftsführer in der SA und am 30.4.1923 Bataillonsführer im Sturmregiment München. Nach dem mißglückten „Bürgerbräuputsch" sitzt Hess mit Hitler in Landsberg ein und hilft ihm bei der Verfassung von „Mein Kampf" Teil I. Nach ihrer Entlassung (20.12.1924 bzw. 2.1.1925) hilft Hess' ehemaliger Lehrer, der Professor für Geopolitik an der Münchener Universität, Karl Haushofer, seinem Studenten. Haushofer erinnert sich: „Zunächst verboten wirtschaftliche und formale Widerstände (Hess, Erg. d. Verf.) die Wiederaufnahme des Studiums an der Hochschule, zu der keine Hörererlaubnis mehr zu erlangen war. Dem erfahrenen Auslandsdeutschen bot sich eine günstige Gelegenheit zur Verwertung vielseitiger Erfahrungen als Hilfsassistent an der „Deutschen Akademie" bei dem Präsidenten der praktischen Abteilung (Karl Haushofer, Anm. d. Verf.). Dort wurde er durch Arbeit mit den Mythen des Grenz- und Auslandsdeutschtums in dem neubegründeten Notdach für diese Schutzarbeit vom Schicksal geradezu für diese besonderen Aufgaben seiner Bewegung, nach Erringung der Macht, vorbereitet. Wieder, wie so oft in diesem bewegten Leben, treten uns Schopenhauers feine Bemerkungen über Zufall und Absicht im Schicksal des Einzelnen entgegen. Die Vorsehung hat Rudolf Hess nicht gerade mit Samthandschuhen angefaßt, aber manchmal mit stählernem Griff auf die Wege angesetzt, für die er durch diese Griffe Vorbereitung und Wegzehrung mitbekam, wie nur wenig andere. Dazu gehörte auch in den Zeiten der Entstehung der *Zeitschrift Geopolitik*, ein einjähriges Privatissimum über theoretische und praktische Geopolitik, was seiner Verwendung in der Reichskanzlei und in den Kabinettssitzungen des Dritten Reiches gewiß nicht geschadet hat."[203]

Fest schreibt, Hess sei ein überzeugter Anhänger der Astrologie gewesen. Er habe sich von einem alten Wahrsager Diagramme ausarbeiten lassen und sich ernsthaft mit Erdstrahlen, Magnetismus, Pendeln und verschiedenen Weissagemethoden befaßt.[204]
Webb weist ebenfalls auf Hess' Interesse für okkulte Disziplinen und alternative Medizin hin. Hess läßt 1938 in Berlin eine Homöopathiekonferenz abhalten. Nach seiner Ankunft in Schottland (10.5.1941) findet man unzählige Heilmittel in seinen Taschen, die meisten homöopatischer Natur, darunter auch ein Elixier, das vermutlich Sven Hedin aus Tibet mitbrachte.[205] Hess erklärt gegenüber den ihn untersuchenden britischen Ärzten, daß er stets Steiners (!) Empfehlungen für eine gesunde Ernährung und für natürliche Heilweisen gefolgt sei.[206]

Hermann Göring (1893-1946) ist für Hitler und die um Reputation bemühte NSDAP genau der richtige Mann, als er sich

1922 der Partei anschließt. Denn Göring hat im Gegensatz zu den übrigen Nationalsozialisten bereits einen Namen. Er ist im 1. Weltkrieg eines der Fliegerasse gewesen, zuletzt Kommandeur des berühmten Geschwaders Richthofen. Nach dem Krieg hat der gefeierte Held Göring als Flugakrobat und Privatpilot in Dänemark und Schweden sein Geld verdient, sich in die Baronin von Fock-Kantzow verliebt und sie 1922 in München geheiratet. Ihr Vermögen ermöglicht ihm, an der Münchener Universität politische Wissenschaften zu studieren (Hess und Hanfstaengl studieren zur gleichen Zeit an gleicher Stelle). Er ist der Partei beigetreten, weil er, wie er später sagt, Revolutionär war „nicht wegen irgendeines ideologischen Unsinns".[207]

Dennoch ist auch Göring nicht frei von Beziehungen zu esoterisch-okkultem Gedankengut.

Karin Görings Mutter, Baronesse Huldine Beamisch-Fock, stand einer freichristlichen Schwesternschaft vor, deren Mitglieder regelmäßig in ihrem Haus zusammentrafen. Diese Gemeinschaft trug den Namen „Edelweiß-Gesellschaft". Sie existiert heute noch, und wie damals, als der deutsche Jagdflieger den Gebeten und Liedern beiwohnte, trifft sich die kleine Gemeinde in der Kapelle der Focks wochentags unter dem Zeichen des Edelweiß. Göring hat an den Treffen der Schwestern bis zu seinem Umzug nach München teilgenommen, wohl jedoch eher aus Einsamkeit und Liebe zu seiner künftigen Frau Karin, als aus frommer Anteilnahme.[208] Die okkulten Sensationsautoren wie Suster haben aus der christlich orientierten Edelweiß-Gesellschaft eine Gruppe von arischen Rassisten machen wollen, ohne irgendeine Begründung für diese Behauptung anzuführen. Mag es sein, daß Edelweiß arisch klingt?[209]

Aber Suster geht noch weiter: Göring sei ebenfalls Mitglied der Loge „Brüder vom Licht" gewesen, die bei Pauwels/Bergier, Brennan und anderen auch als „Vril-Gesellschaft" bezeichnet wird.[210] Ich komme später auf diese „Loge" zurück, die von allen derartigen Autoren als die geheime Schaltzentrale der Nationalsozialisten bezeichnet wird. Ohne meinen späteren

Äußerungen vorgreifen zu wollen, sei hier lediglich gesagt, daß keiner dieser Autoren auch nur *einen* Hinweis oder *eine* Quelle anführt, die wenigstens die Existenz dieser Gesellschaft belegen.
Lassen wir lieber die Fakten sprechen: Göring baut binnen Jahresfrist die SA zu einer schlagkräftigen Truppe auf, flieht jedoch (verwundet) nach dem Scheitern des Novemberputsches ins Ausland. Als er nach Deutschland zurückkehrt, hat er zunächst Schwierigkeiten, seine Stellung innerhalb der Partei zurückzugewinnen. Schließlich überzeugt er Hitler, wird NSDAP-Reichstagsabgeordneter und später Reichstagspräsident und bereitet in dieser Position maßgeblich die Ernennung Hitlers zum Reichskanzler vor. Die weitere Laufbahn Görings ist bekannt.
Kehren wir zurück zur politischen Geschichte.

Hochschule auf Staatskosten

Der „Bürgerbräuputsch" mißlingt. Hitler wird am 1. April 1924 zusammen mit seinen Mitstreitern vom Staatsgerichtshof in München wegen Hochverrats zu Festungshaft verurteilt. Die NSDAP wird verboten (im März 1925 wird das Verbot bereits wieder aufgehoben). Göring flieht ins Ausland, Rosenberg übernimmt die Geschäftsführung der verbotenen Partei. Für unsere Fragestellung entscheidend ist, was Hitler während der Haft vom April bis zum 20. Dezember 1924 in dieser „Hochschule auf Staatskosten" (Hitler in „Mein Kampf") gelernt hat und wer seine Lehrer und Berater gewesen sind.

Nach den übereinstimmenden Urteilen der Hitler-Biographen erhält Hitler täglich Besuch. Er ist durch den Putsch und den darauf folgenden Prozeß so populär geworden, daß ihm im Gefängnis Annehmlichkeiten eines Kuraufenthaltes zugestanden werden: er darf alles kaufen, was er braucht. Zu seinem Geburtstag am 20. April erhält er Geschenkpakete aus ganz Deutschland.[211] Die Besucherliste ist so groß, daß zahlreiche

Besucher abgewiesen werden müssen. Ein Besucher, der für den gescheiterten Parteiführer und dessen Intimus Rudolf Hess von Bedeutung ist, heißt Karl Haushofer, Professor für Geopolitik an der Universität München. Am 24. Juni 1924 besucht Haushofer seinen Schützling Hess und dessen Freund Hitler zum ersten Mal im Gefängnis in Landsberg. Es folgen bis zum November sieben weitere Besuche, der letzte ist am 12. November. Die Justizvollzugsanstalt Landsberg hat einen genauen Bericht über die Besuchszeiten des Professors bei seinen politischen Gesinnungsgenossen angefertigt. Demnach hat Haushofer Hess und Hitler während ihrer Haftzeit acht Mal besucht, jedoch stets nicht länger als jeweils 2-4 Stunden täglich. Haushofer selbst berichtet um die Jahreswende 1933/1934 darüber: „Bei diesen vielen Mittwochbesuchen, wobei man sich die karge Zeit klüglich einteilen mußte, habe ich auch erst erfahren, wie Adolf Hitler und Rudolf Hess Bücher lesen, in einem unerbittlich beständigen Seelenkampf mit dem Autor. So hat sich Rudolf Hess damals Ratzels ‚Politische Geographie‘ und vieles andere vom Besten unter den Besten erarbeitet... Und so habe ich allerding zuweilen mit Freude die Erfahrung gemacht, daß mein Freund (Rudolf Hess, Anm. d. Verf.) eines Semesters Bildungswert aus einem einzigen Buch herausholen konnte, und seinen letzten, feinsten Wertgehalt erspürte. Wo die Saaten aufgehn', ist es eine Freude, nach einem erfüllten Soldatenberuf noch eine Weile von der Bank der Alten aus akademischer Lehrer zu sein, auch wenn die jungen Adler eine Weile hinter Gitterstäben hausen. Sie zerbrachen nicht daran. ‚Wir aber sind nicht von denen, die da weichen, sondern denen, die glauben und ihre Seele retten.‘ Mit geretteten Seelen wurden sie mit Bewährungsfrist entlassen.“[212]

7. Die andere Wirklichkeit: Ideen und Symbole der Macht

Karl Haushofer (1869-1946) gilt als einer der geistigen Väter des Nationalsozialismus. Man hat seine Geopolitik – die Doktrin vom Lebensraum – gleichrangig neben den Antisemtismus und den Antibolschewismus der Nationalsozialisten gestellt. Es ist dem Historiker Jacobsen zu verdanken, daß Haushofers Einfluß heute nüchterner gesehen wird. Zwar taucht die Idee des ehemaligen Generals und Honorarprofessors vom Schutz und der Vergrößerung des Lebensraumes in „Mein Kampf" auf, und es liegt auf der Hand, daß dieses Denken über Haushofers Duzfreund Hess in die NS-Ideologie einfloß, aber von einer reinen Kopie Haushoferschen Denkens kann man bei Hitler nicht sprechen.

Jacobsen schreibt: „Unter Lebensraum verstand Karl Haushofer... einen Teilraum bzw. ein Stück Erdoberfläche, bei dem unter Berücksichtigung natürlicher oder künstlicher Grenzen die Erhaltung des Lebens der darin befindlichen Lebewesen (Menschen, Tiere, Pflanzen) im Mittelpunkt stehe. Dabei konnte an die Daseinsmöglichkeit überhaupt (Artendichte), die bloße Anwesenheitszahl (Volksdichte), die dauernde Wohnmöglichkeit..., die Ernährungsmöglichkeit (Nährfähigkeit) und an die damit in Verbindung stehende Frage nach Autarkie oder weltwirtschaftlicher Verbundenheit gedacht werden. Erst mit dem Wohn- und Lebensraum, der überzeugenden Idee, steige eine Völkerpersönlichkeit – das heißt die Volksheit, – schreite sie fort, strebe sie empor. Wenn sie sich davon entferne steige sie herab, gehe sie nieder und gehe sie schließlich unter."[213]

Eberhard Jäckel hat in seinem Buch „Hitlers Weltanschauung" nachgewiesen, daß Hitler in Landsberg seine außenpolitischen Vorstellungen vom Revisionismus- zum Lebensraum-Konzept geändert hat.[214]

Hess schreibt 1928, daß in Deutschland die Voraussetzungen im Inneren geschaffen werden müssen für eine „Raumpolitik",

die notwendig sei, um das Leben der Nation zu erhalten. Dieses sei „tiefste Aufgabe" der Bewegung, alles andere könne nur als Vorbereitung und Mittel zum Zweck betrachtet werden. Dennoch: im Unterschied zu den Nationalsozialisten will Haushofer die „willige Mitarbeit der Angegliederten" im Falle einer „Raumgewinnung". Und Haushofer schwebt ein Bündnis Deutschland-Sowjetunion-Japan vor. Hitler hat dagegen immer vom Lebensraum im Osten gesprochen. Wie seine exilrussischen Freunde hat Hitler von Anfang an eine Germanisierung Osteuropas angestrebt.
Haushofers Kontakte zu Japan haben eine Reihe von okkulten Schreibern wie Ravenscroft[215], Pauwels/Bergier[216], Bronder[217], Brennan[218], Suster[219] und andere zum Anlaß weiterer Spekulationen genommen. Haushofer sei in Japan Mitglied der geheimen Gesellschaft „Grüner Drache" gewesen. Später soll er der führende Kopf der Berliner Geheimloge „Die Brüder vom Licht" gewesen sein, die auch als „Vril-Gesellschaft" bezeichnet wird. Suster zählt zu Mitgliedern der „Vril-Gesellschaft" Alfred Rosenberg, Hitlers späteren Leibarzt Dr. Theodor Morell (Suster schreibt ihn: „Morrel"!), Heinrich Himmler, Hermann Göring und Hitler. Es ist mir schleierhaft, woher Suster seine Informationen bezogen haben will. Ravenscroft macht Haushofer sogar für die Idee von Zucht und Schulung einer neuen Rasse auf Ordensburgen, also für die spätere Aktion „Lebensborn", verantwortlich. Auch hierfür gibt es nicht einmal eine Wahrscheinlichkeit, geschweige denn einen Beleg.

Einige Zitate aus Pauwels und Bergiers Buch „Aufbruch ins dritte Jahrtausend" machen deutlich, daß es wirklich „phantastische Vernunft" (so der Untertitel des Bestsellers) war, die den beiden Autoren die Feder geführt hat:
„Man darf wohl annehmen, daß Haushofer es war, der das Hakenkreuz als Emblem gewählt hat", heißt es in Kapitel 9. Ich werde später den Nachweis führen, daß diese Behauptung jeder Grundlage entbehrt.

„Erst durch das Auftreten Karl Haushofers scheint die Thule-Gesellschaft ihren wahren Charakter zu gewinnen: sie wird zu einer Geheimgesellschaft, deren Mitglieder in Verbindung mit dem Unsichtbaren stehen – zum magischen Mittelpunkt des Nationalsozialismus.“ Haushofer war jedoch niemals Mitglied der Thule-Gesellschaft.[220]

Wie konnte er da „der Magier, der geheime Meister“ (Pauwels/Bergier a. a. O.) sein? Wie kommt es außerdem, daß der „magische Mittelpunkt des Nationalsozialismus“, die Thule-Gesellschaft, sich 1925 aus Mangel an finanziellen Mitteln auflöst?

Pauwels/Bergier steuern über die „Vril-Gesellschaft“ nichts konkretes bei: „Das Vril ist der Inbegriff jener ernormen Energie, von der wir in unserem gewöhnlichen Leben nur einen winzigen Bruchteil verbrauchen; es ist das Sinnbild unserer möglichen Göttlichkeit. Derjenige, der zum Meister des Vril avanciert, wird zugleich Herr über sich selber, über seine Mitmenschen und über die ganze Welt. Dies ist das einzige erstrebenswerte Ziel, auf das wir unsere ganzen Kräfte ausrichten müssen.“ Pauwels und Bergier erwähnen mit keinem Wort, woher diese Definition des Vril stammt. Sie können keine Namen von Vril-Mitgliedern nennen, und so paßt es gut in ihr Konzept, den „Magier“ Haushofer in diese Kreise einzureihen.

Dr. Willy Ley, der 1933 in die USA geflohene Raketenexperte, berichtet von einer „kleinen Gemeinschaft“ in Berlin, doch auch er bleibt uns nähere Erläuterungen schuldig.[221] „Diese Geheimgesellschaft“, schreiben die französischen Phantasie-Darsteller, „gründet sich buchstäblich auf den Roman eines englischen Schriftstellers: auf Bulwer-Lyttons *The Coming Race* (s. 3. Kap., Anm. d. Verf.). In diesem Roman werden Menschen beschrieben, deren geistiges und seelisches Leben wesentlich höher entwickelt ist als das unsere. Sie sind im Besitz einer Macht über sich selber und über die Dinge, die sie den Göttern gleichstellt. Zur Zeit halten sie sich verborgen. Sie bewohnen Höhlen im Inneren der Erde. Bald werden sie daraus hervorkommen um über uns zu herrschen. Dies etwa war alles, was Dr. Willy Ley über diese Gesellschaft zu wissen schien. Er fügte noch lächelnd hinzu (Haben die Autoren mit Ley gesprochen?, Anm. d. Verf.), daß ihre Mitglieder glaubten, gewisse Geheimnisse zu kennen, um die menschliche Rasse zu verändern und jenen im Innern der Erde verborgenen Wesen ähnlich zu werden. Es handelte sich dabei um bestimmte Methoden der Konzentration, eine ganze innere Gymnastik zum Zwecke der geistigen Umwandlung. So begannen die Mitglieder ihre Übungen damit, daß sie sich in den Anblick eines in zwei Teile zerschnittenen Apfels versenkten."

Diese Techniken der Konzentration sind aus fernöstlichen Schulen bekannt. Aber darauf eine Theorie aufzubauen, die von Kontakten der Vril-Gesellschaft, deren Existenz noch nicht einmal verbürgt ist, zu Tibet spricht, ist mehr als kühn. Auf die angeblich geheime Verbindung zwischen Lhasa (Tibet) und Berlin ist in einer anderen Arbeit zurückzukommen.

Selbst der sonst akribische Friedrich W. Doucet hat Haushofer zum „Eingeweihten" ernannt. „Haushofer", so schreibt er, „hat auf seinen ausgedehnten Reisen den Himalaja durchforscht und sich in Tibet aufgehalten... In Tibet war Haushofer dem Lama- und Kenner tibetanischer Geheimlehren Georg Iwanowitsch Gurdjieff – einem gebürtigen Russen – begegnet. Dieser soll ihn in das Geheimnis des „Zustandes der Erweckung" eingeweiht haben, mit allen magischen Kräften, die dieses Geheimnis mit sich bringt."[222] Ich mache als Kommentar dazu nur auf das Wort „soll" aufmerksam. Beweisbar sind diese Thesen nicht.
Sehen wir uns dazu die Fakten an. Es ist richtig, daß Haushofer sich in Asien aufhielt. Ein chronologischer Auszug aus der Biographie Jacobsens gibt Aufschluß darüber:

1908:
19.10. Abreise zum Japan-Kommando
8.11. Ankunft in Colombo (Ceylon)

6.12. in Bombay (Indien)

1909:

25.11.1908-15.1.1909

Indien-Aufenthalt (Hyderabat-Bombay-Kalkutta)

14.1. Besuch beim Commander in Chief (Fort Williams, General Lord Kitchener; Lunch)

Januar – Februar Burma Südostasien

19.2. Landung in Nagasaki

22.2.-11.4.

Zur Deutschen Botschaft abkommandiert

7.3. Major ohne Patent (Patent: 28.10.)

September

Zuteilung zum japanischen Feldatillerieregiment der 16. Division bei Kyoto

12.-21.9.

Aufenthalt in Korea

25.9.-5.10.

Aufenthalt in China

19.11. Vorstellung bei Kaiser Mutsuhito und Kaiserin Haruko

1910:

27.4. Kirschblütenfest im Uferpalast (Gespräch mit Kaiser)

12.6. Abschied von Kyoto

14.6. Reise über Wladiwostok – Irkutsk – Moskau

28.6. Karl Haushofer erhält den japanischen Orden der aufgehenden Sonne

15.7. Ankunft in München

Die einzig auffallende Tatsache aus Haushofers Japankommando ist sein Umzug von Tokio nach Kyoto im Mai 1909, den er nach einigen bürokratischen Schwierigkeiten durchsetzen konnte. Er hatte immerhin von Mai bis September in der alten Kaiserstadt mit ihren mehr als 1500 buddhistischen Tempeln und mehr als 200 Shinto-Schreinen die Möglichkeit, private Studien zu betreiben. Von Ende 1909 bis zum 15. Juni 1910 lebte er in einem Heim des Priesterhauses Hoonji, deren Gartenanlagen einen Kwannon-Tempel und die Kaisergräber beherbergte. Haushofer lebte also sicherlich in einem religiösen Zentrum. Hinweise auf eine Mitgliedschaft in einer japanischen Geheimgesellschaft habe ich jedoch nicht finden können, ebensowenig einen Beweis, daß Haushofer sich in Tibet aufgehalten habe.

Was die Behauptung betrifft, Haushofer sei für grundlegende Ideen der „Rasse-Reinhaltung" verantwortlich, so gibt es dazu eine Fülle von Gegenbeweisen, aber keinerlei stichhaltigen Beleg für die Ravenscroftsche These. Haushofer hat wiederholt Hess um Hilfe gebeten, weil seine Frau Halbjüdin war. Er selbst hat versucht, jüdische Freunde zu decken. Sein Antisemitismus entsprang wohl eher seinem Opportunismus. Ich vermute, daß Haushofer für die oben genannten Autoren als Nachfolger des 1923 verstorbenen Eckarts als geheimer Magier der Thule- oder Vril-Gesellschaft in Berlin herhalten muß. Haushofer war jedoch überwiegend in München, wo er einen Lehrstuhl innehatte. Einen Ruf nach Tübingen und Berlin hatte er abgelehnt.

Jacobsen weist auch nach, daß Haushofer als Kommandeur verschiedene Erlebnisse von Hellsichtigkeit hatte. Auch Hitler, so wird verschiedentlich berichtet, habe über derlei hellseherische Fähigkeiten verfügt. Haushofer sah Ereignisse exakt voraus, in denen seine Soldaten in Lebensgefahr gerieten. Es ist von Parapsychologen untersucht worden, daß Menschen besonders in außergewöhnlich lebensbedrohenden Situationen hellseherische Fähigkeiten entwickeln oder besser entdecken.
Daraus auf eine magische Einweihung, die im Fall Haushofer in Asien stattgefunden haben soll, zu schließen, scheint mir weit hergeholt.
Es gibt keinen Beleg darüber, daß Karl Haushofer Hitler in die

Geheimlehre der Blavatsky eingeweiht hat. Die Lehre der Gründerin der *Theosophischen Gesellschaft* lohnt dennoch der Betrachtung, ist sie doch damals in den okkulten Kreisen ausführlich diskutiert worden. Eckart, der intime Kenner der eso--terischen Szene (s. o.), hat die Schriften der H. P. B. gekannt und auf diesem Weg mag eine Beeinflußung Hitlers stattgefunden haben.

Die Geheimlehre handelt von der Entstehung der verschiedenen Rassen in einer Epoche der Geschichte, über die es keine Zeugnisse, aber ein Flut von Spekulationen gibt: Die Kultur des sagenhaften Erdteils Atlantis. Wie heute, so ist zu Ende des letzten Jahrhunderts bis in die vierziger Jahre hinein der Mythos von Atlantis sehr populär gewesen (s. frühere Bemerkungen). Hermann Rauschning schreibt: „Jeder Deutsche steht mit einem Fuß in Atlantis...“[223]

Die höchstzivilisierten (Flugzeuge, Schiffe, Fahrzeuge) Atlantier sollen nach Blavatsky mit den Hierarchien des Makrokosmos (Universum) kommuniziert haben. Eine der Unter-Rassen der Atlantier seien die Arier gewesen, deren Führer übernatürliche Fähigkeiten gehabt haben sollen. Sie seien Übermenschen gewesen, denen die Erinnerung ihres ganzen Volkes zur Verfügung gestanden hätte. Die Erinnerungen von den Vorvätern wird „Blut-Gedächtnis“ genannt. Die Führer hätten jedoch ihr Wissen zu egoistischen Motiven mißbraucht. Nur die Fähigkeit zu denken sei die Rettung gewesen. Diese Fähigkeit habe die Arier, die in dessen Besitz gewesen seien, über die anderen Völker erhoben. Nur Eingeweihte unter den Ariern bewahrten unter dem Symbol des Hakenkreuzes und des Sonnen-Orakels ihre Verbindung zu den spirituellen Hierarchien. Die Arier hätten sich dann in Tibet und Indien niedergelassen, ihre Führer seien stets Eingeweihte des Sonnen-Orakels gewesen.

Nach all den bisherigen Recherchen ist deutlich, daß die Geheimlehre der Madame Blavatsky in der völkischen Literatur zahlreiche Nachahmer hat. Es ist für diese Untersuchung nicht erheblich, ob die Rassisten von Blavatsky abgeschrieben haben. Entscheidend ist, daß die Geheimlehre und die „Weisheit der Ariosophen" (=Wissen der Arier) in den wesentlichen Punkten übereinstimmen, ja daß dieses geheime Wissen, das H. P. B. von Tibet in den Westen gebracht haben will, als altes Wissen von Eingeweihten ehrfürchtige Geltung gewinnt und die Theorien der Rassenfanatiker bestätigt. Wichtig ist noch ein weiterer Aspekt, dem wir uns nun zuwenden müssen: der Gebrauch des Hakenkreuzes.

Das Hakenkreuz als magisches Symbol

Hitler, mit dem sicheren Gespür für die Macht des Symbols, sucht schon zu Beginn seiner politischen Laufbahn nach einem Parteiabzeichen und einer Fahne. Der Mitstreiter und Thulemann Friedrich Krohn hat schon im Mai 1919 ein Memorandum, „Ist das Hakenkreuz als Symbol der nationalsozialistischen Partei geeignet?", verfaßt. Am 20. Mai 1920 läßt er sich für eine Versammlung der NSDAP in Starnberg von seiner Frau eine Flagge für das Rednerpult anfertigen, in deren Mitte sich ein Hakenkreuz befindet. Das Hakenkreuz ist schon von der Brigade Ehrhardt und anderen Freikorpsverbänden auf die Stahlhelme gemalt worden. Im Juli 1919 verteilt Fritz von Trützschler, Mitglied der Thule-Gesellschaft in München, Flugschriften mit dem Hakenkreuz und verkündet: „Diese Vorarbeit wollen wir leisten, bis der Mann kommt, der uns alle führen wird. Niemand weiß heute, wer dieser Mann ist, und wann er kommen wird. Aber wenn das Feld bereitet ist, wird er erscheinen. Das ist unser Glaube."[224]

Das Hakenkreuz ist schon bei Guido von List und Lanz von Liebenfels (s. 4. Kap.) aufgetaucht. Hitler sieht das Hakenkreuz zum ersten Mal, als er in der dritten Klasse der Volksschule ist. Er singt im Knabenchor des Benediktinerklosters Lambach. Im Wappen des Abts und überall im Kloster findet sich das Hakenkreuz als Kennzeichen.[225] In seiner Autobiographie erwähnt Hitler nichts davon, aber er erzählt von dem starken Eindruck, der der Abt und die glanzvollen kirchlichen Feste auf ihn machen. Die Stellung des Abtes erscheint ihm eine Zeitlang als „höchst erstrebenswertes Ideal".

Der Franzose Michel-Jean Angebert hat aus dieser Episode in Hitlers Leben die Erklärung für die Verwendung des Hakenkreuzes durch die Nationalsozialisten hergeleitet. In seinem 1971 erschienenen Buch „Les Mystiques du Soleil"[226] nimmt er Hitlers Teilnahme am Chor des Klosters Lambach (Juli 1897 bis Januar 1899) zum Anlaß weitreichender Spekulationen. Zunächst stützt Angebert seine Thesen auf den früheren Abt des Klosters, Theoderich Hagn. Hagn sei ein profunder Kenner der Astrologie und der Geheimwissenschaften gewesen. Zwischen 1856 und 1868 sei er in den Nahen Osten gereist und habe von dort nicht nur geheimes Wissen, sondern auch das Hakenkreuz als Wappen mitgebracht.

Für die ausgedehnten Reisen Hagns gibt es keinerlei Hinweis. Das Hakenkreuz ist als Familienwappen der Hagns aus ihrem Namen entstanden. Es handelt sich um ein einfaches Kreuz, an dessen Enden Haken gezeichnet wurden. Immerhin hat das Lambacher Hakenkreuz bereits die Phantasie der Zeitgenossen Hitlers angeregt. Franz Jetzinger nennt dazu in seinem Buch „Hitler's Youth" ein interessantes Detail. Er berichtet von einem Gemälde, das den jungen Hitler kniend vor dem Hakenkreuz im Lambacher Kloster zeigt. Lichtstrahlen treffen vom Hakenkreuz auf Hitlers ausgestreckte Arme. Das Bild erinnert an die Darstellung des Heiligen Franziskus, als dieser seine Berufung durch Stigmatisierung erlebt.[227]

Angebert stellt auch eine Verbindung zwischen dem neunjährigen Hitler und dem bereits mehrfach erwähnten Lanz von Liebenfels her, der tatsächlich im Jahr 1898 mehrere Wochen im Kloster Lambach verbrachte, um die Bibliothek von Theoderich Hagn zu benutzen. Es gibt keinen Hinweis, daß Lanz mit dem jungen Chorknaben Hitler gesprochen hat.

Friedrich W. Doucet hält es in seinem bereits zitierten Buch für möglich, daß sich im Innern des jungen Schülers Adolf die

Begriffe des Hakenkreuzsymbols, der Heiligkeit, der Autorität des Abts und der Macht miteinander verbanden.[228] Ich glaube nicht, daß diese psychologische Erklärung ausreicht, um das Hakenkreuz als Symbol der nationalsozialistischen Weltanschauung in seiner Bedeutung zu erfassen. Gehen wir daher weiter zurück in der Geschichte.

Das Hakenkreuz ist schon auf den Felszeichnungen der Steinzeitmenschen abgebildet. Es tritt in Troja, Nordeuropa, Tibet, Indien, China und Nordamerika auf – einmal in seiner links-, ein anderes Mal in seiner rechtsgerichteten Form. Es symbolisiert die Sonne und die ständige Wiedererneuerung der Natur. Der Unterschied in der Bewegungsrichtung des Hakenkreuzes als Symbol ist von entscheidender psychologischer Bedeutung. Im tibetanischen Ritual, wie beim indischen Tantra Yoga ist die Linksläufigkeit der Bewegung bei kultischen Handlungen streng untersagt. Der bereits zitierte Tiefenpsychologe Doucet hat darauf hingewiesen, daß die Linksläufigkeit der Bewegung eine Bewegung in Richtung des Unbewußten bedeutet. Die Rechtsläufigkeit, die Bewegung im Uhrzeigersinne, ist nach Doucet diejenige, die nach Bewußtsein strebt. Das Hakenkreuz des Nationalsozialismus war als Symbol der Wiedererneuerung gedacht. Aber es erscheint als Parteiabzeichen wie auf der Flagge in der Gegenrichtung des Sonnenlaufes, also in der Richtung vom Bewußtsein zum Unbewußten.[229] Mircea Eliade, der Mythologe und Religionsforscher, erklärt das Symboldenken als den Vorläufer der Sprache und des „diskursiven Denkens“.[230]

Symbole finden sich in allen religiösen Kulten und Religionen, sie finden sich auch in den Märchen und Sagen, in den Volksbräuchen und in den Träumen. Bei allen Völkern und auf allen Erdteilen tauchen die gleichen Symbole auf. Allerdings verändert sich das äußere Bild der Symbole je nach Rasse oder Religion. Ihre Grundstruktur oder ihre Muster hat Carl Gustav Jung als Archetypen bezeichnet. Diese Archetypen sind die psychischen Impulsgeber (Doucet), nach denen sich ein psychischer Komplex ebenso gestaltet, wie ein materieller Körper durch die Ordnungsstruktur der Atome und Moleküle gestaltet und aufgebaut wird.

Ein Symbol hat, im Unterschied zu einem bildhaften Zeichen, einen doppelten Sinn. Die Tiefenpsychologie spricht von dem eidetischen, also bildhaften Sinn, der darauf hinweist, welche Gegenstände oder Gedanken die Symbole vertreten. Daneben gibt es den operativen Sinn, der beschreibt, welche Wirkung, welche Kraft von ihnen ausgeht. Der bekannte Asienforscher Sven Hedin fügt noch eine weitere Information hinzu. Er hat das rechtsläufige Hakenkreuz in Tibet als Gebetsformel entdeckt. In seiner linksläufigen Form (Form des NS-Hakenkreuzes) kennzeichnet es die „orthodoxen *Gelbmützen*".[231] Die Sekte der Gelbmützen bildet das Gegengewicht zu den tantrischen Esoterikern, den Rotmützen. Die Gelbmützen überwachen im tibetanischen Priesterstaat die geistige und weltliche Regierung. Von diesen Gelbmützen könnte, zieht man die geistigen Verbindungen der Thule-Gesellschaft zu den tibetanischen Geheimlehren in Betracht, die Form des rückläufigen Hakenkreuzes und die gelbe Farbe der Parteiuniformen übernommen worden sein. Ein weiterer Hinweis zum Hakenkreuz ist die Farbe schwarz, in dem das Hakenkreuz abgebildet ist, als Symbol für den Tod. Das schwarze Hakenkreuz erscheint in der Parteifahne auf weißem Grund. Weiß ist, nach Doucet, auch die „Nichtfarbe der Unfruchtbarkeit".[232] Das schwarze Hakenkreuz auf weißem Grund könnte auch eine schwarze Sonne symbolisieren. Lesen wir weiter bei Doucet: „Der Begriff des sol niger (schwarze Sonne, Anm. d. Verf.) kennt auch die mittelalterliche Alchemie. Dort deutet dieser einen dunklen Gottessohn im Chaos, eine Art Mephisto, als Anfangskeim für den alchemistischen Prozeß an."[233]

Neben dem Hakenkreuz sind noch zwei weitere NS-Symbole für unsere Untersuchung an dieser Stelle erwähnenswert. Es ist die Sig-Rune der SS und der Hitlergruß. Die Sig-Rune leitet sich von dem Begriff Sonne her. Die aufrecht stehende Rune symbolisiert die Sonne in ihrem höchsten Stand zu Mittag. Die liegende Rune bedeutet die im Osten wie im Westen ruhende Sonne. Die Sig-Rune ist eine sogenannte Binde-Rune, das bedeutet, wer ihren Sinn weiß, ist an ihr Geheimnis gebunden. Die SS-Runen verpflichten ihre Träger, das Geheimnis des SS-Ordens zu bewahren. Doucet geht in seinem schon mehrmals zitierten Buch auch auf die Rolle der Tätowierung der SS-Leute unter der linken Achsel ein. Für ihn ist die Tätowierung ein Kennzeichen der gemeinsamen Blutsbrüderschaft der SS-Angehörigen.

Zu den kultischen Symbolen gehört auch der Führergruß „Heil Hitler". Er hat seine Vorläufer in dem Ave der römischen Caesaren und dem Vivat der Diktatoren. Alle diese Rufe sollen einem gesunden und starken Herrscher Kraft geben. Das deutsche Wort Heil enthält den Sinn von Ganzheit (heil sein = ganz sein). Durch die christliche Lehre ist der Begriff Heil ergänzt worden durch die Bedeutung der Erlösung. Der Hitlergruß wurde zunächst als äußeres Zeichen der Respektierung des „Führers" eingeführt. Der tiefere Sinn ist, dem Führer möge Heil (Ganzheit im Sinne von körperlicher und geistiger Lebendigkeit) beschieden sein. Das Erheben des rechten Armes und der gestreckten offenen Hand ist als symbolische Geste des Segnens oder der priesterlichen Autorität zu verstehen. Da jedoch nicht nur der Führer selbst diese segnende Geste benützt, wird der Hitlergruß, nachdem er zum amtlich vorgeschriebenen Gruß erhoben wird, Symbol des auserwählten und zur Herrschaft berufenen Volkes.

In der Magie wird der Heil-Gruß folgendermaßen erklärt: „Eine besondere Bedeutung besitzen die sogenannten Mudras oder Fingerstellungen. Sie spielen einer Rolle in der Lehre von dem Ziehen der freimaurerischen Griffe. Man betrachte sich die Fingerhaltung indischer Tempeltänzerinnen... Die Mudras korrespondieren mit den magischen Evokationen, bzw. mit der Volksmagie. Man unterstützt... diese Operation durch das Wiedergeben der Vokale und durch die entsprechenden Handstellungen (vgl. Heil – Hit – ler und der ausgestreckte rechte Arm, Anm. d. Verf.). Der ausgestreckte rechte Arm wird mit drei Fingern zum Schwur nach oben gestreckt; die linke Hand zeigt mit drei Fingern nach unten; das ist der sogenannte Gruß des Magiers."[234]

Kehren wir zu unserer Geschichte zurück. Die Ideen eines Karl Haushofer und das Parteisymbol des Hakenkreuzes sind an jenem 20. Dezember 1924, als Hitler aus der Landsberger Festungshaft entlassen wird, nicht gerade von hoher Bedeutung. Es gab drängendere Fragen.
Der Name der Partei und der ihres Führers war durch den gescheiterten Putsch zwar weithin bekannt geworden, aber es gab neben dem Parteiverbot vor allem hinter den Kulissen einige schwerwiegende Probleme: Eckart war tot, Göring geflüchtet, die Brüder Strasser in Nürnberg waren als NS-Tribune nahezu populärer geworden als Hitler selbst, und zu Hitlers Überdruß schien sich auch die wirtschaftliche Lage Deutschlands zu bessern.

Er mußte wieder von vorne anfangen. Rückblickend sah er das Scheitern des Putsches eher als einen Vorteil. Am 8. November 1935 sagt er: „Das Schicksal hat es dann gut gemeint mit uns. Es hat eine Aktion nicht gelingen lassen, die, wenn sie gelungen wäre, am Ende an der inneren Unreife der Bewegung und ihrer damaligen mangelhaften organisatorischen und geistigen Grundlagen hätte scheitern müssen."[235] Beide Grundlagen trachtete Hitler von 1925 bis 1933 zu schaffen.

8. Die eine Wirklichkeit: die Gewinnung der Massen

„Es sind nicht immer die vorzüglichsten Menschen, weder an Geist noch an Talenten, selten durch Herzensgüte sich empfehlend; aber eine ungeheure Kraft geht von ihnen aus und sie üben eine unglaubliche Gewalt über alle Geschöpfe, ja sogar über die Elemente, und wer kann sagen, wie weit sich eine solche Wirkung erstrecken wird?
Alle vereinten sittlichen Kräfte vermögen nichts gegen sie; vergebens, daß der hellere Teil der Menschen sie als Betrogene oder Betrüger verdächtig machen will – die Masse wird von ihnen angezogen... Und sie sind durch nichts zu überwinden als durch das Universum selbst, mit dem sie den Kampf begonnen."

Johann Wolgang von Goethe „Dichtung und Wahrheit", 20. Buch, Anfang

Nach dem Scheitern des Novemberputsches galt es, die organisatorischen und geistigen Grundlagen der Bewegung zu schaffen. Über die organisatorische Basis der NSDAP gibt es bereits eine Reihe gründlicher Forschungsarbeiten[236], auf die ich hier verweisen möchte. Ihre Ergebnisse sind für unsere Untersuchung später von Bedeutung (s. dieses Kap.). Halten wir hier lediglich fest: die nach dem Führerprinzip aufgebaute Partei war die Voraussetzung für die unumschränkte Herrschaftsvollmacht des obersten Führers, den die Propaganda als „größten Führer aller Zeiten" lobpreiste.
In dieser Untersuchung müssen die geistigen Grundlagen der NSDAP hinterfragt werden. Fassen wir noch einmal zusammen, was die bisherigen Recherchen ergeben haben:
Es gibt vor und nach dem Ersten Weltkrieg ein Anzahl einflußreicher okkulter Gesellschaften, die mit ihrer Ideologie von der Überlegenheit der „arischen Rasse" und der „Minderwertigkeit" der Juden die Heerlager der „Völkischen" und Alldeutschen, ja letztlich alle nationalistischen Gruppen beeinflussen. Die Sehnsucht nach einer golde-

nen Zukunft in einem Großdeutschen Reich verbindet sie alle. Die geheimen Zirkel der Liebenfels, Sebottendorff und anderer bieten die Erklärung dafür an, warum die goldene arische Zukunft noch nicht eingetreten ist: das internationale Judentum hat sich dagegen verschworen, denn es strebt nach der Weltherrschaft.

Für den jungen Adolf Hitler klingt dies – wie für Tausende andere junge Menschen – durchaus plausibel.

Er liest diese Theorien in Wien in unzähligen Pamphleten, bis sie schließlich zu seiner eigenen Überzeugung werden. Ohne eine Vorstellung, wie der Untergang der Arier, der sich ganz konkret in seiner Zukunftslosigkeit widerspiegelt, aufzuhalten sei, läßt er sich treiben.

Daß in diesen Jahren in Wien (1908–1913) Hitlers „Einweihung" in okkulte Praktiken stattgefunden habe, kann mit keinen Fakten belegt werden. Ob er glaubte, im Angesicht des Speers des Longinus einen magischen Pakt eingegangen zu sein, kann vermutet, aber ebenfalls nicht bewiesen werden. Hitler flieht vor der Einberufung in die k. u. k.-Armee nach Deutschland, läßt sich von der allgemeinen Kriegsbegeisterung mitreißen und meldet sich als Freiwilliger an die Front. Die Briefe, die er aus Frankreich schreibt[237], zeigen, daß er zum ersten Mal eine Aufgabe für sich sieht, für die es sich lohnt, sogar sein Leben einzusetzen. Und er findet zum ersten Mal Anerkennung.[238] Man verleiht ihm das Eiserne Kreuz für besondere Tapferkeit. Aber, was kann er, der Kunstmaler, der Armee anbieten, als der Krieg zu Ende ist? Wie kann er vermeiden, erneut „auf der Straße zu stehen"?

In der politischen Aufklärungsarbeit der Reichswehr erkennt er mit einem Mal den Ausweg. Seine Weltanschauung, die er sich in Wien gebildet hat, stimmt mit der seiner Vorgesetzten und Kameraden überein. Das ermutigt ihn, seine Überzeugung vor seinen Kameraden feurig zu vertreten. Er entdeckt eine Begabung an sich, die höher honoriert wird als sein Zeichentalent und die nicht an die Ausnahmesituation eines Krieges gebunden ist: er kann Reden halten. Er übt im vertrauten Kreis seiner Soldaten und hat Erfolg. Er kann nun alles verwerten, was er in Wien „studiert" hat. Mit seiner Weltanschauung findet er jetzt auch Gesinnungsfreunde außerhalb der Armee. Die Männer der Thule-Gesellschaft, einflußreiche Münchener Bürger, nehmen den jungen Agitator unter ihre Fittiche, als er der von ihnen protegierten Partei beitritt. Hitler weiß, welchem Umstand er diese Beachtung der höheren Kreise verdankt: seinem Rednertalent. Er empfiehlt sich für die Rolle des „Trommlers", der die Massen für die Ideen der Thule gewinnen und begeistern soll. Die Ideologie der Thule-Mitglieder entspricht der politischen Idealvorstellung eines Teils der Entscheidungsträger von Militär, Polizei, Industrie, Justiz und Finanz.

Hitler wird als „rednerisches Naturtalent" (Alexander von Müller) erkannt und gefördert. Der Zeitgenosse Konrad Heiden schreibt in seiner Hitlerbiographie, die Thule habe Hitler auch geschult. Ich habe aufgezeigt, daß vor allem Dietrich Eckart dem politischen Newcomer die Mitarbeiter zugeführt hat, die er für die Ausformulierung der Zielsetzung seiner Partei braucht (Feder, Rosenberg, Scheubner-Richter u.a.). Karl Haushofer hat seine Idee vom Lebensraum der Völker beigesteuert. Hat die Thule und/oder Eckart und/oder Haushofer, Hitler auch in magische Techniken eingeweiht? Ich habe keinen Beweis finden können. Aber das soll kein endgültiges Urteil sein, vielleicht weiß die Forschung in einigen Jahren mehr. Immerhin fällt auf, daß sich der engere Personenkreis um Hitler ohne Ausnahme mit dem Okkultismus beschäftigt hat:

Eckart ist Kenner der Theosophie und der Steinerschen Anthroposophie. Rosenberg studiert Gurdjieff. Hess gilt als Anhänger der Steinerschen Heilkunde und als Astrologie-Gläubiger. Über Himmlers Okkultismus wird eine spätere Arbeit Auskunft geben können. Sogar Göring hat zumindest kurzfristig in Schweden der freichristlich orientierten Edelweiß-Gesellschaft angehört. (Natürlich zieht Hitler auch Pragmatiker in seinen Stab wie Röhm, Schüßler, Amann und andere.)

Die Vermutung, daß in der Thule mit Magie experimentiert wurde, ist daher nicht so abwegig, wie manche Historiker[239] in der durchaus berechtigten Kritik an der Spekulations-Literatur über des „okkulte Reich"[240] glauben.

Um die Frage zu klären, ob die führenden Nationalsozialisten mit okkulten Praktiken gearbeitet haben, müssen wir in Ermangelung schriftlicher Nachweise die Taten der NS-Führer betrachten. Ich habe der magischen Praxis daher eine weitere Untersuchung gewidmet. In dieser hier vorliegenden Arbeit über die geistigen Grundlagen haben wir zunächst danach zu fragen, mit welchen Mitteln die Nationalsozialisten ihre politischen Vorstellungen durchzusetzen gedachten. Oder anders formuliert: wie konnten sie die Massen gewinnen?

Die Psychologie der Massen

Lassen wir Adolf Hitler selbst zu Wort kommen. In „Mein Kampf" schreibt er: „Die Psyche der breiten Masse ist nicht empfänglich für alles Halbe und Schwache. Gleich dem Weibe, dessen seelisches Empfinden weniger durch Gründe abstrakter Vernunft bestimmt wird, als durch solche einer undefinierbaren, gefühlsmäßigen Sehnsucht nach ergänzender Kraft, und das sich deshalb lieber dem Starken beugt, als den Schwächling beherrscht, liebt auch die Masse mehr den Herrscher als den Bittenden, und fühlt sich im Innern mehr befriedigt durch eine Lehre, die keine andere neben sich duldet, als durch die Genehmigung liberaler Freiheit; sie weiß mit ihr auch meist nur wenig anzufangen und fühlt sich sogar leicht verlassen. Die Unverschämtheit ihrer geistigen Terrorisierung kommt ihr ebensowenig zum Bewußtsein wie die empörende Mißhandlung ihrer menschlichen Freiheit."

Gustave Le Bon schreibt in seinem bereits zitierten Buch „Psychologie der Massen" (erschienen 1908): „Überall sind die Massen weibisch... Autoritätsglauben und Intoleranz sind für die Massen äußerst klare Empfindungen, die sie leicht erfassen und ebenso leicht annehmen als bestätigen, sobald man sie ihnen einflößt. Die Massen respektieren willig die Kraft und werden durch Güte, die für sie nur eine Art von Schwäche bedeutet, nur mäßig beeinflußt. Niemals galten ihre Sympathien den gütigen Herren, sondern den Tyrannen, von denen sie kraftvoll zertreten wurden; ihnen haben sie allezeit die größten Statuen errichtet... Wie macht man auf die Massenphantasie Eindruck? ...es geschieht niemals durch den Versuch, auf Verstand und Vernunft, d.h. durch Logik zu wirken... Daher

wenden sich denn auch die Redner, die auf sie (die Massen, Anm. d. Verf.) Eindruck zu machen verstehen, stets an ihr Gefühl, niemals an ihre Vernunft."
Professor Walter Ehrenstein, der ehemalige Direktor des Psychologischen Instituts der Technischen Hochschule in Danzig ergänzt: „Die Massen sind in ihrem Seelenleben infantil... und werden... von einem starken kindlichen Instikt geleitet, der... Autorität, Führung und Fürsorge sucht... Am Gängelband eines Führers und unter einem gewissen Druck fühlen sich die Massen anscheinend wohler bzw. geborgener als im Vakuum einer Freiheit... Der Druck zeigt den Massen an, daß der Staat sich wenigstens um sie kümmert, während die liberale Demokratie sie fortgesetzt auf sich selbst verweist und zur Selbstständigkeit (d.h. eigenen Anstrengungen) aufruft."[241]
Hitler fährt fort: „Die Aufnahmefähigkeit der großen Masse ist nur sehr beschränkt, das Verständnis klein, dafür jedoch die Vergeßlichkeit groß. Aus diesen Tatsachen heraus hat sich jede wirkungsvolle Propaganda auf nur sehr wenige Punkte zu beschränken und diese schlagwortartig solange zu verwerten, bis auch bestimmt der Letzte unter einem solchen Worte das Gewollte sich vorzustellen vermag."

Vergleichen wir dazu wieder die Thesen von Hitlers Lehrer Le Bon: „Da die Ideen den Massen nur in sehr einfacher Gestalt zugänglich sind, so müssen sie, um populär zu werden, oft völlig sich umformen... Diese Modifikationen sind abhängig von der Art der Masse,... aber stets bestehen sie in Verringerungen und Vereinfachungen."
Hitler: „Die breite Masse eines Volkes besteht weder aus Professoren noch aus Diplomaten. Das geringe abstrakte Wissen, das sie besitzt, weist ihr Empfinden mehr in die Welt des Gefühls. Dort ruht ihre entweder positive oder negative Einstellung... Ihre gefühlsmäßige Einstellung aber bedingt zugleich ihre außerordentliche Stabilität. Der Glaube ist schwerer zu erschüttern als das Wissen... Haß ist dauerhafter als Abneigung, und die Triebkraft zu den gewaltigsten Umwälzungen

auf dieser Erde lag zu allen Zeiten weniger in einer die Masse beherrschenden wissenschaftlichen Erkenntnis als in einem sie beseelenden Fanatismus und manchmal in einer sie vorwärtsjagenden Hysterie."
Le Bon: „Von allen der Menschheit zur Verfügung stehenden Kräften war der Glaube allezeit eine der stärksten.... Die großen geschichtlichen Ereignisse wurden von obskuren Gläubigen, die nichts für sich als ihren Glauben hatten, ins Leben gerufen. Nicht durch Gelehrte und Philosophen... sind die großen Religionen... und die riesigen Reiche... geschaffen worden... Die Masse ist... impulsiv. Gleich dem Wilden gestattet sie nicht, daß sich etwas zwischen ihr Begehren und die Verwirklichung dieser Begierde einschiebt... Ein unerwartetes... Hindernis wird wütend beseitigt. Erlaubte der menschliche Organismus die Ständigkeit der Wut, so könnte man die Wut als den normalen Zustand der gehemmten Masse bezeichnen."
Hitler: „Wer die breite Masse gewinnen will, muß den Schlüssel kennen, der das Tor zu ihrem Herzen öffnet. Es heißt nicht Objektivität, also Schwäche, sondern Wille und Kraft..."
Le Bon: „In den menschlichen Massen ist das wirkliche Oberhaupt... ein Führer. Sein Wille ist der Kern, um den sich die Anschauungen bilden und identifizieren... Die Menge ist stets bereit, denjenigen anzuhören, der einen starken und imponierenden Willen besitzt.[242]

Lassen wir es der Vergleiche genug sein. Hitler hat die von Le Bon und Roßbach aufgezeigten Mittel zur Gewinnung der Massen studiert und von Anfang an befolgt. Sehen wir uns die Schlußfolgerungen an, die er und seine von ihm geschulten Redner (Hitler ist als Werbeobmann der Partei für die Rednerschulung verantwortlich gewesen) aus den Ratschlägen Le Bons gezogen haben.
Die These, die Masse huldige dem Starken, wird, wie wir im nächsten Kapitel sehen werden, durch einen von der NS-Propaganda meisterhaft aufgebauten Führerkult verwirklicht.
Verringerungen und Vereinfachungen fordert Le Bon für die

Reden eines Massenagitators. Die schlagwortartige Sprache der NS-Redner ist bereits untersucht worden.[243] Das Prinzip, ein und denselben Gedanken in drei ähnlichen Gleichnissen rhythmisch zu wiederholen, liegt, wie Jürgen Eit- ner in seiner Hitler-Biographie schreibt, den Reden Buddhas wie denen Hitlers zugrunde. Eitner fährt fort: „Auch wie Richard Wagner so eindringlich wie unermüdlich ein Motiv immer wiederholt, mag Hitler als Vorbild dienen. Bei ihm vollzieht sich, zusätzlich, ein instinktsicheres Geben und Abnehmen von Signalreizen, unterstützt bei seinen Versammlungen von Trommelwirbel und Rhythmisierung, Fahnenfarben und Uniformen.[244]

Hess, Goebbels und Hitler: Reden

Ich möchte als Beispiel für die von den nationalsozialistischen Rednern beachteten Grundsätze Le Bons drei Reden anführen, die zu vollkommen unterschiedlichen Anläßen gehalten wurden.

Das ist zunächst die Rede von Rudolf Hess anläßlich der Vereidigung über einer Million Politischer Leiter, Führer der Hitlerjugend und des Arbeitsdienstes am 25. Februar 1934. „Deutsche Männer, deutsche Frauen, deutsche Jungen, deutsche Mädchen“, beginnt Heß. „Ihr werdet gemeinsam den Schwur der Treue und des Gehorsams auf Adolf Hitler ablegen... Ihr schwört Euren Eid an einem Tage, der zugleich erstmals als Heldengedenktag in Deutschland begangen wird...“ Es folgt eine Beschreibung, was Helden sind und was Treue heißt. Insgesamt zwölf mal wiederholt Hess in den nächsten Sätzen die Worte Held bzw. Heldentum und kommt zu dem Schluß: „Der Held germanischer Prägung ist treu bis zur Selbstaufgabe.“ Die positive Eingenschaft des Helden heißt Treue, erläutert Hess nun, neunmal den Begriff Treue wiederholend, bis er überleitet zu „Gehorsam“. „Treue in der Gesinnung bedeutet unbedingten Gehorsam, der nicht fragt nach dem Nutzen des Befehls, der nicht fragt nach den Gründen des Befehls, sondern der gehorcht um des Gehorchens willen. Der Gehorsam wird dann zum Ausdruck heldischer Gesinnung."

Heldentum heißt Treue und Treue heißt Gehorsam, so lautet der zusammengefaßte Inhalt der Rede. Hess wiederholt diese Phrase aus verschiedenen Blickwinkeln und spricht dabei die Gefühle an, wie der Schluß der Rede noch einmal deutlich beweist:

„Politische Leiter! Führer des Arbeiterdienstes – der Garde der Arbeit! Frauenschaftleiterinnen, HJ-Führer! Führerinnen des BDM! Ihr werdet nun den Schwur ablegen auf Adolf Hitler!

Ihr schwört nicht auf einen Formalismus, Ihr schwört nicht auf einen Unbekannten. Ihr schwört nicht auf eine Hoffnung – Ihr schwört auf eine Gewißheit. Das Schicksal hat es Euch leicht gemacht, unbedingt und rückhaltlos den Eid auf einen Mann zu leisten. Kaum je in der Geschichte brachte ein Volk einem Führer, der einen Schwur forderte, so restloses Vertrauen entgegen, wie das deutsche Volk Adolf Hitler. Ihr habt das unendliche Glück, den Schwur ablegen zu dürfen auf den, der für Euch Inbegriff des Führers an sich ist. Ihr schwört auf den Kämpfer, der über ein Jahrzehnt sein Führertum bewies, der stets recht behielt und stets den rechten Weg ging, auch wenn bisweilen der größte Teil seiner Anhänger ihn nicht mehr verstanden haben mochte.

Ihr dürft dem Mann Euren Schwur ablegen, von dem Ihr wißt, daß er nach dem Willen eines Gesetzes der Vorsehung, dem er gehorcht, unabhängig von allen Einflüßen irdischer Gewalten das deutsche Volk recht führen und deutsches Schicksal recht gestalten wird. Ihr bindet im Schwur erneut Euer Leben an einen Mann, durch den – das ist unser Glaube – höhere Kräfte schicksalsmäßig wirken. Sucht Adolf Hitler nicht mit den Hirnen, mit der Kraft eures Herzens findet Ihr ihn alle!

Adolf Hitler ist Deutschland und Deutschland ist Adolf Hitler. Wer für Hitler schwört, schwört für Deutschland!"[245]

Ebenso eindeutig einen Hinweis auf Le Bons Gesetze von der Vereinfachung und Wiederholung gibt Hitlers Rede vor dem Reichstag im März 1933 zum Ermächtigungsgesetz. Hitler

scheint vor den Abgeordneten des deutschen Parlaments betont sachlich und logisch zu sprechen, doch genau dieser Eindruck ist beabsichtigt und hält einer genaueren Analyse nicht stand. Zu Beginn seiner Rede zieht der Reichskanzler eine Bilanz der vergangenen 14 Jahre Weimarer Republik. Er nennt die Revolutionäre von 1918/19 „Attentäter“, die „für das schaffende deutsche Volk eine Zeit grenzenlosen Unglücks“ gebracht hätten. Er steigert nun diese Behauptung in immer neuen Variationen. „Dieses in der deutschen Geschichte beispiellose Verbrechen“ habe einen „Verfall auf allen Gebieten des Lebens“ herbeigeführt, „der größer kaum vorstellbar ist. Die Frage, was überhaupt in dieser Zeit noch schlimmer hätte kommen können, ist... nicht zu beantworten.“ Die „nationale Regierung“ wolle nun dieses „Chaos“ beenden, der „Vernichtungstendenz“ Einhalt gebieten. „Die nationale Regierung trifft dabei ihre Maßnahmen unter keinem anderen Gesichtspunkt als dem, das deutsche Volk und insbesondere die Millionenmasse seiner arbeitenden Menschen vor namenlosem Elend zu bewahren.“ „Politische Entgiftung unseres öffentlichen Lebens“, „durchgreifende moralische Sanierung an unserem Volkskörper“, „moralische Entgiftung“, „sittliche Erhebung“, „Erhaltung der im Wesen unseres Volkstums liegenden ewigen Werte“, „Errettung“ – das sind die Maßnahmen, die nötig seien, um die „Katastrophe“ zu verhindern. Wir erkennen hier nicht nur die Vereinfachung und Wiederholungen oder die gefühlsbeladenen Begriffe, sondern auch die Darstellung von Macht und Autorität. Hitler schließt seine Rede im Bewußtsein seiner Macht:
„Um so mehr aber besteht die Regierung der nationalen Erhebung auf der Vereinfachung dieses Gesetzes.
Sie zieht in jedem Falle eine klare Entscheidung vor. Sie bietet den Parteien des Reichstags die Möglichkeit einer ruhigen deutschen Entwicklung und einer sich daraus in der Zukunft anbahnenden Verständigung.
Und sie ist aber ebenso entschlossen und bereit die Bekundung der Ablehnung und damit die Ansage des Widerstandes entgegenzunehmenden (Beifall).

Mögen Sie meine Herren nunmehr selbst die Entscheidung treffen über Frieden oder Krieg (Beifall).“[246]
Joseph Goebbels ist der eindrucksvollste und gelehrigste Schüler der Massenpsychologie. Die Rede, die er am 30. Januar 1943 im Berliner Sportpalast zum 10. Jahrestag der Machtübernahme hält, ist ein Musterbeispiel an affektgeladener Rhetorik. Vereinfachungen, Wiederholungen, gefühlsüberladene Begriffe, die simple Gleichung: die Feinde von einst sind die Feinde von heute, wir Nationalsozialisten sind mit ihnen früher fertig geworden, so wird es auch diesmal sein – all dies ist von Goebbels in eine meisterhaft demagogische Rhetorik verpackt worden. Goebbels beginnt nach einigen einleitenden Worten:
„Es ist nicht das erste Mal, daß ich in einer schwierigen Stunde unseres nationalen Lebens von dieser Stelle aus vor dem ganzen deutschen Volke das Wort ergreife. Im Berliner Sportpalast erlebten wir in den vergangen fünfzehn Jahren *alle** Höhen und Tiefen der deutschen politischen und im Kriege auch militärischen Entwicklung. Die Gefahren, die in diesen bewegten anderthalb Jahrzehnten das Reich umdrohten, erfuhren von dieser Stelle aus vor dem deutschen Volke ihre Klarstellung. Aber hier wurden auch vor dem ganzen Volk die entscheidenen Entschlüsse zu ihrer Behebung proklamiert. *Niemals** sah dieser Saal eine Gefolgschaft, die *entmutigt** oder ohne Hoffnung gewesen wäre! (Heilrufe, Beifall) Viele Schläge – das geben wir zu – haben wir in diesen fünfzehn Jahren von unseren Feinden empfangen. Aber *jedesmal** noch haben wir *Schlag mit Gegenschlag** beantwortet! (Heilrufe, Beifall) Wer von uns erinnert sich nicht der ungezählten Gelegenheiten, da die Partei oder der nationalsozialistische Staat in eine mehr oder weniger große Krise hineingeraten waren und ihre Feinde glaubten, nun engültig über sie triumphieren zu können. Sie haben *immer noch zu früh** triumphiert! (Heilrufe, Beifall) Feindliche Männer und Kräfte, die heute schon vollkommen aus unserem Gedächtnis entschwunden sind, deren Namen und Bezeichnungen man sich kaum noch erinnert, sind uns in diesen fünfzehn Jahren entgegengetreten. Die Zeit ist über sie hinweggeschrit-

ten, – *wir aber sind geblieben!* * (Heilrufe, Beifall.) Wir sind mit *allen* Gefahren und Krisen fertiggeworden! Und so, wie das in der Vergangenheit war, – so wird das auch in der *Gegenwart* und so wird das in *aller Zukunft** sein (Heilrufe, Beifall.)"
Goebbels fährt im weiteren Verlauf der Rede fort: „die hinreißenden Stunden nationalsozialistischer Kampfbegeisterung" und die „wilde Entschlossenheit" der Männer der Bewegung zu rühmen. „Wie es *damals** war, so ist es auch heute. Die Zeit hat sich geändert – *wir Nationalsozialisten** sind *unverändert** geblieben. Wie es *damals** war, so ist es auch heute." Nicht umsonst wiederholt der Propagandaminister diesen Satz, der das Leitmotiv seiner Rede darstellt. Er spielt damit gleichzeitig die (1943) bereits sichtbare Überlegenheit der Alliierten herunter. In der bewährten Schwarz-Weiss-Technik stellt er den „Trinker Churchill" dem Führer Adolf Hitler gegenüber, den er in einem Atemzug mit Friedrich dem Großen nennt. Den Bolschewismus bezeichnet er als „terroristische jüdische Welteroberungsidee".
„Es ist klar, warum unsere Feinde von allen Seiten wie verzweifelt gegen das neue Reich anrennen. Sie wollen in Deutschland keinen *Volksstaat* dulden! Das ist der einzige Grund, warum Plutokratie und Bolschewismus uns zu diesem Kriege gezwungen haben." Was ist dagegen zu tun? „In ungezählten Briefen aus *allen** Schichten unsres Volkes dringt der *Schrei nach der totalsten Kriegsanstrengung an das Ohr der Führung**... Wir sind mehr noch als bisher eine kämpfende und arbeitende Gemeinschaft, die sich mit *fanatischer** Entschlossenheit für den Krieg und seine Erfordernisse einsetzt und mit *Sehnsucht* auf die Stunde wartet, *wie der Führer mit unseren neuen Waffen seinen Truppen wieder den Befehl zum Angriff** *geben kann*... Wir werden *schnell** und *rücksichtslos** handeln."
Immer wieder spricht Goebbels nun von der „wilden Entschlossenheit", vom „eisernen Verteidigungswillen", von „Lebenskampf" und vom „unerschütterlichen Glauben an den totalen

*Alle Hervorhebungen im Originaltext

Endsieg“ über die „freche Bedrohung“ durch die „internationale Plutokratie“ und den „jüdischen Bolschewismus“. „Wir glauben an den Sieg, weil wir den Führer haben!“

Dieser Führer, eifert Goebbels, schreite dem deutschen Volk voran, der Allmächtige erhalte ihn gesund und voll Kraft.

„An diesem Tage scharen wir uns mit dem ganzen deutschen Volke in *gläubigem** Vertrauen um unseren *Führer!**Vor allem seine alte Kämpferschar entbietet ihm heute aus bewegtem Herzen die *tiefsten** Gefühle ihrer Verehrung, ihres *blinden** Vertrauens, aber auch ihrer *heißen**, unauslöschlichen Dankbarkeit. Er hat uns durch die Fährnisse dieser stürmisch bewegten Zeit hindurchgeführt. Er hat das Reich aus dem *Nichts** heraus wieder zur *Großmacht** emporgehoben. Es würde zertreten am Boden liegen, wenn er nicht gekommen wäre und uns zur Besinnung aufgerufen hätte.“ Hitler taucht also zuletzt in all diesem Kampf und dieser Not als der Moses, ja mehr noch als der Retter/Messias auf.

Goebbels schließt: „Wir erheben uns von den Plätzen. Mit uns erhebt sich das ganze deutsche Volk in Ehrfurcht vor seinen Helden und grüßt den Führer in diesem Augenblick fanatischen Kampfeswillens mit unserem alten Ruf: Adolf Hitler – Sieg Heil! (Zuhörer: „Heil!“), Sieg Heil! (Zuhörer: „Heil!“), Sieg Heil! (Zuhörer: „Heil!“) Sieg Heil! (Zuhörer: „Heil!“ Heilrufe, das Deutschlandlied wird intoniert.)[247]

Massenhypnose

Vereinfachungen, Wiederholungen und Appelle an die Gefühle sind indes rhetorische Stilmittel, die schon vor den Nationalsozialisten angewendet wurden. Sie haben mit Magie noch nichts zu tun. Erst in Verbindung mit allen anderen Mitteln und Techniken, wie Massenaufmärsche, Fahnen, Unifomen, Marschmusik, und dem im nächsten Kapitel näher zu beschreibenden Führerkult wird aus dieser Rhetorik eine Suggestion der Massen. Und diese Massenhypnose ist eine der Techniken, die ein Magier zu beherrschen hat. Der Hypnosetherapeut Kurt Tepperwein gibt in seinem Buch „Die hohe Schule der Hypnose" – eine Definition von Massenhypnose, wenn er schreibt: „Die *Masse* ist mehr als die Summe der seelischen Eigenschaften der Personen, aus denen sie sich zusammensetzt. Diese Masse tritt als ganz neues Wesen in Erscheinung und zeigt Merkmale, welche die einzelnen Personen nicht besitzen. Das Selbstbewußtsein des einzelnen Menschen kommt nicht mehr zur Geltung. Es entsteht eine *Kollektivseele,* ein Zusammengehörigkeitsgefühl, wobei Willen, Vorstellung und Gefühl des Individuums in eine bestimmte, gemeinsame Richtung gedrängt werden. Dabei spielt der Anlaß der Vereinigung der Masse keine Rolle mehr, und auch Beruf, Geschlecht und Gesellschaftszugehörigkeit der Einzelpersonen werden bedeutungslos.

In der Masse besteht die Tendenz, aufkommende Ideen unverzüglich zu verwirklichen. Es scheint, als ob der einzelne Mensch in der Masse durch die zahlenmäßige Überlegenheit ein Gefühl von unüberwindlicher Kraft bekäme und diese Kraft ihn treibe, einfach seinem Gefühl, seinen Trieben zu folgen. In der Masse ist der einzelne zu Taten fähig, die er allein niemals schaffen könnte. Das Einzelindividuum kann hier über sich hinauswachsen – im Guten wie im Bösen. (Le Bon, Roßbach, Ehrenstein und andere vertreten die gleiche Auffassung wie Tepperwein, Anm. d. Verf.)

Eine zündende Suggestion kann sich in der Masse explosionsartig in Handlung umsetzen, ohne daß der Einzelne zuvor über die Folgen seines Tuns nachdenkt. In der Masse bekommt er die Wildheit und Aggressivität, aber auch die Begeisterungsfähigkeit eines Triebwesens. Hier wird ein primitiver Urkern in uns angesprochen und wirksam, der außerhalb jeder Logik steht. Dies wird besonders deutlich, wenn religiös, weltanschaulich oder politisch Gleichgesinnte zusammenkommen, weil hier die Gleichartigkeit der Anschauungen und der geistigen Schwingungen die Wirkung der Masse auf sich selbst noch steigert.

Zur Massenhypnose braucht man also nur eine Persönlichkeit, die von sich selbst überzeugt, ihre Ansichten überzeugend vorbringen und mit einfachen Worten fast bildhaft plastisch sichtbar machen kann. Sobald der Funken der Begeisterung auf die Masse übergesprungen ist, wird der Gedanke Gemeinschaftsgut. Die gemeinsame Begeisterung reißt Zögernde mit und wird den Gedanken verwirklichen."[248]

Le Bon ist noch etwas genauer in der Erklärung, *wie* ein Gedanke eines Redners, Demagogen oder Massenführers Gemeinschaftsgut werden kann. Le Bon schreibt: „Bei genügender Wiederholung einer Behauptung und Einmütigkeit der Wiederholung… bildet sich das, was man eine geistige Strömung nennt, und der mächtige Mechanismus der Übertragung tritt ins Spiel. Bei den Massen haben die Ideen, Gefühle, Affekte, Glaubenssätze eine so starke Ansteckungskraft wie der der Mikroben… Bei den in Massen vereinigten Menschen werden alle Affekte sehr rasch ansteckend, wodurch sich die Plötzlichkeit von Paniken erklärt."

„Die Übertragung", fährt Le Bon fort, „erfordert nicht die gleichzeitige Anwesenheit von Individuen an demselben Orte, sie kann auch in der Distanz erfolgen, unter dem Einfluß gewisser Ereignisse, durch die alle Geister nach derselben Richtung orientiert werden und die Sondermerkmale der Masse erhalten, besonders wenn die Geister durch die… erwähnten mittelbaren Faktoren (Appell an die Gefühle, Wiederholungen, Vereinfachungen, Suggestionen durch Wertbegriffe, Anm. d. Verf.) vorbereitet sind."[249]

Die geistig-bildhafte Vorbereitung auf den Führerstaat, auf die „Entfernung der Juden" (Hitlers meistgebrauchtes Schlagwort in den 20er Jahren) und auf die Eroberung von Lebensraum für das deutsche Volk im Osten fand in unzähligen Reden während der 20er Jahre statt. Als die immer wieder angekündigten Ereignisse dann eintraten, riefen sie in den Massen die vorher erzeugten Gefühle hervor.

Es ist daher von entscheidender Bedeutung, vor dem Eintreten von Ereignissen die Massen gefühlsmäßig auf diese vorzubereiten (ein-

zustimmen). Da Gefühle über Bilder angesprochen werden, muß ein Demagoge oder Volksführer die Fähigkeit besitzen, diese Bilder in den Massen zu erzeugen.
Ein Beispiel mag dies erläutern. Die Bilder der sinnlich erfahrbaren Realität der 20er Jahre in Deutschland waren Depression, Arbeitslosigkeit und politisches Durcheinander. Die Nationalsozialisten stellten dem ihre Wirklichkeit der Ordnung, der Entschlossenheit zum Kampf und der Siegesgewißheit gegenüber. Die Bilderwelt des Krieges (Aufmärsche, Uniformen, Kampfparolen) bot Ersatz für die niederdrückende Wirklichkeit, und sie erzeugte das Gefühl, die „neue" Realität herbeizusehnen.

Tepperwein spricht von dem Massenhypnotiseur, der seine Ansichten mit einfachen Worten bildhaft plastisch sichtbar machen kann. Der Schweizer Tiefenpsychologe Carl Gustav Jung hat der Bildhaftigkeit der Seele Jahrzehnte seiner Forschung gewidmet. Wenn wir empfinden und fühlen, so Jung, dann speichert unser Unterbewußtsein diese Ein-drücke als Bilder und fügt sie den bereits gespeicherten Bildern, die wir aus der Kindheit und aus den archetypischen Symbolen unserer Kultur gesammelt haben, hinzu. In der Therapie wird mit diesen Bildern gearbeitet: ein Patient, der zum Beispiel über mangelndes Selbstbewußtsein klagt, kann nur dann sein Problem beheben, wenn er ein neues Bild von sich als selbstbewußt und selbstvertrauend entwirft *und daran glaubt.*
„Wer Glauben im Herzen hat, der hat die stärkste Kraft der Welt"[250], sagt Hitler am 3. November 1924 in Landsberg. Hier, in seiner Hochschule auf Staatskosten, schreibt er auch von der „gewaltige(n) Wirkung des suggestiven Rausches" und dem „zauberhaften Einfluß dessen, was wir mit dem Wort Massensuggestion bezeichnen".[251] Bezeichnenderweise hat Obermedizinalrat Dr. Karl Brinsteiner seinem Sonderhäftling Hitler zu Beginn von dessen Haft „teilweise auf suggestivem und autosuggestivem Wege hervorgerufenes Denken und Handeln" attestiert.[252] Ich habe bereis ausführlich über Hitlers Bilder gesprochen, die er in Wien und München in sich aufgenom-

men hat. Le Bon und Roßbach haben dem noch unerfahrenen Parteidemagogen erläutert, daß er diese Bilder zur Gewinnung der Massen einsetzen kann, wenn er selbst an sie glaube und wenn er in den Zuhörern Gefühle erzeuge. Emotionen sind die Voraussetzung, um Bilder im Unterbewußtsein zu speichern.
Die oben angeführten Reden geben ein Beispiel, wie die NS-Massen-Demagogen die Gefühle der Zuhörer mobilisieren und dirigieren. Gehorsam, Treue, Glaube, Kampf und Sieg sind die kollektiven Bilder, die in den Masssen erzeugt werden. Immer wieder wiederholt treten diese Bilder an die Stelle der Realität. Voraussetzung für diese Erzeugung einer Schein-Realität ist eine Rednerpersönlichkeit, die von ihrer Sache überzeugt sei, schreibt Tepperwein. Le Bon ergänzt: „Wie bei allen Wesen, bei denen das logische Denken nicht ins Spiel kommt, ist die Einbildungskraft der Massen sehr mächtig, sehr wirksam und lebhaft erregbar. Die durch eine Person, ein Ereignis, einen Unglücksfall in ihnen ausgelösten Vorstellungsbilder besitzen beinahe die Lebhaftigkeit der wirklichen Gegenstände. Ein wenig gleichen die Massen dem Schläfer, dessen zeitweilig aufgehobenes Denken in seinem Bewußtsein Bilder entstehen läßt, die äußerst intensiv sind... Die Massen können nur in Bildern denken und lassen sich nur durch Bilder beeinflußen. Bloß diese schrecken oder verführen sie und werden zu Motiven ihres Handelns. Alles, was die Phantasie der Massen erregt, stellt sich in der Form eines packenden und klaren Bildes dar, das allen Nebensinnes bar ist oder nur einige wunderbare oder geheimnisvolle Tatsachen im Gefolge hat: einen großen Sieg, ein großes Wunder, ein großes Verbrechen, eine große Hoffnung."
„Nicht immer", fährt Le Bon fort, „stehen einem diese Bilder zur Verfügung, aber man kann sie durch sinnreiche Anwendung von Worten und Formeln hervorrufen. *Kunstvoll gehandhabt, besitzen sie wirklich die geheimnisvolle Macht, die ihnen einst die Adepten der Magie zuschrieben**... Die Macht der Worte knüpft sich an die durch sie hervorgerufenen Bilder und ist völlig unabhängig von ihrer wahren Bedeutung. Oft sind

jene Worte, deren Sinn ganz unbestimmt ist, die wirkungsvollsten. So z.B. die Ausdrücke Demokratie, Sozialismus, Gleichheit, Freiheit u.a., deren Sinn so vage ist, daß dicke Bände nicht ausreichen, ihn zu bestimmen. Und doch ist es sicher, daß sich eine wahrhaft *magische Macht* *an ihre kurzen Silben heftet, wie wenn sie die Lösung aller Probleme enthielten. Sie sind eben die Synthese der verschiedensten unbewußten Erwartungen und der Hoffnung auf deren Verwirklichung.
Mit Vernunft und Argumenten kann man gegen gewisse Worte und Formeln nicht ankämpfen. Man spricht sie mit Andacht vor den Massen aus, und sogleich werden die Mienen respektvoll und die Köpfe neigen sich. Von vielen werden sie als Naturkräfte oder als übernatürliche Mächte betrachtet. Sie rufen in den Seelen grandiose und vage Bilder hervor, aber eben das Vage, das sie verwischt, vermehrt ihre *magische Gewalt.** Sie lassen sich mit jenen furchtbaren Gottheiten vergleichen, die hinter dem Allerheiligsten verborgen sind und denen man sich nur mit Zittern nähert...
Um die Massen zu überzeugen, muß man sich zunächst volle Rechenschaft betreffs der Gefühle, die sie beseelen, geben; man muß sich den Anschein gegen, daß man sie teilt, sodann sie zu modifizieren suchen, indem man in ihnen mittels rudimentärer Assoziationen gewisse recht suggestive Bilder hervorruft; ferner muß man im Bedarfsfall seine Bemühungen wiederholen und vor allem die Gefühle, die man erweckt, erraten. Diese Notwendigkeit, je nach der Wirkung in dem Augenblick, in dem man spricht, seine Sprache beständig zu ändern, macht jede einstudierte und vorbereitete Rede von vornherein bedeutungslos.“[253]

Zeitgenossen Hitlers geben ein Zeugnis darüber, wie Hitler diese Le Bonsche Regeln befolgte.
So berichtet der ehemalige Chef der Geheimen Staatspolizei, Rudolf Diels:

* Hervorhebungen vom Verf.

„Auch wenn er mit dem Einzelnen sprach, sprach er wie vor Zehntausenden; sogar im Zwiegespräch verlor er sich in die Gestik des Volksredners. Er war selber Masse. Wie diese selber war sein Reaktionssystem auf die rüden Kräfte eines aggressiven Instinktes aufgebaut. Sein starker Intellekt entbehrte ganz der Kultivierung und Erziehung. Ich hatte niemals das Gefühl, daß es auch nur Reste einer christlichen und humanitären Tradition für ihn gab, aus denen heraus sich Hemmungen meldeten, wenn er alles, aber auch alles diesem ganz und gar politischen Instinkt opfernd, die Masse oder den Einzelnen anredete. Die Fähigkeit zu scharfen logischen Gedankenreihen ordnete er ebenfalls den Impulsen dieses Instinktes unter. Dadurch wurden seine Auslassungen so leicht zu hemmungslosen, aber unwiderstehlichen Ausbrüchen; die überzeugende Kraft seiner aus dem Kosmischen selbst herausgetrommelten Sätze war nicht durch den Gedanken verblaßt und geschwächt. Er kannte diese besondere Weise seines Denkens und seiner Schlüsse, die regelmäßig längst vor ihren Begründungen feststanden. Er vertraute sich abergläubisch der Zügellosigkeit seiner Eingebungen an. Ich hörte ihn einmal sagen, als ich ihn auf die objektive Falschheit seiner Gründe hinweisen mußte: ‚Dann muß ich eben andere Gründe suchen.'
Ich traf ihn oft in Phasen der Ermattung, in denen er wie leblos vor sich hinstarrte. Während der kargen, in jener Anfangszeit der Berliner Hofhaltung lieblos bereiteten Mahlzeiten war es eine unverletzbare Regel, daß bei Tisch niemals über ernsthafte politische Fragen gesprochen wurde. Es gehörte scheinbar zu dem Automatismus des Auf und Ab, des Dort und Da seines Wesens, daß er die Stadien streng geschieden durchlebte, in denen er seine Energie sammelte und in denen er sie verströmen und explodieren ließ. Er schwankte zwischen Stadien völliger, müder Zerfahrenheit und in die Stunde hineingebannter Konzentration. Er erschien mir oft wie ein Don Juan der Massen, der seine Kraft in der einen Stunde wie in einem Punkte zusammenfassen konnte, in der er sie – die Riesenversammlungen umwerbend oder bedrängend – austoben ließ. So ist auch

jede seiner Reden als geschloßenes Ganzes und nur über das Medium des Gehörs wirksam. Aber gelesen und im vergleichbaren Zusammenhang mit früheren und späteren Reden sind sie unerträglich und voller Widersprüche. Ihm selbst war nichts gräßlicher als die Anführung von Passagen aus früheren Ansprachen gegen seine gerade angewandten Argumente. So wenig er Kleinigkeiten aus den ‚Vorträgen' seiner Stäbe vergaß, so radikal verleugnete er seine eigenen Auslassungen, wenn sie ihm gegen den Strich gingen.

Er hatte eine Art, seine Zuhörer zu ‚versportpalasten'. Sein Photograph und Freund Heinrich Hoffmann erklärte mir 1933, daß er nie eine Konkurrenz zu befürchten habe, weil nur er aus seiner Kenntnis der Gewohnheiten die rechten Aufnahmen des Führers machen könne. ‚Ich weiß allein', sagte Hoffmann, ‚wann der große Moment gekommmen ist, in dem seine Zuhörer hingerissen, wie hypnotisiert, stillhalten; fünf, zehn, fünfzehn Minuten lang, bevor sie zum großen Beifall ausbrechen. Dann muß ich exponieren. Die anderen haben ihre Munition dann schon längst verschossen.'

Hitler selbst sagte in meiner Gegenwart vor einem Abflug zu einer großen Rede in Hamburg, als er seinen Tagesablauf einteilen wollte:

‚Es wird spät werden heute. In Hamburg und Hannover brauche ich eine Stunde über die normale Zeit, bis ich *sie* so weit habe.'

Er besuchte diese Städte ungern.

Die Kenntnis seines Charakters und seiner Techniken vermittelt nicht die Erklärung für die besonderen Wirkungen, die er auslöste. Sie lagen wohl in seiner Willenskraft, mit der er sogar seine Initiatoren sich immer wieder unterwarf und einen Goebbels in sklavischer Gläubigkeit erhielt. Aus Hitlers Munde wurden selbst für seine Apostel die Äußerungen, die sie ihm zugeflüstert hatten, durch solche Willenskraft und Überzeugungsstärke rückwirkend zur Prophetie, als ob ein schwacher Strom sich über einen Transformator in Starkstrom verwandelt hätte."[254]

Weigand von Miltenberg erzählt: „Er beginnt mit einer tiefen und langsamen Tonlage, und nach ungefähr 15 Minuten geschieht etwas, das nur mit einer alten Metapher beschrieben werden kann: der Geist fährt ihn.“[255]

Schließlich sei noch Ernst Hanfstaengl, der ehemalige Auslandschef der NSDAP, als Zeuge angeführt. Er erinnert sich: „Auf Massenkundgebungen wurde mir der Grund für seine unerhörte Faszinationskraft als Redner allmählich immer deutlicher klar. Vor allem wurde mir bewußt, daß das besondere Geheimnis seiner oratorischen Wirkung weitgehend auch organisch bedingt war. Einerseits durch die noch von keinem Magnetophon verzerrte unerhörte Kraft seiner Stimmbänder, und andererseits durch eine ebenso einzigartige Stirnhöhlenresonanz. So konnte er mit seiner Stimme spielen wie auf einem Instrument. Gepaart mit einem geradezu pubertär-ekstatischen Temperament, standen ihm für seine Darlegungen ein ganzes Register melodramatischer Untermalungen zur Verfügung. War es eben noch ein Vibrato, mit dem er das unverdiente Schicksal eines gequälten und vielfach verratenen Volkes beklagte, so kündigte sich in der nächsten Periode schon das Heraufkommen eines reinigenden Gewitters an, um dann aufbrandend zu Darlegungen von vulkanisch-ungestümer Kraft die Zuhörer unwiderstehlich in eine Massenekstase zu reißen. Und wie einmalig war der Klangeffekt, wenn seine Stimme aus einem volltönenden, männlichen Forte an der richtigen Stelle mit einem glucksenden und wie verzweifelt klagenden Laut in ein Schluchzen überkippte.
Doch in der Wahl seiner Worte war Hitlers Wirkung als Redner meisterhaft. Hatte mein Vater noch wie ein Zeitgenosse Bismarcks gesprochen und ergingen sich die Angehörigen meiner Generation noch weitgehend in der Diktion eines Wilhelms II., so beherrschte Hitler die Sprache des kleinen Mannes der Nachkriegszeit.
Aus Hitler sprach der unbekannte, aus einer unbelasteten Vergangenheit aufgestiegene Soldat des Weltkrieges – kein Ge-

schäftspolitiker von rechts oder links, kein Standesherr und kein Bratenrock, kein studierter Phrasendrescher und kein Partei- oder Gewerkschaftsbonze. Aus ihm sprach der Landser, der im Krieg ohne Furcht und Tadel seine Pflicht getan hatte. So war er für seine Anhänger gleichsam die Verkörperung des guten Kameraden, das stellvertretende Imago des nicht mehr heimgekehrten Sohnes, des Bruders, des Mannes oder des Bräutigams, aus dessen Worten die tröstliche Botschaft aufklang: Von eurem Vertrauen getragen werde ich dafür sorgen, daß eure Opfer und das der toten Soldaten nicht mehr sinnlos bleibt.

Ein besonderes Talent Hitlers bestand auch darin, sich immer wieder mit starkem Einfühlungsvermögen an die Frauen zu wenden. So habe ich es oft genug erlebt, daß er eine mit politischen Gegnern stark durchsetzte Versammlung dadurch allmählich mundtot und schließlich sogar gefügig machte, indem er sich erst einmal den Alltagsproblemen seiner Zuhörerinnen zuwandte – dem karg gewordenen Speisezettel sowie dem Wertschwund von Lohn- und Haushaltsgeld. Auf diese Weise brachte er das Eis starrer Ablehnung langsam zum Schmelzen.

Ein weiteres Charakteristikum jeder seiner Reden war ihre Gliederung in Vergangenheit, Gegenwart und Zukunft, so daß seine programmatischen Darlegungen wie die logischen Schlußfolgerungen aus ehernen historischen Gegebenheiten erschienen.

Obwohl er über ein unerschöpfliches Reservoir von Ausdrücken und Argumenten verfügte, kam es schon bald nach Beginn seiner Ausführungen zu dem für ihn typischen Satz: ‚Wenn wir uns die Frage vorlegen, was heute in der Welt vorgeht, so müssen wir unsere Gedanken zurückwenden in die Zeit, wo...‘ Das war im allgemeinen das Zeichen dafür, daß er die Versammlung bereits unter seiner Kontrolle wußte und daß er nun darangehen konnte, seine Argumente vor den Hörern gleichsam wie eine Pyramide aufzubauen. Dabei waren seine Gesten, die mich bereits am ersten Abend so beeindruckt hatten, nicht weniger variabel und ausdrucksstark als seine Argumente; während andere Redner sich in starren, unlebendigen Bewegungen erschöpften oder mit ihren Händen und Armen überhaupt nichts anzufangen wußten, waren seine Gesten Bestandteile seiner Darlegungen. Dabei vergaß er auch nicht, daß selbst eine noch so lebendig vorgetragene Darlegung durch ein und denselben Redner auf die Dauer doch irgendwie langweilt und die Gedanken der Zuhörer abirren läßt. Diese Wirkungseinbuße umging Hitler dadurch, daß er gelegentlich mit schauspielerischer Meisterschaft in die Gestalt eines Gegners schlüpfte, den er dann mit treffend gesetzten Argumenten eindeckte, um ihn in Fortführung seiner ursprünglichen Gedankengänge schließlich völlig zu erledigen.

War Hitler mit der Ausarbeitung einer Rede beschäftigt, so duldete er niemand in seiner Nähe und notierte in ungefähr vier bis sechs Stunden auf rund einem Dutzend Bogen die Stichworte und Argumente, mit denen er seinen Ausführungen besondere Schwerpunkte zu geben suchte. Später allerdings diktierte er seine Rede in der Regel in die Maschine.

Wenn dann die Stunde der Versammlung näherrückte, wanderte er in seinem Zimmer umher und rekapitulierte das Thema in seinen verschiedenen Aspekten, wobei er immer wieder durch Telefonanrufe unterbrochen wurde, mit denen Christian Weber, Amann oder Hermann Esser ihn über die Situation im Versammlungslokal unterrichteten.

Auf diese Weise konnte er sich bereits vor seinem Auftritt ein Bild von der Stärke der Zuhörerschaft, ihrer Stimmung sowie der möglichen Anwesenheit einer organisierten Opposition machen – Einzelheiten, die er sofort mit entsprechenden Anweisungen für zwischenzeitlich zu treffende Maßnahmen beantwortete.

Etwa eine halbe Stunde nach dem angesetzten Versammlungsbeginn ließ er sich dann Mantel, Hut und Peitsche reichen und begab sich, gedeckt von seinen Begleitern, zu seinem Wagen, um ins Versammlungslokal zu fahren. Wenn er seinen Platz am Rednerpult eingenommen hatte, deponierte er seine Notizen zur

Rechten. Sobald er mit einem Bogen fertig war, legte er ihn auf die linke Seite, wobei jedes Blatt für etwa zehn bis fünfzehn Minuten Redezeit reichte.
Hatte er seine Rede in rhapsodischer Steigerung und unter dem wachsenden Beifall seiner Zuhörer zu Ende gebracht, so stand schon die Musikkapelle bereit, um das Deutschlandlied zu intonieren und die Versammlung beim gemeinsamen Gesang so lange im Saal festzuhalten, bis Hitler, nach allen Seiten grüßend, unbelästigt den Raum verlassen hatte. Durch diese geschickte Regie wurde nicht nur jeder Versuch einer Diskussion von vornherein vereitelt, sondern das beeindruckende Bild einer einmütigen Geschlossenheit und Zustimmung der Versammlung zu den Ausführungen des Redners unbedingt gesichert. Hitlers Kommentar hierzu lautete etwa folgendermaßen: ‚Die meisten Redner, Hanfstaengl, machen den Fehler, sich nach Schluß ihrer Darlegungen noch weiter auf der Tribüne herumzudrücken oder für die Mätzchen von Glückwunschbekundungen zu posieren. Das darf nicht sein. So etwas ruiniert die Wirkung jeder Rede. Damit werden nur unnötige Diskussionen herausgefordert, und zum Schluß ist jeder erhoffte Effekt sinn- und zwecklos verpufft.'"[256]

Zu Heinrich Hoffmann soll Hitler gesagt haben: „Ich muß eine Menschenmenge haben, wenn ich spreche. In einer kleinen, intimen Runde weiß ich nie, was ich sagen soll. Ich würde alle enttäuschen."[257]

Hitler war nicht nur ein geschickter Demagoge. Er wollte mehr als die Redner der anderen politischen Parteien. Hitler wollte die Zuhörer nicht nur als seine Wähler, sondern auch als seine Gläubigen gewinnen. Er wußte, wie er den Massen seine Weltanschauung mit den Mitteln der Massenhynose suggerieren konnte. Doch dazu waren auch andere NSDAP-Redner, wenn auch in beschränkterem Maßstab, imstande. Auch Goebbels, Hess, Streicher, Gregor Strasser, Schirach und Ley appellierten an die Gefühle der Massen und befolgten die Regeln des Le Bonschen Manipulations-Ratgebers.

Es war noch ein weiteres Mittel nötig, um die Massen auf eine treue Gefolgschaft einzuschwören: die Aufklärung darüber, daß dem deutschen Volk ein Führer und Erlöser gesandt worden sei~~n~~, der Deutschland in eine goldene Zukunft führen könne.

9. Die andere Wirklichkeit: Der Führerkult

„Die geistigen Menschen waren nicht befriedigt... Ihre Gedanken kamen niemals zur Ruhe... So waren sie schließlich überzeugt, daß die Zeit, in der sie lebten, zu seelischer Unfruchtbarkeit bestimmt sein und nur durch ein besonderes Ereignis oder einen ganz besonderen Menschen davon erlöst werden könne. Auf diese Weise entstand damals unter den sogenannten intellektuellen Menschen die Beliebtheit der Wortgruppe Erlösung. Man war überzeugt, daß es nicht mehr weitergehe, wenn nicht bald ein Messias komme. Das war je nachdem ein Messias der Medizin, der die Heilkunde von den gelehrten Untersuchungen erlösen sollte, während deren die Menschen ohne Hilfe krank werden und sterben; oder ein Messias der Dichtung, der imstande sein sollte, ein Drama zu schreiben, das Millionen Menschen in die Theater reißen und dabei von voraussetzungsloser geistiger Hoheit sein sollte; und außer dieser Überzeugung, daß eigentlich jede einzelne menschliche Tätigkeit nur durch einen besonderen Messias sich selbst wieder zurückgegeben werden könne, gab es natürlich auch noch das einfache und in jeder Weise unzerfaserte Verlangen nach einem Messias der starken Hand für das Ganze."

(Robert Musil: Der Mann ohne Eigenschaften)

Im Jahr 1920 erscheint in Berlin ein Buch von Kurt Hesse mit dem Titel „Der Feldherr Psychologos. Ein Suchen nach dem Führer der deutschen Zukunft." Darin heißt es: „Woher wird er kommen? Niemand weiß es. Vielleicht aus einem Palast. Vielleicht aus einer Hütte. Aber ein jeder wird ihn sofort erkennen und ausrufen: Er ist es, unser Führer! Jeder wird ihm zujubeln, jeder wird ihm gehorchen. Warum? Weil seine Person eine außergewöhnliche Kraft ausstrahlen wird... Er allein weiß, was die Seelen wirklich sind; er spielt auf ihnen wie auf den Saiten eines Klaviers."[258]

Ein Jahr später schreibt die Münchener Zeitschrift „Heimatland": „Hier brächte nur noch eines die Rettung: Ein Diktator, ein Kaiser mit eisernem Sinn und eiserner Faust, der diesen ganzen Kehrricht und Schwindel von Demokratie, Korruption, Verluderung und Verlotterung in Freiheit, Schönheit und Würde fortfegen würde, müßte dem deutschen Volke erstehen. Und daß dieser Kaiser aus dem Kyffhäuser der Zukunft kommt, das ist unser Glaube, das ist unsere sehnsüchtige Hoffnung, die uns die verkommene Niedrigkeit und die schauerliche Erbärmlichkeit unserer gegenwärtigen Zustände leichter ertragen läßt."[259]

Vom Trommler zum Führer

Die Sehnsucht nach dem politischen Messias ist stark in jenen Jahren nach 1918, und die Nationalsozialisten haben von Anfang an auf diese Sehnsucht (sowie auf andere irrationale Wünsche der Deutschen) gebaut. Allerdings tritt Hitler nicht als dieser Messias seinen politischen Aufstieg an. Er versteht sich zunächst durchaus nur als „Trommler" der Bewegung. Es gibt drei Untersuchungen, die die Entwicklung Hitlers vom Trommler zum Führer genau herausgearbeitet haben. Es sind: Ian Kershaws „Der Hitler-Mythos"[260], Wolfgang Horns „Führerideologie und Parteiorganisation in der NSDAP"[261] und vor allem Albrecht Tyrells „Vom ‚Trommler' zum ‚Führer'"[262].
Hitler ist demnach in den 20er Jahren – besonders nach der bereits geschilderten Übernahme des Parteivorsitzes – in seine Rolle des Führers gehoben worden und in seiner Selbsteinschätzung hineingewachsen.
Noch 1921 hat er in einem Interview mit der „Deutschen Zeitung" erklärt, daß er „nicht der Führer und Staatsmann sei, der das im Chaos versinkende Vaterland zu retten vermöge. Er sei wohl der Agitator, der Massen zu sammeln verstehe. Aber er sei nicht der Baumeister… Er brauche den größeren hinter sich, an dessen Befehle er sich anlehnen dürfe." Auch 1923 bezeichnet er sich wiederholt als Wegbereiter und Künder: „Wir sind ja alle ganz kleine Johannes-Naturen. Ich warte auf den Christus!"[263]

Der Herbst des Jahres 1923 gilt als der eigentliche Wendepunkt in Hitlers Karriere. Im Oktober trifft er den Schwiegersohn seines von ihm verehrten Meisters Richard Wagner, Houston Stewart Chamberlain. Fest hat mit Recht darauf hingewiesen, daß dieser Besuch bei dem berühmten Denker nicht hoch genug eingeschätzt werden kann, da Hitler hier zum ersten Mal von einer wichtigen Persönlichkeit als der neue Führer Deutschlands gesehen wird.[264]
„Daß Deutschland in der Stunde seiner höchsten Not einen Hitler gebiert, das bezeugt sein Lebendigsein", schreibt Chamberlain dem damals noch provinziellen Parteiführer.[265]

Im Bürgerbräuputsch vom November reißt Hitler die Initiative an sich, benutzt den Prozeß nach dem Scheitern des Putsches zu einer flammenden Rede auf die Wiederauferstehung des deutschen Volkes durch einen Diktator[266] und wird danach vom „Völkischen Beobachter" zum „Held von München" stilisiert.[267]
Wie bereits erwähnt, erhält Hitler während seiner Landsberger Haftzeit Pakete, Briefe und Besuche aus ganz Deutschland.

Daß Landsberg die eigentliche Wendemarke bedeutet, gibt Hitler selbst zu. In dem Tischgespräch in der Nacht vom 3. auf 4. Februar 1942 sagt er, er habe während der Haftzeit „jenes Maß an Selbstvertrauen, Optimismus und Glauben" gewonnen, „das schlechterdings sich durch nichts mehr erschüttern läßt."[268] Am 24. Mai 1942 erklärt er, er habe seinerzeit erst begonnen, „als alle anderen, die viel mehr zur Führung berufen schienen, versagten."[269]

Ich bin bereits früher auf die Bedeutung der Landsberger Haftzeit für die Entwicklung der Weltanschauung Hitlers eingegangen. Landsberg war jedoch für Hitler auch im Hinblick auf seinen „Sendungsglauben" wichtig. Vielleicht hat sich Hitler beim Verfassen seines Buches nicht nur an die bereits erwähnten Textstellen Le Bons und Roßbachs gehalten, sondern auch an Le Bons 4. Kapitel seines

Werks „Psychologie der Massen“, das den Titel trägt: „Die religiösen Formen der kollektiven Überzeugung“. Darin heißt es:

„Wir haben dargetan, daß die Massen nicht logisch schließen, daß sie vielmehr Ideen als Ganzes annehmen oder verwerten, weder Diskussion noch Widerspruch dulden, und daß die auf sie einwirkenden Suggestionen die Spähre ihres Verständnisses völlig in Anspruch nehmen und sogleich in Handlungen sich umzusetzen bestreben. Wir haben gezeigt, daß die gehörig suggestionierten Massen bereit sind, sich für das ihnen suggerierte Ideal zu opfern. Wir sahen auch, daß sie nur heftige und extreme Gefühlsausdrücke kennen, daß bei ihnen die Sympathie rasch zur Anbetung wird und daß sie sich, kaum entstanden, in Haß verwandelt. Diese allgemeinen Angaben lassen uns schon die Art ihrer Überzeugung ahnen.

Die nähere Untersuchung der Überzeugung der Masse ergibt, daß diese Überzeugungen stets eine besondere Form annehmen, die ich nicht besser zu bestimmen vermag, als durch den Namen des religiösen Gefühls.

Dieses Gefühl besitzt sehr einfache Merkmale: Anbetung eines vermeintlichen höheren Wesens, Furcht vor der ihm zugeschriebenen magischen Gewalt, blinde Ergebung unter dessen Befehle, Unfähigkeit zur Diskussion über dessen Dogmen, Streben nach deren Verbreitung, Tendenz, jene als Feinde zu betrachten, die sie nicht annehmen. Ein solches Gefühl mag sich auf einen unsichtbaren Gott, auf ein steinernes oder hölzernes Idol, auf einen Helden oder auf eine politische Idee richten, sobald es die angeführten Merkmale aufweist, ist es religiösen Charakters. Das Übernatürliche und das Wunderbare finden sich hier in gleichem Maße. Die Massen bekleiden unbewußt die politische Formel oder den siegreichen Anführer, der sie für den Augenblick zur Schwärmerei verführt, mit mystischer Gewalt.

Nicht bloß, wenn man eine Gottheit verehrt, ist man religiös, sondern auch dann, wenn man alle Kräfte des Geistes, alle Willensergebung, alle Gluten des Fanatismus dem Dienste einer Kraft oder eines Wesens weiht, welches zum Ziel und Führer der Gedanken und Handlungen wird.

Zum religiösen Gefühle gehören notwendig Intoleranz und Fanatis-

mus. Sie sind unausbleiblich bei jenen, welche sich im Besitze des Geheimnisses des irdischen oder himmlischen Glücks glauben.
Diese beiden Züge finden sich bei allen zu Gruppen vereinigten Menschen, wenn irgendein Glaube sie erhebt...
Die Überzeugung der Massen nehmen die dem religiösen Gefühle eigenen Eigenschaften der blinden Ergebenheit, der grausamen Intoleranz und des Bedürfnisses nach gewaltsamer Propaganda an; daher kann man sagen, alle ihre Glaubensinhalte haben eine religiöse Form. Der Held, dem die Masse zujubelt, ist für sie in der Tat ein Gott. Napoleon war es fünfzehn Jahre lang, und nie hat eine Gottheit eifrigere Anbeter gehabt; auch sandte keine die Menschen leichter in den Tod. Die Gottheiten des Heidentums und des Christentums übten niemals eine vollkommenere Herrschaft über die von ihnen gewonnenen Seelen aus.
Alle Stifter eines religiösen oder politischen Glaubens haben diesen nur dadurch begründet, daß sie es verstanden, den Massen jene Gefühle des Fanatismus einzuflößen, welche bewirken, daß der Mensch sein Glück in der Anbetung und im Gehorsam findet und gewillt ist, sein Leben für sein Idol zu lassen. So war es zu allen Zeiten."[270]

Messias und Retter

Als ihm nach seiner Entlassung am 20. Dezember 1924 von der bayerischen Regierung Redeverbot erteilt wird, preist ihn sein Parteiorgan als Märtyrer. In den Ausgaben vom 24. April und 1. bzw. 25. Oktober wird er als der einzige Deutsche bezeichnet, der am Reden gehindert sei, und auch als der einzige, der imstande sei, die „Judenrepublik" zu überwinden.[271]

Diese Aussage ist keineswegs bloße Propaganda, sie entspricht auch Hitlers neuem Selbstverständnis. Dem deutschböhmischen NSDAP-Mitglied Kugler vertraut er am 29. Juli 1924, also noch während seiner Inhaftierung, an: „Ich bin bei der Ausarbeitung meines Buches zur Erkenntnis gekommen, daß in Hinkunft die schärfsten Kampfmittel angewendet werden müssen, um uns erfolgreich durchzusetzen. Ich bin überzeugt, daß nicht nur für unser Volk, sondern für alle Völker dies eine Lebensfrage ist. Denn Juda ist die Weltpest."[272]

Jetzt taucht bereits die Gleichsetzung Führer = Erlöser auf. Die NSDAP-Ortsgruppe München-Neuhausen führt zum Beispiel an Weihnachten 1925 ein Laienspiel mit dem Titel „Erlösung" auf. Der „Völkische Beobachter" vom 23. Dezember 1925 berichtet:
„Germania, Bavaria, Deutscher Michel, Deutsche Sage, Märchen und Deutsches Lied behandeln im Zwiegespräch die Not und Knechtschaft und deren Ursachen der heutigen Tage... Der aufgehende Stern in der Weihnachtsnacht deutete auf den Erlöser... der sich nun teilende Vorhang zeigt den neuen Erlöser, den Erretter des deutschen Volkes aus Schande und Not – unseren Führer Adolf Hitler."[273]

Rudolf Hess, Joseph Goebbels (im Rheinland und dann in Berlin) und Gregor Strasser bauen den Hitler-Mythos noch weiter aus. Strasser schreibt in der Zeitschrift „Der Nationale Sozialist für Sachsen" (Nr. 1/2 vom 9. Januar 1927):
„Wie könnte ein Nationalsozialist dies neue Jahr anders einleiten, als mit einem Heilgruß an den verehrten Führer, mit einem Hitlergruß, der neben der persönlichen Anhänglichkeit, die jeden Versuch einer Trübung ausschließt, auch das treue Gelöbnis in sich birgt: wie im vergangenen Jahr so auch im neuen Jahr Herz und Hand für den Kampf des nationalen Sozialismus einzusetzen. Denn dies ist das große Geheimnis unserer Bewegung: Die innerliche Hingabe an die Idee des Nationalsozialismus, der glühende Glaube an die sieghafte Kraft dieser Befreiungs-, dieser Erlösungslehre, verbindet sich mit einer tiefen Liebe zu der Person unseres Führers, der der leuchtende Herzog ist der neuen Freiheitskämpfer. Dies auch ist die ungeheure Überlegenheit, die die N.S.D.A.P. als Kampfinstrument gegenüber allen anderen Formationen hat, die triebmäßig das gleiche Ziel der Freiheit Deutschlands und der Wiedergeburt des deut-

schen Volkes verfolgen, daß wir den überragenden Führer haben, der nicht nur die oberste Befehlsgewalt inne hat, sondern als viel stärkere Bindemacht die Liebe seiner Gefolgsmannen.
Herzog – und Gefolgsmann! In diesem urdeutschen, nur dem deutschen Wesen und dem deutschen Geist ganz verständlichen, ebenso aristokratischen wie demokratischen Verhältnis von Führer zu Gefährten liegt die Wesenheit des Aufbaues der N.S.D.A.P. beschlossen, liegt die Durchschlagskraft dieser Kampfmacht begründet und das Wissen um den Sieg!
Heil Hitler! So ist unser erster Gruß im neuen Jahr, wie es der letzte im alten war: Heil Hitler! In diesem Gruß liegt der Stolz über die Erfolge des vergangenen Jahres, das in allen Gauen unseres heißgeliebten Vaterlandes ein mächtiges unaufhaltsames Voranschreiten der nationalsozialistischen Gedankenwelt sah! In tausenden von öffentlichen Sprechabenden, in vielen hunderten von Versammlungen wurde die Idee des nationalen Sozialismus, wurde der Name Adolf Hitler unter die Massen des deutschen Volkes geworfen und ein Aufhorchen ging durch die Reihen dieses versklavten, ausgebeuteten, unterernährten Volkes. Ein Aufhorchen auf diesen glühenden Willen zum Kampf, zum Kampf für die Erhaltung des deutschen Volkes, zum Kampf für die Freiheit dieses Volkes, die innere und äußere Freiheit – denn die eine ist wertlos und unmöglich ohne die andere –, ein Aufhorchen auf diesen metallenen Ton, der mit brutaler Härte die Dinge beim Namen nennt und diesen Dingen Kampf ansagt, schonungslosen Kampf bis zur Vernichtung!...
Freunde, ein neues Jahr liegt vor uns. Reichen wir uns die Hände im stillen Gelöbnis, in diesem Jahr mit verdoppelter und verdreifachter Wucht – jeder an seiner Stelle – für den Sieg des nationalen Sozialismus, das ist für die innere und äußere Befreiung des deutschen Volkes, zu kämpfen ohne Ermattung, ohne Wanken, in selbstloser Hingabe und treuer Kameradschaft – und dann, Freunde, erhebt den rechten Arm und ruft mit mir stolz, kampffroh und treu bis in den Tod ‚Heil Hitler'."[274]

Der nächste Schritt zu Hitlers Vergötterung ist der von Hitler selbst geforderte Anspruch auf politische Unfehlbarkeit, den er Ende Juni 1930 anläßlich einer Führertagung verkündet: „Ich hoffe, daß sich die Welt daran so schnell und widerspruchslos gewöhnt wie sie sich an den Ausspruch des Heiligen Vaters gewöhnt hat."[275] Aus dieser Allmachtsvorstellung heraus kann Hitler 1931 sagen, es sei „nicht die Idee, die uns den Sieg gibt". Denn „Ideen gab es immer", der Garant des politischen Erfolges jedoch liege allein in der „Kraft der Persönlichkeit"[276]. Schon wenige Tage vor dieser Aussage, am 11. April 1931, tritt Hitler Kritikern entgegen: „Und weil ich nun euer Führer bin, nicht etwa als Syndikus gewählt oder angestellt, nicht von euch ausgesucht und durch Majoritätsbestimmungen eingesetzt, sondern weil ich euer Führer bin kraft meiner eigenen Arbeit, dulde ich es auch nicht, daß irgendeiner diese Bewegung schädigt."[277]

Ende 1932 hofft Reichskanzler Schleicher auf die „Mitarbeit der Nazi unter (Gregor) Strasser mit Messiassegen" Hitlers.[278]

Nach der „Machtergreifung" 1933 wird Hitlers Nimbus noch entrückter. Ich komme in einer anderen Arbeit darauf zu sprechen, möchte an dieser Stelle jedoch einige Zitate zur Veranschaulichung dieser Tendenzen anführen.

„Adolf Hitler! Wir sind Dir allein verbunden!" sagt der Reichsorganisationsleiter der Deutschen Arbeitsfront, Robert Ley, in einer Rede. „Wir glauben, daß der Nationalsozialismus der allein seligmachende Glaube für unser Volk ist... Und wir glauben, daß dieser Herrgott uns Adolf Hitler gesandt hat..." An anderer Stelle heißt es bei Ley: „Warum liebt der deutsche Mensch Adolf Hitler?... Der Führer nimmt ihm seine Sorgen ab und gibt ihm Kraft."[279]

Im Band VIII des „Handwörterbuches der deutschen Rechtswissenschaft" aus dem Jahr 1937 wird „Das Staatsoberhaupt im Dritten Reich" definiert: „Der Führer ist zugleich Führer der Volksgemeinschaft. Diese wird durch ihn verkörpert. Der Führer gestaltet ihren Willen... Der Führer ist Gestalter, Erhalter und Verkörperer der Volksgemeinschaft. Er ist ihr zentrales Willensorgan." An anderer Stelle heißt es im Handwörterbuch: „Was der Führer von Gemeinschafts wegen als richtig oder umgekehrt als sittenwidrig und daher als Recht und Unrecht bezeichnet, das ist es, ohne daß es eines formellen Rechts bedarf. Ein derartiges feierliches Zum-Ausdruckbringen des Volksgewissens, insbesondere des Rechtsgewissens des Volkes, läßt sich m. E. am besten als Führerbefehl bezeichnen... das bedeutet aber nicht, daß das Volk den Führer in irgendeiner Form konkret zur Verantwortung ziehen könnte."[280]

Ich habe bereits erwähnt, daß die NS-Propaganda aus Hitler weit mehr machte als nur einen politischen Führer. Auch hierzu einige Beispiele. Heinrich Himmler schreibt über die Rolle Hitlers für Deutschland: „Er entstand uns aus der tiefsten Not, als es mit dem deutschen Volk nicht mehr weiterging, er gehörte zu den großen Lichtgestalten, die dem Germanentum immer dann entstehen, wenn es in tiefste körperliche, geistige und seelische Not gelangt. Goethe war eine solche Gestalt auf dem Geistesgebiet, Bismarck auf dem politischen Sektor, der Führer ist es auf allen Gebieten, dem politischen, kulturellen und militärischen. Er ist dazu von dem Karma des Germanentums der Welt vorbestimmt, den Kampf gegen den Osten zu führen und das Germanentum der Welt zu retten, eine der ganz großen Lichtgestalten hat in ihm ihre Inkarnation gefunden."[281]
Von Himmler gibt es noch eine ganze Reihe weiterer Aussagen über den germanischen Messias Hitler. Himmler hat seine SS auch vollkommen auf Hitler eingeschworen. Die SS-Zeitung „Das Schwarze Korps" schreibt am 30. Januar 1941: „Wenn du unseren Führer siehst, ist es wie ein Traum; du vergißt alles um dich; es ist, als ob Gott zu dir kommt."[282]
Die Verehrung für den „Erlöser" Deutschlands bleibt nicht auf die engere Gefolgschaft Hitlers beschränkt. Zwei Gedichte mögen dies veranschaulichen: „Der Retter" von Auguste Supper und „Stille Nacht" von Fritz von Rabenau.

„Der Retter

Was alle äußeren Feinde nicht erzwungen,
dem Feind im Innern ist es dann gelungen:
er stieß ins tiefste Dunkel deutsches Land;
die letzte Fackel war herabgebrannt.

Da machten Tausende aus Nacht und Not
sich auf den langvergessnen Weg zu Gott.
‚Wenn niemand hilft, hör du und schick den Einen,
den wir ersehnen, den wir ahnend meinen!

Gib diesem Retter, wenn er endlich naht,
die Kraft des Willens und den Mut der Tat!
Nicht durch beschmutzte Macht, durch heilges Recht
erweis er als dein Bote sich und Knecht.

Die Sicherheit schenk ihm, die niemals wankt,
weil er nur dir und sich sein Amt verdankt!
Wahrhaftigkeit und Treue teil ihm zu,
Inmitten schwerster Stürme stolze Ruh!

Die Demut schenk ihm, die vom Dien-Mut kommt
und die nur höchstem Menschenadel frommt,
Den klaren Sinn, der krummen Weg verschmäht,
und streng durchschaut, wo sich die Hohlheit bläht!

Der du das Licht bist, Namenloser du,
teil ihm des Lichtes reichste Fülle zu!
Die Nacht ist allzutief, der matte Schein
Aus unsern Lampen reicht da nicht hinein!‘

So ging der Schrei durchs Dunkel. – Da geschah
das heilige Wunder: plötzlich war er da,
der wie Sankt Georg den Giftwurm niederritt
und uns den neuen deutschen Tag erstritt.

Nun schauen wir, geblendet, doch bereit,
ins Morgenrot von Deutschlands größter Zeit.
Der Retter, der ihr Bahn brach, sei gesegnet!
In seinem Kommen ist uns Gott begegnet.“[283]

„Stille Nacht

Stille Nacht, heilige Nacht,
Alles schläft, einsam wacht
Nur der Kanzler treuer Hut,
Wacht zu Deutschlands Gedeihen gut.
Immer für uns bedacht.

Stille Nacht, heilige Nacht,
Alles schläft, einsam wacht
Adolf Hitler für Deutschlands Geschick,
Führt uns zur Größe, zum Ruhm und zum Glück,
Gibt uns Deutschen die Macht.

Stille Nacht, heilige Nacht,
Alles schläft, einsam wacht
Unser Führer für deutsches Land
Von uns allen die Sorgen er bannt,
Daß die Sonne uns lacht.“[284]

Als Gott, mindestens aber als Christusgestalt, beschreibt Goebbels Hitler noch am 31. Dezember 1944, „Reich“ 1944/53:

„Wenn ich auch weiß, daß er das gar nicht gern mag und nur höchst ungern, zumal in diesem Kriege, in dem Millionen Menschen so Unendliches zu leiden haben, seine äußere Reserve verläßt, um die Öffentlichkeit über das rein Sachliche des Krieges hinaus, das sein ganzes Sein und Wesen bei Tag und Nacht vollkommen erfüllt, mit seiner Person zu beschäftigen, so habe ich doch das Bedürfnis, am Ende dieses Jahres zum deutschen Volk über den Führer zu sprechen. Wenn die Welt wirklich wüßte, was er ihr zu sagen und zu geben hat und wie tief seine Liebe über sein eigenes Volk hinaus der ganzen Menschheit gehört, dann würde sie in dieser Stunde noch Abschied nehmen von ihren falschen Göttern und ihm ihre Huldigung darbringen. Er ist die größte unter den Persönlichkeiten, die heute Geschichte machen; ihnen allen steht er weit voran in der Voraussicht der Dinge, die kommen. Er überragt sie nicht nur an Genie und politischem Instinkt, sondern auch an Wissen, Charakter und Willenskraft. Der Mann, der sich zum Ziel gesetzt hat, sein Volk zu *erlösen* und darüber hinaus das Gesicht eines Kontinents neu zu prägen, ist den Alltagsfreuden und bürgerlichen Bequemlichkeiten des Lebens gänzlich abgewandt, ja mehr noch, sie sind für ihn überhaupt nicht vorhanden. Er verbringt seine Tage und einen großen Teil seiner schlaflosen Nächte im Kreise seiner engeren und engsten Mitarbeiter und steht doch auch unter ihnen in der eisigen Einsamkeit des Genies, das sich über alle und alles triumphierend erhebt. Nie kommt ein Wort der Falschheit oder einer niedrigen Gesinnung über seine Lippen. *Er ist die Wahrheit selbst.* Man braucht nur in seiner Nähe zu weilen, um körperlich zu fühlen, wieviel Kraft er ausstrahlt, wie stark er ist und wieviel Stärke er anderen mitzuteilen weiß. Von ihm geht ein *ununterbrochener Strom von Gläubigkeit* und festem Willen nach dem Großen aus. Es gibt niemanden in seinem weiteren Umkreis, der davon nicht erfaßt würde.“[285]

Goebbels ist nicht der einzige, der so empfindet. Der Journalist Herbert Hahn schreibt noch in der letzten Nummer der Zeitung „Reich“ 1945/16:

„Als stärke das nationale Unglück nur noch seine körperliche, geistige und seelische Widerstandskraft, strahlt er frische Gesundheit aus, trifft er auch nach den unglücklichsten Nachrichten seine Entscheidungen, ruhig und mit verblüffender Sicherheit, verrät er neben den aktuellen Notwendigkeiten die gewohnte Schau ins Weite, ...ist seine Zuversicht und der Glaube an seine Mission und die deutsche Zukunft so stark wie je. Selbst seine täglichen Begleiter und Mitarbeiter empfinden in der schicksalsschweren Gegenwart aufs neue erstaunt und bestärkt die einsam-einmalige Größe des Mannes, der sich stärker erweist als das größte Unglück."[286]

Interessant ist in diesem Sinne ein Sitzungsbericht vom 14. August 1943 über die geplante Religionspolitik nach dem „Endsieg". Die Identifikation Hitlers mit dem Erlöser ist hier ganz eindeutig:

„Vorschlag VI. (nach Bauer) Nach Vornahme einiger Änderungen zur Vorlage an der Führer angenommen.

Sofortige und bedingungslose Abschaffung sämtlicher Religionsbekenntnisse nach dem Endsieg und zwar nicht nur für das Gebiet des Großdeutschen Reiches, sondern auch für sämtliche befreiten, besetzten und annektierten Länder, Protektorate, Gouvernements, etc. mit gleichzeitiger Proklamierung Adolf Hitlers zum neuen Messias. Aus politischen Erwägungen sind von dieser Maßnahme einstweilen der mohammedanische, buddhistische, sowie der Shintoglaube auszunehmen.

Der Führer ist dabei als ein Mittelding zwischen Erlöser und Befreier hinzustellen – jedenfalls aber als Gottgesandter, dem göttliche Ehren zustehen. Die vorhandenen Kirchen, Kapellen, Tempel und Kultstätten der verschiedenen Religionsbekenntnisse sind in ‚Adolf Hitler Weihestätten' umzuwandeln.

Ebenso haben sich die theologischen Fakultäten der Universitäten auf den neuen Glauben umzustellen und besonderes Gewicht auf die Ausbildung von Missionaren und Wanderpredigern zu legen, die sowohl im Großdeutschen Reich, als auch in der übrigen Welt die Lehre zu verkünden und Glaubensgemeinschaften zu bilden haben, die als Organisationszentren zur weiteren Ausbreitung dienen sollen. (Damit fallen auch die Schwierigkeiten bei der geplanten Aufhebung der Monogamie weg – kann doch Polygamie ohne weiteres als Glaubenssatz in die neue Lehre eingebaut werden.)

Als Vorbild des Gottgesandten möge die Figur des Gralsritters Lohengrin dienen, die keltisch-germanischer Phantasie ent-

sprungen bereits ein gewisses traditionelles Ansehen genießt. (Ähnlich wie die Sagengestalt des Wilhelm Tells in der Schweiz seit langem zu einem Symbol geworden ist.)
Durch entsprechende Propaganda müßte die Herkunft des Führers noch mehr als bisher verschleiert werden, so wie auch sein künftiger Abgang einmal spurlos und in vollständiges Dunkel zu erfolgen hätte. (Rückkehr in die Gralsburg)

Der erste brauchbare Entwurf!
Zur Bearbeitung an Dr. Göbbels.
Adolf Hitler"[287]

Der handschriftliche Vermerk Hitlers zeigt, Hitler hielt diesen Entwurf für brauchbar. Glaubt Hitler also selbst, der Erlöser zu sein? Glaubt er an seine göttliche Mission?

Die göttliche Mission

Die Propaganda, die Hitler zum Erlöser hochstilisiert, ist keine bloße Werbestrategie, ist nicht kalte Berechnung. Die Propaganda der Goebbels, Hess, Streicher und Strasser gibt wieder, was Hitler selbst von sich glaubt. Wir werden im Verlauf dieser Untersuchung sehen, daß Hitler tatsächlich Jesus Christus als seinen Vorläufer sieht.

In einer Rede am 21. April 1921 in Rosenheim sagt er bereits: „Wir (die NSDAP, Anm. d. Verf.) sind zwar klein, aber einst stand auch ein Mann auf in Galiläa, und heute beherrscht seine Lehre die ganze Welt."[288]
Diese Aussage bedeutet freilich nicht, daß Hitler gläubiger Christ war, wenn er auch nie aus der katholischen Kirche austrat (Goebbels und Himmler sind ebenfalls bis zum Ende Katholiken geblieben). Er sieht vielmehr im Christentum eine Bewegung, deren hierarchische Struktur ihm imponiert.[289] Christus ist für ihn, wie ich bereits oben in Hitlers Frühschrift „Der Bolschewismus von Moses bis Lenin" gezeigt habe,

Arier, dessen Werk er fortführe. „Wenn ich nach Berlin komme, dann wird es so sein wie damals, als Christus in den Tempel kam und die Wechsler davonjagte."[290]

In „Mein Kampf" beschreibt er diese Mission zunächst noch vorsichtig: „Jede Tat großen Stils auf dieser Erde wird im allgemeinen die Erfüllung eines in Millionen Menschen schon längst vorhanden gewesenen Wunsches, einer im stillen von vielen gehegten Sehnsucht sein… So mag es sein, daß Hunderte, unzufrieden mit der Gestaltung ihres religiösen Lebens, sich nach einer Erneuerung sehnen, und daß aus diesem seelischen Drange heraus Dutzende und mehr Männer erstehen, die sich auf Grund ihrer Einsichten und ihres Wissens zur Lösung dieser religiösen Not berufen glauben, um als Propheten einer neuen Lehre oder wenigstens als Kämpfer gegen die bestehende in Erscheinung treten. Sicher wird auch hier, kraft natürlicher Ordnung, der Stärkste dazu bestimmt sein, die große Mission zu erfüllen: allein die Erkenntnis, daß eben dieser eine der ausschließlich Berufene ist, pflegt den anderen meistens erst sehr spät zu kommen."[291]

Daß er, Hitler, dieser Berufene sei, daran läßt er später keinen Zweifel mehr. In einer Rede vor dem militärischen Führernachwuchs am 30. Mai 1942 beschreibt er seinen Sendungsglauben (noch) ganz weltlich. Picker hat Hitlers Worte aufgezeichnet:

„In dieser Zeit, meine Kameraden, habe ich auch noch eine andere Überzeugung gewonnen: Man darf *eine schwere Aufgabe, in die das Schicksal einen ersichtlich stellt,* nicht seinen Nachkommen überlassen. Als ich im Jahre 1918 meinen Kampf begann und 1919 beziehungsweise 1920 zum ersten Male in breiteren Kreisen bekannt wurde, wurde mir von bürgerlicher Seite immer wieder ein Satz entgegengehalten: ‚Wir sind auch einverstanden mit Ihren Gedanken. Sie mögen schon recht haben, aber die heutige Generation kann das nicht lösen. Das müssen wir unseren Kindern einmal überlassen. Sie werden das wiedergutmachen. Die heutige Generation kann das nicht.'

Ich habe mich aufgebäumt gegen eine solche feige Vorstellung, daß eine Generation sich freispricht von der Aufgabe die nationalen Aufgaben zu lösen und sie statt dessen kleinen Kindern überträgt, die einmal nachfolgen werden. Ich habe mich aufgebäumt gegen diese Feigheit, künftige Geschlechter verantwortlich zu machen für das, was man nicht selbst tut und zu feige ist, zu tun. *Ich habe mir vorgenommen, alles, was es zu tun gibt, solange ich lebe, auf mich zu nehmen und es auch durchzuführen.*"[292]

Vor den Masssen wagt er bereits viel früher, seine Sendung mystisch zu erklären. So sagt er am 9. November 1934 auf dem Odeonsplatz in München: „Wir wissen, daß wir wohl alle damals (im November 1923, Anm. d. Verf.) *unter dem Befehl des Schicksals** standen und daß wir wohl alle Werkzeuge einer höheren Macht waren."[293] Einen Tag zuvor verkündet er im Münchener Bürgerbräukeller: „Die Bewegung hat damals einen geschichtlichen Befehl erfüllt.[294] „Alle sonstigen halben Mittel sind klein gegenüber der Gewalt dieser Bestimmung, dieser inneren Stimme"[295], ruft er am 13. September vor 100 000 politischen Leitern aus.

Ein Jahr später, wieder beim Appell der politischen Leiter, sagt er: „Ihr habt einst die Stimme eines Mannes vernommen, und sie schlug an Eure Herzen, sie hat Euch geweckt, und Ihr seid dieser Stimme gefolgt, Ihr seid ihr jahrelang nachgegangen, ohne den Träger der Stimme auch nur gesehen zu haben. Ihr habt nur eine Stimme gehört und seid ihr gefolgt... Nicht jeder von Euch sieht mich und nicht jeden von Euch sehe ich. Aber ich fühle Euch und Ihr fühlt mich!"[296]
Wieder ein Jahr später spricht er vor den politischen Leitern (10.9.37): „Es ist nicht der Sinn des Handelns einer Vorsehung gewesen, daß nun vielleicht im letzten Akt das Ergebnis dieses Ringens wieder vergehen soll. Dieser Allmächtige hat uns diesen wunderbaren Weg gehen lassen..."[297]
Am 12. März 1938 beruft sich Hitler ebenfalls auf seine göttliche Mission. Vom Balkon des Linzer Rathauses ruft er seinen

begeisterten Landsleuten zu: „Als ich einst aus dieser Stadt auszog, trug ich in mir genau dasselbe gläubige Bekenntnis, das mich heute erfüllt. Ermessen Sie meine tiefe Ergriffenheit, nach so langen Jahren dieses gläubige Bekenntnis in Erfüllung gebracht zu haben!
Wenn die Vorsehung mich einst aus dieser Stadt heraus zur Führung des Reiches berief, dann muß sie mir damit einen Auftrag erteilt haben, und es kann nur *ein** Auftrag gewesen sein, meine teure Heimat dem Deutschen Reich wiederzugeben! Ich habe an diesen Auftrag geglaubt, habe für ihn gelebt und gekämpft, und ich glaube, ich habe ihn jetzt erfüllt! Ihr alle seid Zeugen und Bürgen dafür."[298]
Sein Jugendfreund Greiner berichtet von einem Gespräch, das er mit Hitler nach der monumentalen „Befreiungskundgebung" am 14. März 1938 in Wien gehabt haben will. Hitler habe ihm erzählt, daß er auf dem Balkon der Neuen Hofburg stehend „ein riesiges Heer aus Walhalla, angeführt von den toten Kaisern, Fürsten und Helden des alten Germanenreiches" gesehen habe. „Im Hintergrund erschaute er Wotans Gestalt, im hellen Glanz und unfaßbarer Größe. In der linken Hand trug er einen Schild aus reinstem Kristall, in der rechten, gegen Osten weisend, ein flammenzüngelndes Schwert."[299]

Das Zauberwort, die magische Formel, die er, der Berufene, seinem Volk geben kann, heißt Glaube. „Wenn einmal in kommenden Jahrhunderten die Geschichtsschreibung, unbeeinflußt vom Für und Wider einer streitenden Zeit, diese Jahre der nationalsozialistischen Neugeburt kritisch überprüfen wird, dann kann sie wohl kaum an der Feststellung vorbeikommen, daß es sich hier um den *wunderbaren Sieg des Glaubens** gegenüber den vermeintlichen Elementen des sachlich Möglichen gehandelt hat."[300] Die Zeitsituation dieser Rede (8. November 1943) läßt freilich auch nahezu keine andere Hoffnung zu als den Glauben.

* Hervorhebungen vom Verfasser

Aber Hitler spricht getreu den Le Bonschen Empfehlungen schon früher von der Kraft des Glaubens (s.o.). Am 20. März 1936 appelliert er an den Glauben des ganzen Volkes:
„Heute nun, mein deutsches Volk, rufe ich dich auf, tritt du mit deinem Glauben hinter mich. Sei du jetzt die Quelle meiner Kraft und meines Glaubens. Vergiß nicht, wer sich selbst auf dieser Welt nicht preisgibt, den wird auch der Allmächtige nicht verlassen! Wer sich selbst hilft, dem wird auch der Allmächtige helfen, dem wird er den Weg weisen zu seinem Recht, zu seiner Freiheit und zu seiner Zukunft… Ich habe dich glauben gelehrt, jetzt gib du mir deinen Glauben!“[301]
Ein paar Wochen später: „Unser Glaube an Deutschland ist unerschütterlich und unser Wille unbändig, und wenn der Wille und Glaube sich so inbrünstig vereinen, dann kann auch der Himmel seine Zustimmung nicht versagen.“[302]
Am 6. Juni 1937 sagt Hitler in Regensburg: „Sie werden es… selbstverständlich finden, daß dieses deutsche Volk nur einen Weg geht, *den die Vorsehung ihm zu gehen geboten hat…* So gehen auch wir mit der tiefsten Gottgläubigkeit in die Zukunft. Wäre das, was wir erreichten, möglich gewesen, wenn die Vorsehung uns nicht geholfen hätte? Ich weiß es, alles Menschenwerk ist schwer und vergänglich, wenn es nicht gesegnet wird von dieser Allmacht. Wenn aber diese Allmacht ein Werk segnet, so wie sie unseres gesegnet hat, dann können Menschen es auch nicht mehr zerstören. Solange die Träger der Bewegung diese Fahne fest in ihren Händen tragen, wird keine Macht der Gegner sie uns jemals entwinden können.“[303]
Und am 27. Juni 1937 in Würzburg auf einer Massenkundgebung: „Gott hat die Völker nicht geschaffen, daß sie sich im Leichtsinn selbst aufgeben, vermantschen (!) und ruinieren, sondern daß sie sich so erhalten, wie Gott sie geschaffen hat! Indem wir für ihre Erhaltung eintreten *in der Form*, wie Gott es gewollt hat, glauben wir, daß wir auch dem Willen des Allmächtigen entsprechend handeln. So schwach wie der einzelne Mensch in seinem Wesen und Handeln am Ende doch ist gegenüber der allmächtigen Vorsehung und ihrem Willen, so

unermeßlich stark wird er in dem Augenblick, in dem er im Sinne dieser Vorsehung handelt. *Dann strömt auf ihn jene Kraft hernieder,* die alle großen Erscheinungen der Welt ausgezeichnet hat. Und wenn ich auf die fünf Jahre, die hinter uns liegen, zurückblicke, dann darf ich doch sagen: Das ist nicht Menschenwerk allein gewesen! Wenn uns nicht die Vorsehung geleitet hätte, würde ich diese schwindelnden Wege oft nicht gefunden haben...; es kann niemand Völker- oder Weltgeschichte machen, wenn er nicht zu seinem Wollen und Können den Segen der Vorsehung hat."[304]

Auch im engeren Kreis hat Hitler von seiner Mission gesprochen. Der ehemalige Gestapo-Chef, Rudolf Diels, erinnert sich an eine Rheinschiffahrt mit Hitler, in der er sich bei diesem über die Pannen in der Verwaltung beklagt. Diels schreibt:
„Hitler hörte sich meine Klagen mit leerem Blick an. Es entstand eine lange Pause. Dann begann er:
‚Was Sie da sagen vom Dualismus von Partei und Staat, von dem Wuchern der Bürokratie und von dem Unfug, den Herr Ley anrichtet, das weiß ich alles; ich weiß auch, daß alles kompliziert wird, was einfach gemacht werden könnte; ich hasse diese Bürokratie wie die Pest; aber – es interessiert mich nicht, es darf mich nicht interessieren. Das kann man alles ändern, das kann auch ein anderer ändern als ich selbst, in zehn Jahren, in fünfzig oder hundert Jahren. Das sind im Grunde genommen nebensächliche Dinge. Sie haben nichts mit meiner Aufgabe zu tun. Ich muß in der Spanne Zeit, die mir bemessen ist, alle Kraft darauf konzentrieren, das, was mir bestimmt ist, zu Ende zu führen. Das ist die Herstellung Großdeutschlands, die Sicherung der Macht des Dritten Reiches. *Diese* Aufgabe kann ich keinem Nachfolger überlassen. Die Deutschen hatten vor mir keinen politischen Führer, der die Brutalität aufbrachte, die die anderen groß gemacht hat. Ich darf keine Gelegenheit versäumen, die sich bietet, um nachzuholen, was seit einigen hundert Jahren versäumt worden ist. Das kann ich keinem anderen überlassen, auch keinem Nachfol-

ger, denn ich werde keinen haben, wie es keinen vor mir gab, der ohne Sentimentalität egoistische deutsche Politik treiben konnte. Nur ich bringe die Brutalität auf, wie die Engländer auf ein Ziel loszugehen. Das mag über Vertragsbrüche und Rechtsverletzungen gehen. Sie werden jetzt schon argwöhnisch. Ich muß sie beschwichtigen, doch es gibt nichts, gar nichts anderes für mich, als jede außenpolitische Chance wahrzunehmen. Mit meinem Ende muß auch das Werk beendet sein, das mir von der Vorsehung, oder wie Sie es nennen wollen, bestimmt ist. Sitte und Recht, gute Verwaltung und Kultur, das sind alles schöne Dinge, die die Deutschen haben sollen; doch verstehen Sie, daß es noch wichtigere Dinge gibt?"[305]

Hitlers ehemaliger Auslandspressechef Ernst Hanfstaengl gibt seine Eindrücke von seinem Parteiführer, dem er in den 20er Jahren sehr nahe stand, wieder:
„Als ein Gralsbote ‚von Beruf' war er davon überzeugt, daß ihn bei allen seinen Bemühungen allein das Wohl der Allgemeinheit leite. Sein Glaube an die eigene Bestimmung ließ ihn keinen Augenblick daran zweifeln, von der Vorsehung für eine Mission berufen zu sein. Danach mußte alles, was nicht seinem Konzept entsprach, schlecht und verwerflich oder gar das Werk eines satanischen Gegenspielers sein."[306]

Als letztes Beispiel für Hitlers göttliche Mission und dem von ihm verordneten Glauben sei seine Rede vom 25. März 1938 in Königsberg angeführt: „Was sich in diesen letzten Wochen abspielte, ist das Ergebnis des Triumphes einer Idee, eines Triumphes des Willens, aber auch eines Triumphes der Beharrlichkeit, der Zähigkeit und vor allem: Es ist das Ergebnis des Wunders des Glaubens; denn nur der Glaube hat diese Berge versetzen können. Ich bin einst im Glauben an das deutsche Volk ausgezogen und habe diesen unermeßlichen Kampf begonnen. Im Glauben an mich sind erst Tausende und dann Hunderttausende und endlich Millionen mir nachgefolgt."[307]

Dieser kurze Abschnitt ist nicht nur ein Musterbeispiel für die Le Bonschen Grundsätze der Vereinfachung, Wiederholung, des Appells an die Gefühle mit Hilfe abstrakter Formeln wie Triumph, Wille, Beharrlichkeit, Zähigkeit, unermeßlicher Kampf und Glauben sowie der Suggestion einer Glaubensgemeinschaft und Gefolgschaft. Diese Rede zeugt auch von Hitlers Überzeugung in seinem heilsgeschichtlichen Auftrag.
Bevor wir die jetzt aufkommende Frage stellen, welcher Glauben es ist, den Hitler predigt oder anders formuliert, welche Religion er verkündet, muß noch erörtert werden, wie Hitlers Gott aussieht.

Der Glaube des Adolf Hitler

Jürgen Eitner hat in seiner bereits zitierten Hitler-Biographie vom Pantheismus Hitlers gesprochen[308] und diese Auffassung vom überall waltenden und sichtbaren Gott mit zwei Zitaten belegt. So habe Hitler im Pantheon in Rom erfühlt: „Gott und die Welt sind eins."[309] Und: „Ich glaube, wer mit offenen Augen in die Natur schaut, wird der frömmste Mensch."[310] Hitler halte nichts von der Kirche, sagt Eitner und er fährt fort: „In seinem dunklen metaphysischen Drang strebt er zum Ursprung des religiösen Erlebens zurück."[311]
Die Begründung für Eitners Feststellung gibt Hitler selbst, wenn er am 24. Oktober 1941 sagt, „die wirkliche Frömmigkeit" sei „dort, wo das tiefste Wissen über die Unzulänglichkeit des Menschen" wohne.[312] Am 8. November 1943 bezeichnet sich Hitler als „tief innerlich religiös".[313]
Worin besteht aber Hitlers Glaube? In einer Geheimrede vor dem „Politischen Führernachwuchs" auf der Ordensburg Sonthofen gibt er am 23. November 1937 eine allgemeine Erklärung ab:
„Wir Nationalsozialisten sind in unserem tiefsten Herzen gottesgläubig. Eine einheitliche *Gottesvorstellung* hat es im Laufe vieler Jahrtausende nicht gegeben. Aber es ist die *allergenialste und erhabenste Ahnung des Menschen*, die ihn am meisten über das Tier heraushebt, nicht nur die Erscheinung außen zu

sehen, sondern immer die Frage des ,Weshalb', des ,Warum', des ,Wodurch' usw. aufzustellen. Und diese ganze Welt, die uns so klar ist in der äußeren Erscheinung, ist uns ebenso unklar in ihrer Bestimmung. Und hier hat sich die Menschheit demütig gebeugt vor der Überzeugung, einem ungeheuren Gewaltigen, einer *Allmacht* gegenüberzustehen, die so unerhört und tief ist, daß wir Menschen sie nicht zu fassen vermögen. Das ist gut! Denn es kann dem Menschen Trost geben in schlechten Zeiten, vermeidet jene Oberflächlichkeit und jenen Eigendünkel, der den *Mensch* zu der Annahme verleitet, er – eine *ganz kleine Bazille auf dieser Erde, in diesem Universum* – würde die Welt beherrschen und er bestimme die *Naturgesetze*, die er höchstens studieren kann. Daher möchten wir, daß *unser Volk demütig* bleibt und *wirklich an einen Gott glaubt*."[314]

Ähnlich hat er sich bereits 1933 gegenüber Rauschning geäußert: „Wir wollen freie Männer, die Gott in sich wissen und spüren."[315] Und in der Nacht vom 20. auf 21. Februar 1942 fügt er hinzu, daß diese Religiosität „pfaffenfeindlich" sein solle.[316] Friedrich Heer hat in seinen beiden grundlegenden Untersuchungen über Hitlers Verhältnis zum Katholizismus[317] darauf hingewiesen, daß der Katholik Hitler in der Kirche als Institution ein Lehrbeispiel für seine nationalsozialistische Glaubensbewegung sieht, den Inhalt der christlichen Lehre jedoch ablehnt und ihm seine Diesseits-Religion entgegenstellt. Eitner kommt sogar zu dem Schluß: „Hitler bewegt sich im Bereich magischer Religiosität: das ,Schicksal', die ,Vorsehung'... lassen sich nicht anbeten, sondern *nur* beschwören. Der magisch-religiöse Hitler lebt in der Frühform des religiösen Menschen."[318] Diese „Frühform" der Religion finden wir in den Opern Wagners und in den Anrufungen bei okkulten-magischen Seancen wieder. So ruft Ortrud im „Lohengrin" nachts ihre heidnischen Götter um Beistand an: „Entweihte Götter, helft nun meiner Rache!" In diesem Zusammenhang erhalten die bereits erwähnten Thesen, Hitler habe den Geist des

Antichrist vor dem Speer des Longinus angerufen, und in den geheimen Sitzungen der Thule-Gesellschaft seien die verstorbenen Thule-Mitglieder beschworen worden, neue Nahrung. Doch wie bereits eingeschränkt, können sie nicht belegt werden.

Maser sagt, wobei er sich auf das Protokoll der „Tischgespräche im Führerhauptquartier" von Henry Picker stützt: „Er (Hitler, Anm. d. Verf.) ist in religiöser Hinsicht ein ständig Suchender, kokettiert mit dem ‚Himmel' des Mohammedanismus, verficht in Anlehnung an die islamischen Mutzaliten (‚die sich Absondernden'),... die – seine Entscheidung legitimierende – Auffassung, daß er bei Fehlern, die ihm unterlaufen, nicht lüge, sondern nur irre, da er lediglich die durch Gottes Fügung bei ihm zustande gekommenen Einsichten und Erkenntnisse umsetze."[319]
Doucet schließt aus dieser Äußerung Hitlers, dieser sei in die Geheimlehre des gnostischen Islam eingeweiht worden.[320] Es gibt indes keinen Beweis für diese Annahme, auch wenn Hitlers Münchener Lehrer Dietrich Eckart ein Kenner des Islam gewesen sein soll. Uns nur auf die beweisbaren Tatsachen beschränkend, können wir jedoch aus dieser Aussage Hitlers den Schluß ziehen, daß Hitlers Gottesbegriff in der Tat jene verschwommen, magisch-religiöse Vorstellung einer Macht ist, die er immer wieder als „Vorsehung" tituliert.

Aus den oben zitierten Aussagen und Kommentaren geht hervor, was Karl Dietrich Bracher in seiner Hitler-Biographie so treffend zusammengefaßt hat:
„Es war vor allem ein raffinierter Ritus der Führerverehrung, der, von der Partei auf das Staatsganze übertragen, seine Wirkung tat. Hitlers Reden, mehr denn alles andere Quellen des Erfolges, wurden zum profanen Gottesdienst der Nation erhoben; der Rundfunk mit der Ausweitung seiner Wirkung über billige ‚Volksempfänger' und kommandierten Gemeinschaftsempfang sorgte für die Allgegenwart des ‚Führers'; betäubende Massenschaustellungen, moderne Werbe-

technik aller Art und eine zynisch kalkulierte Mythisierung des ‚Erlösers aus der Tiefe', der alles weiß, Sorgen und Denken gleichermaßen abnimmt, befriedigten das von der nüchternen Republik so vernachläßigte Bedürfnis nach irrationaler Erhebung und befreiten den Bürger von der Last der Mitverantwortung, die eine Demokratie auferlegt. In einer Reihe von gesteuerten, sachlich völlig bedeutungslosen Plebisziten, die nur vollzogene Tatsachen zu quittieren hatten, ließ sich Hitler die Allmacht bestätigen; die mystische Union von ‚Volk und Führer' schloß jede Kontrolle oder Kritik aus. Nicht auf die Wahrheit der ‚Ideen', sonden auf die fanatische Intensität des Sendungsbewußtseins war diese Herrschaft gegründet."[321]

Fred Weinstein unterstreicht Brachers Schlußfolgerung, wenn er schreibt, entscheidend für die NS-Bewegung seien zwei Faktoren gewesen: der Führerkult und die Weltanschauung.[322] Beide ergänzten einander. Ohne die völlige Zentrierung auf den Erlöser und Messias Hitler wäre die nationalsozialistische Weltanschauung wohl nur eine von vielen politischen Ideologien geblieben. Hitler und seine Propaganda machten daraus eine Religion. Ich habe die geistige Welt in diesem Buch immer als die „andere Wirklichkeit" bezeichnet, die für die sinnlich greifbare Welt das Fundament bildet. Im letzten Kapitel meiner Untersuchung ist diese Unterscheidung nicht mehr möglich. Denn: Die nationalsozialistische Kult-Religion unterscheidet sich ja gerade dadurch von einer bloßen Ideologie, daß sie konkrete Maßnahmen zur Erreichung des irdischen Paradieses (der Arier) für alle Bereiche gesellschaftlichen Lebens einleitet. In einer separaten Arbeit werde ich auf die praktischen Konsequenzen der NS-Religion ausführlich eingehen. Hier, in der Betrachtung der geistigen Grundlagen, müssen wir noch die Frage klären, *was* Hitler predigte.

10. Die übergreifende Wirklichkeit: die Rasse Religion

„Verstehen Sie nun die Tiefe unserer nationalsozialistischen Bewegung? Kann es etwas geben, das größer und umfassender ist? Wer den Nationalsozialismus nur als politische Bewegung versteht, weiß fast nichts von ihm…“[323]
(Hitler zu Hermann Rauschning)

„Das Schreckliche an Hitler war: er lebte seine Ideale, er führte aus, was er predigte.“[324]
(Robert G. L. Waite „The Psychopathic God – Adolf Hitler“)

Die Weltanschauung der Nationalsozialisten setzt sich aus vier Elementen zusammen: Kampf (und Krieg), Lebensraum, Führerprinzip und Rassentheorie verbunden mit der Idee der Volksgemeinschaft. Alle Bestandteile dieser Ideologie bedingen einander, die Rasse ist jedoch der Dreh- und Angelpunkt, der das ganze Konzept über eine politische Theorie hinaus zu einer Diesseits-Religion macht. Ich werde daher den Rassenkult zum Schwerpunkt der letzten Seiten machen. Der Glaube an die Überlegenheit der arischen Rasse und die Minderwertigkeit des Judentums war auch – wie wir noch sehen werden – die Legitimation für alles, was nach 1933 im Namen des deutschen Volkes unternommen wurde.
Ich nenne die Weltanschauung Hitlers und damit der Nationalsozialisten eine Religion. Der Religionsforscher Hans-Joachim Schoeps unterscheidet zwischen persönlicher Religiosität und institutioneller Religion.[325] Religiosität ist demnach eine gefühlsmäßige Gestimmtheit, den Sinn des Lebens und der Welt transzendental (über das Diesseitige hinausgehend) zu deuten. Religion entsteht, wo ein Stifter oder Gründer auftritt, der seine Deutung vom Sinnzusammenhang einer Anzahl von Menschen verkündet und diese an seine Interpretation glauben. Bedingung einer derartigen religiösen Lehre ist, daß sie für alle Bereiche des menschlichen Lebens Gültigkeit besitzt. Alle diese Kriterien sind bei der von Hitler verkündeten Weltanschauung erfüllt. Daher spreche ich von der nationalsozialistischen Reli-

gion. Sie ist keine jenseits gerichtete Glaubensbewegung, sondern sie zielt auf die Erfüllung im Diesseits.

Der Kampf als Vater aller Dinge

„Die Verteilung der Erde ist ein ewig andauernder Kampf." (Hitler am 26.3.1927 in Ansbach).[326] „Für uns ist die Erde ein Spielball, und wir Nationalsozialisten verzichten keinen Augenblick auf den Einsatz unseres Volkes im Spiel der Kräfte dieser Welt. Wir wollen im Konkurrenzkampf dieser Welt bis an das Ende der Tage das deutsche Volk stets mitten im Kampfe sehen." (Hitler am 24.2.1929 im Münchener Hofbräuhaus).[327]

„Derjenige, der leben möchte, sollte darum kämpfen, und derjenige, der in dieser Welt des ewigen Kampfes nicht kämpfen will, verdient nicht am Leben zu sein. Auch wenn das hart wäre: es ist das Gesetz des Lebens. Der Sieg liegt immer im Angriff." (Hitler 1924 in „Mein Kampf").

Immer und immer wieder verkündet Hitler diese Botschaft vom ewigen Kampf, vom Recht des Stärkeren in seinen Reden in den 20er Jahren. Dabei handelt es sich keineswegs nur um ein Schlagwort oder ein Bild, das im Le Bonschen Sinne die Massen gewinnen soll. Kampf ist im Rahmen internationaler Politik Krieg. Frieden und Krieg sind für Hitler die zwei Möglichkeiten staatlicher Existenz. „Man ist entweder ein freier Herr oder ein Sklave. Die letzte Entscheidung liegt im Schwert... Das Schlachtfeld ist die endgültige Probe für die Außenpolitik eines Volkes."[328] Und später: „Eine Kreatur trinkt das Blut der anderen. Der Tod der einen nährt die andere. Man sollte nicht über menschliche Gefühle stolpern... der Kampf geht weiter."[329]

Wortbilder von Kampf und Krieg bestimmen das gesammte öffentliche Leben der NSDAP und nach 1933 ganz Deutschlands. Die „Schlachten" finden an allen Fronten statt: in der Kultur und in der Bevölkerungspolitik ebenso wie in der Lebensmittelerzeugung und Arbeitsplatzbeschaffung. Marsch-

kolonnen und Uniformen, der paramilitärische Heil-Gruß und der Fahnenkult – das alles erzeugt eine bildhafte Integration von Kampf und Krieg ins tägliche Leben. Genau das ist die Absicht Hitlers und seiner NSDAP-Führer von Anfang an gewesen.
„Ich habe nicht diese Wehrmacht aufgebaut", sagt Hitler, „um *nicht* Krieg zu führen. Die Entscheidung Krieg zu führen, war immer in mir."[330] Und: „Der nächste Kampf wird ein reiner Weltanschauungskrieg sein, d.h. bewußt ein Volks- und Rassekrieg sein."[331]

Der Lebensraum im Osten

Wie in vielen anderen Bereichen der nationalsozialistischen Weltanschauung findet auch der Abschnitt Außenpolitik in der Landsberger Haftzeit Hitlers seine entscheidende Ausprägung.
Eberhard Jäckel hat darauf hingewiesen, daß Hitlers außenpolitisches Konzept vor Landsberg, also vor seiner Begegnung mit Professor Karl Haushofer, eindeutig vom Revisionismus geprägt ist.[332] Wie viele seiner Zeitgenossen fordert Hitler bis 1924 die Wiederherstellung der deutschen Vorkriegsgrenzen und damit die Aufhebung des „Schandvertrages von Versailles". Durch die „Geopolitik" Haushofers findet Hitler die zu seiner Rassenthoerie passende außenpolitische Formel vom „Lebensraum im Osten".
In „Mein Kampf" vollzieht er zum ersten Mal deutlich die Ausweitung der Ziele, die er mit Deutschland anstrebt: „Die Forderung nach einer Wiederherstellung der Grenzen von 1914 ist politischer Unsinn... Die Grenzen von 1914 bedeuten überhaupt nichts für die Zukunft der deutschen Nation... Sie würden zu einem neuen Ausbluten unseres Volkskörpers führen... Wir Nationalsozialisten müssen im Gegensatz dazu unerschütterlich an unseren außenpolitischen Zielen festhalten und die sind, der deutschen Nation den Boden und das Territorium zu garantieren, die ihr auf dieser Erde zustehen.
Wir beenden den endlosen deutschen Drang nach dem Süden

und Westen Europas und richten unseren Blick zum Land des Ostens. Wir beenden schließlich auch die Kolonial- und Handelspolitik der Vorkriegsperiode und schreiten fort zur Territorialpolitik der Zukunft. Wenn wir jedoch heute über neuen Boden und neues Territorium in Europa sprechen, können wir in erster Linie nur an Rußland und seine abhängigen Grenzstaaten denken."[333]

Diese Forderung wiederholt Hitler in seinen öffentlichen Reden in den 20er Jahren[334] und in seinem nicht veröffentlichten „Zweiten Buch"[335], das Hitler 1928 verfaßt. So sagt er einmal: „Wenn Nationen in Not sind, dann fragen sie nicht nach gesetzlichen Rechten. Da gibt es dann nur eine Frage. Hat ein Volk die Kraft, den Boden und das Territorium zu erwerben, die es braucht? Jahrhundertelang erschallte der Ruf unserer Ahnen: Gebt uns Raum!"[336]

Die Reaktionen Hitlers nach den ersten erfolgreichen Feldzügen des „Unternehmens Barbarossa" zeigen, daß die Ausbreitung Deutschlands in den „Lebensraum im Osten" tatsächlich sein außenpolitisches Hauptziel war.

Das Führerprinzip

„Es gab und es gibt keinen Nationalsozialismus ohne Hitler. Die beiden sind identisch... alles andere ist schlicht ein Mißverständnis", schreibt Helmut Heiber.[337] Ich bin auf den Führerkult im letzten Kapitel bereits ausführlich eingegangen. Der Kult um Hitler war jedoch nicht nur eine geschickt gesteuerte Propagandakampagne, sie folgte auch dem von Hitler und den Nationalsozialisten angestrebten Neuaufbau der Gesellschaft nach dem sogenannten Führerprinzip.

Erstaunlicherweise sind die Äußerungen führender Nationalsozialisten über das doch immerhin innenpolitisch bedeutsamste Konzept der NS-Weltanschauung spärlich. Auch die Forschungsliteratur hat sich hauptsächlich auf die Beschreibung des obersten Führers beschränkt, wenn es galt, das Führerprinzip als Organisationsstruktur darzustellen.

Die zentrale Aussage Hitlers über das Führerprinzip als Organisationsstruktur finden wir in seiner Geheimrede vor dem „Politischen Führungsnachwuchs" auf der Ordensburg Sonthofen vom 23. November 1937. Er sagt: „Unsere Demokratie (!) baut sich... auf dem Gedanken auf, daß 1. an jeder Stelle ein nicht von unten Gewählter, sondern ein von oben Auserlesener eine Verantwortung zu übernehmen hat, bis zur letzten Stelle hin; 2. daß er unbedingte Autorität nach unten und absolute Verantwortung nach oben hat, zum Unterschied von sonstigen Demokratien, die jeden von unten aussuchen, nach unten verantwortlich sein und nach oben mit Autorität ausgestattet sein lassen, – eine vollkommen wahnsinnige Verkehrung jeder menschlichen Organisation... Wir haben daher hier den Grundsatz des absoluten Gehorsams und der absoluten Autorität." Und Hitler wählt dazu einen Vergleich aus der Bilderwelt, in der er lebt und in die er die Massen zielstrebig hineinmanipuliert hat: „Ebenso wie die Armee – die Waffe – nicht ohne dieses Gesetz der absoluten Autorität jedes einzelnen Vorgesetzten nach unten und seiner absoluten Verantwortung nach oben bestehen kann, kann es auch nicht die politische Führung der Waffe. Denn letzten Endes, was Waffen schaffen, wird politisch verwaltet, und was die politische Verwaltung will, muß die Waffe besorgen. Auch die Volksführung früher, die Kirchen, kannten nur dieses eine Lebensgesetz: blinder Gehorsam und absolute Autorität."[338]

In einem derart hierarchisch aufgebauten Staat ist der oberste Führer zwangsläufig unfehlbar, besitzt er doch die absolute Autorität, kraft derer er blinden Gehorsam erwarten kann. Da Hitler eine Macht anstrebt, die umfassender ist als die jedes absoluten Herrschers oder Diktators, muß er sich auch von ihnen abheben durch den neuen Begriff des „Führers". „Ich habe mich niemals als Diktator meines Volkes gefühlt, sondern nur und immer als sein Führer." (7. März 1936)[339] Und: „Ich bin nicht das Oberhaupt des Staates im Sinne eines Diktators oder eines Monarchen. Ich bin jetzt der Führer des deutschen

Volkes. Ich hätte mir selbst... ganz andere Titel geben können." (8. November 1938).[340]
Hitler und seine Propagandafachleute wissen jedoch ganz genau, daß der Begriff des Führers das Schlagwort ist, das die Sehnsucht der Deutschen nach Führung trifft und verstärkt. Die im Kapitel über den Führerkult zitierten Verehrungs- und Anbetungsbezeugungen geben ein beredtes Zeugnis von den Emotionen, die dieser Begriff auslöst.
Ich habe bereits auf die Konsequenzen des Füherprinzips für die Rechtssprechung hingewiesen. Sie ist nur *ein* Beispiel dafür, daß Hitler nach 1933 zur absoluten Autorität in allen gesellschaftlichen Bereichen wird. Ich habe ferner gezeigt, wie die Massen durch die Propaganda vom von Gott gesandten Führer zu blindem Vertrauen verführt werden. Aber die Manipulation der Bevölkerung in die Richtung einer treuen Gefolgschaft erstreckt sich nicht nur auf Kundgebungen und Reden. Die Einschwörung auf Hitler erfolgt in jeder Lebensphase des Einzelnen. So lernen die Kinder im Kindergarten das Lied:

„Wir lieben unseren Führer
Wir ehren unseren Führer
Wir folgen unserem Führer
bis wir Männer sind;
Wir glauben an unseren Führer
Wir leben für unseren Führer
Wir sterben für unseren Führer
bis wir Helden sind."[341]

Den ersten formalen Eid legen dann die Jungen ab, wenn sie im Alter von zehn Jahren dem „Jungvolk" beitreten:
„In Gegenwart der Blutfahne, die unseren Führer vertritt, schwöre ich, meine ganze Kraft und meine ganze Stärke dem Retter unseres Landes, Adolf Hitler, zu weihen. Ich bin willens und bereit mein Leben für ihn zu geben, so wahr mir Gott helfe. Ein Volk, ein Reich, ein Führer."[342]
Im Alter von 14 Jahren haben die Jungen diesen Eid beim Ein-

tritt in die Hitlerjugend zu erneuern. Der Schwur wird am Geburtstag des Führers geleistet. Er lautet:
„Ich weihe mein Leben Adolf Hitler: ich bin bereit mein Leben für Hitler zu opfern; ich bin bereit für Hitler, meinen Retter, den Führer zu sterben."[343]
In der Wehrmacht verspricht der junge Mann dann noch einmal, sein Leben für den Führer zu geben:
„Ich schwöre bei Gott diesen heiligen Eid, daß ich unbedingten Gehorsam Adolf Hitler, dem Führer des Deutschen Reiches und Volkes, Oberbefehlshaber der Wehrmacht leisten werde, und daß ich bereit sein werde, als tapferer Soldat mein Leben jederzeit für diesen Eid einzusetzen."[344]
Hitler hat zu dieser Bindung des Einzelnen an seine Person eine einfache Erklärung gegeben: „Ich bin das deutsche Volk!"[345]

Und damit meint Hitler: Ich bin das auserwählte Volk. Denn er fühlt sich von Gott gesandt, das auserwählte Volk der Arier in eine goldene Zunkunft zu führen, und diese heißt Weltherrschaft. Der Retter eint das Volk zur Volksgemeinschaft und führt sie seiner höheren, von der Vorsehung beabsichtigten Bestimmung zu. Was ist die von Hitler erkannte Bestimmung des deutschen Volkes? Die Welt arisch zu machen.

Die Rassentheorie

Die nationalsozialistische Ideologie von der Überlegenheit der arischen und der Minderwertigkeit der anderen Rassen war nicht originär. Ich habe in früheren Kapiteln dieser Untersuchung gezeigt, daß der Antisemitismus (wie auch die anderen Konzepte der Nationalsozialisten) durchaus der Zeitstimmung entsprach. Der Rassismus war jedoch von keiner politischen Gruppierung sosehr ins Zentrum ihrer Argumentation gerückt worden. Für Hitler war der Rassismus eine Theorie zur Erklärung der Weltgeschichte und daher die einzig mögliche Richtlinie seiner Politik. Eine spätere Untersuchung kann zeigen, daß Hitler seine politischen und außenpolitischen Maßnahmen vorrangig von seinem Rassismus her ableitete. Folgen wir daher seinem Gedankengut, um uns dieses Fundament der Hitlerschen Religion zu erschließen.

„Es ist ein müßiges Beginnen, zu streiten, welche Rasse oder Rassen die ursprünglichen Träger der menschlichen Kultur waren und damit die wirklichen Begründer dessen, was wir mit dem Worte Menschheit alles umfassen. Einfacher ist es, sich diese Frage für die Gegenwart zu stellen, und hier ergibt sich auch die Antwort leicht und deutlich. Was wir heute an menschlicher Kultur, an Ergebnissen von Kunst, Wissenschaft und Technik vor uns sehen, ist nahezu ausschließliches schöpferisches Produkt des Ariers. Gerade diese Tatsache läßt den nicht unbegründeten Rückschluß zu, daß er allein der Begründer höheren Menschentums überhaupt war, mithin den Urtyp dessen darstellt, was wir unter dem Wort ‚Mensch' verstehen. Er ist der Prometheus der Menschheit, aus dessen lichter Stirn der göttliche Funke des Genius zu allen Zeiten emporsprang, ...und den Menschen so den Weg zum Beherrscher der anderen Wesen dieser Erde emporsteigen ließ."[346]
„Würde man die Menschen in drei Arten einteilen: in Kulturbegründer, Kulturträger und Kulturzerstörer, dann käme als Vertreter der ersten wohl nur der Arier in Frage... von ihm stammen die Fundamente und Mauern aller menschlichen Schöpfungen."[347]
Und da „menschliche Kultur und Zivilisation... unzertrennlich... an das Vorhandensein des Ariers" gebunden sind, ist auch alles, „was nicht gute Rasse ist auf dieser Welt,... Spreu."[348]
„Die Schöpfung ist nicht am Ende. Der Mensch steht biologisch gesehen deutlich an einem Scheidepunkt. Eine neue Menschenspielart beginnt sich abzuzeichnen. Die alte bisherige Gattung Mensch gerät damit unweigerlich in das biologische Stadium der Verkümmerung. Die ganze Schöpferkraft aber wird sich in der neuen Menschenspielart konzentrieren. Die beiden Spielarten werden sich sehr schnell voneinander fort in entge-

gengesetzte Richtung entwickeln. Die eine wird unter die Menschen heruntersinken, die andere wird weit über den heutigen Menschen hinaufsteigen. Gottmensch und Massentier möchte ich die beiden Spielarten nennen... Götter und Tiere, so steht die Welt heute vor uns und wie elementar einfach wird alles."[349]

Bevor jedoch die „Gottmenschen" zur Vorherrschaft gelangen, ist ein „letzter entscheidender Kampf" notwendig: „Sicher aber geht diese Welt einer großen Umwälzung entgegen und es kann nur die eine Frage sein, ob sie zum Heile der arischen Menschheit oder zum Nutzen des Ewigen Juden ausschlägt. Der völkische Staat wird dafür sorgen müssen, durch eine passende Erziehung der Jugend dereinst das für die letzten und größten Entscheidungen auf diesem Erdball reife Geschlecht zu erhalten. Das Volk aber, das diesen Weg zuerst betritt, wird siegen."[350]

Und an anderer Stelle erläutert Hitler: zur Lösung des Problems der Zukunft werde „eine höhere Rasse als Herrenvolk, gestützt auf die Mittel und Möglichkeiten eines gesamten Erdballs berufen sein..." Das deutsche Volk werde einst zum „Herrn der Erde", und der Weltfriede, „gestützt nicht durch die Palmwedel tränenreicher pazifistischer Klageweiber, sondern begründet durch das siegreiche Schwert eines die Welt in den Dienst einer höheren Kultur nehmenden Herrenvolkes", werde Wirklichkeit.[351]

Nach dieser Zukunftsschau erklärt Hitler, wie es zur Vertreibung aus dem Paradies kam und warum die neue Menschenspielart noch nicht verwirklicht ist:

„Die Sünde wider Blut und Rasse ist die Erbsünde dieser Welt und einer sich ihr ergebenden Menschheit... Der Arier gab die Reinheit seines Blutes auf und verlor dafür den Aufenthalt im Paradiese, das er sich selbst geschaffen hatte."[352]

„Das Ergebnis jeder Rassenkreuzung ist... immer folgendes: a.) Niedersenkung des Niveaus der höheren Rasse, b.) körperlicher und geistiger Rückgang und damit der Beginn eines, wenn auch langsam, so doch sicher fortschreitenden Siechtums. Eine solche Entwicklung herbeizuführen, heißt aber denn doch nichts anderes, als Sünde treiben wider den Willen des ewigen Schöpfers. Als Sünde aber wird die Tat auch gelohnt.“[353]

Hitler gibt auch ein Beispiel für diese zu erwartende Strafe Gottes: „...der tiefste und letzte Grund des Unterganges des alten Reiches (lag) im Nichterkennen des Rassenproblems und seiner Bedeutung für die geschichtliche Entwicklung der Völker. Denn alle Geschehnisse im Völkerleben sind nicht Äußerungen des Zufalls, sondern naturgesetzliche Vorgänge des Dranges der Selbsterhaltung und Mehrung von Art und Rasse, auch wenn sich die Menschen des inneren Grundes ihres Handelns nicht bewußt zu werden vermögen.“[354]

Hauptaugenmerk einer zukunftsorientierten Politik ist daher die *Rassereinhaltung*, die *Rassentrennung* und die *Vernichtung minderer Rassen*. Gerade diese konkreten Maßnahmen erwecken den Eindruck eines umfassenden politischen und philosophischen Konzepts, oder wie ich es nennen möchte, einer praktikablen, dieseits gerichteten Religion. Wilfried Daim hat darauf hingewiesen[355], daß die praktischen Konsequenzen aus dem rassistischen Gedankengut des Lanz von Liebenfels von Hitler gezogen wurden. Daim führt als Beweis seiner Theorie folgende Punkte auf:

Maßnahmen zur Rassereinhaltung:

1. Errichtung einer Kultreligion. Es wird Aufgabe einer weiteren Arbeit sein zu zeigen, wie Himmlers SS diesen Auftrag zu erfüllen sucht, und wie in den Ordensburgen der „schöne, sich selbst gebietende Gottmensch als kultisches Bild stehen und die Jugend auf die kommende Stufe der männlichen Reife vorbereitet“ wird.[356]
2. Blondeheprämien. Hitler bewilligt sie während des Krieges in Holland und in Norwegen.
3. Sonderrechte der Arier. Nicht-Arier werden von allen wichtigen gesellschaftlichen Funktionen ausgeschlossen.

4. Aufzucht von Reinrassigen. Die Aktion „Lebensborn" leitet die Zucht von blonden und blauäugigen Ariern ein.
5. Verhütung erbkranken Nachwuchses. Am 17.7.1933 Gesetz.

Maßnahmen zur Rassentrennung:
1. Verbot der Rassenvermischung, Nürnberger Gesetze vom 15.9.1935: „Gesetz zum Schutz des deutschen Volkes und der deutschen Ehre", das „rassische" Mischehen und „außerehelichen Verkehr zwischen Juden und Staatsangehörigen deutschen und artverwandten Blutes" verbietet.
2. Abschaffung der bürgerlichen Rechte für „Minderrassige". „Reichsbürgergesetz" vom 15.9.1935: Verlust der bürgerlichen Gleichberechtigung für Juden.
3. Zwangsarbeit. Darüber wird in einer anderen Arbeit im Zusammenhang mit dem „Generalplan Ost" zu sprechen sein, der die Zwangsarbeit von Slawen vorsieht.
4. Deportation. Bis 1941 besteht der Plan, die europäischen Juden nach Madagaskar zu deportieren, was jedoch im mehreren internationalen Konferenzen in Evian nicht zuwege gebracht wird.
5. Gettoisierung. Unterbringung der Juden und anderer „minderer Rassen" in abgeschlossenen Lagern oder Orten bis 1941.

Maßnahmen zur Vernichtung minderer Rassen:
1. Massenverhaftungen und Erschießungen. In Polen und anderen besetzten Staaten Verhaftung von Polen und Juden durch SS und SD (Sicherheitsdienst), in Rußland durch die sogenannten Einsatzgruppen.
2. Die „Endlösung der Judenfrage". Jäckel hat nachgewiesen, daß im Gefolge des Rußlandfeldzuges erstmalig die Ermordung der Juden erwogen wurde.[357] Am 31.7.1941 beauftragt Göring SS-Obergruppenführer Heydrich mit der biologischen Vernichtung des Judentums. Er greift damit der „Wannsee-Konferenz" vom 20.1.1942 vor, bei der die „Endlösung der Judenfrage" beschlossen und organisatorisch ausgearbeitet

wird. In den polnischen Vernichtungslagern werden dann bis Kriegsende 4 851 200 Juden[358] vergast oder auf andere Weise ermordet.

Ich habe bereits erwähnt, daß die Nationalsozialisten der, für viele, harten Wirklichkeit der Weimarer Republik ihre eigene Bilderwelt, sozusagen eine zweite Wirklichkeit, gegenüberstellten. Ich habe oben die Inhalte dieser zunächst nur geistig vorgestellten Wirklichkeit, also der Weltanschauung, dargelegt. Fassen wir hier noch einmal zusammen:
In einer Welt der komplizierten Verhandlungen um einen Nachlaß der Reparationsforderungen der Alliierten und der Bedrohung der Grenzgebiete im Osten und Westen bietet die NS-Weltanschauung ein einfaches Mittel an: Kampf um die Vorherrschaft in Europa. Anstelle außenpolitischer Ohnmacht entwirft Hitler das Bild von der Gewinnung deutschen „Lebensraums im Osten". Dem noch nicht geübten Umgang mit demokratischen Herrschaftsformen, mit ihren parlamentarischen Mehrheiten und Koalitionsverhandlungen, stellt er das klar gegliederte Führerprinzip gegenüber. Statt Wahlen und wechselnden Regierungen fordert er eine autoritäre, nicht abwählbare Reichsführung, wie es der langen geschichtlichen Tradition in Deutschland entspricht.
Und all dies, so trommelt Hitler auf die Massen ein, sei notwendig, um das deutsche Volk gegen den bevorstehenden Endkampf gegen das Judentum zu rüsten. Nur nach diesem Endsieg, der alle Juden aus Europa entfernt sehen werde, sei die arische Rasse befreit für ihre Bestimmung: die Beherrschung der Welt.
Die Geschichte und die tagespolitischen Ereignisse werden nach diesem Konzept umgedeutet. Die Ängste der Massen werden geschürt. Die jüdische Weltverschwörung scheint zu ihrem Würgegriff gegen die Arier angesetzt zu haben. Aber es gibt einen, der Deutschland retten kann.
„Wählt Hitler!" rufen die Wahlplakate im Land. Viele haben sich von den Emotionen anstecken lassen und sind dem Ruf gefolgt. Die Konzepte der anderen gaben keine Hoffnung.

11. Meine Wirklichkeit: eine persönliche vorläufige Antwort

„Wie war es diesem sonderbaren kleinen Mann möglich, eine große Nation in einer grausamen, aber immerhin populären Tyrannei gefangen zu halten und einen Kontinent zu erobern?"

Das war die Frage, die ich eingangs dieses Buches mit Robert G. L. Waite stellte. Ich möchte jetzt am Schluß des ersten Teils meiner Untersuchung eine vorläufige Antwort geben.

Zunächst aber eine Bemerkung. Der Schwerpunkt meiner Nachforschungen konzentrierte sich ganz von selbst immer wieder auf die Person Adolf Hitlers. Die Ursache hierfür liegt darin, daß – wie Joachim Fest sagt – „jede Definition dieser Bewegung, dieser Weltanschauung, dieses Phänomens, die nicht den Namen Hitler enthalten würde, das Thema verfehlt habe."[359] Hitler war nach dem übereinstimmenden Urteil der jüngsten Geschichtsforschung der Organisator der Partei, der Schöpfer ihrer Ideologie, der Taktiker der Eroberung der Macht, der rednerische Beweger der Massen, und durch die Kraft seines Charismas, das er allein besaß, die höchste Autorität: Führer, Retter und Erlöser.[360]

Wie war es diesem Mann aus dem Volk möglich, zum unumschränkten Führer dieses Volkes zu werden?

Okkulte Schulung

Ich habe in Hitlers Vergangenheit nachgeforscht und Informationen über die Männer (es gibt mit Ausnahme seiner Mutter keine Frau in Hitlers Leben, die ihn beeinflußt hatte, aber er hatte einige Gönnerinnen[361]) zusammengetragen, die ihm seine politischen und weltanschaulichen Ideen gaben. Ich habe nachgewiesen, daß alle diese Lehrer mit okkult-rassistischen Gesellschaften und Geheimbünden in Verbindung standen.

Diese Lehrer propagierten ihre selbsterdachten Welterklärungstheorien, ein Gemisch aus Antisemitismus und falsch verstandenen germanischen Wertbegriffen, in billig zu erstehenden Pamphleten. Ihre Lehre vom sogenannten völkischen Rassismus hat seine Wurzeln in der Okkultismus-Bewegung, die seit dem Ende Napoleons in Europa Mode ist. Der Rassismus ist eine materialistische und daher einseitige Auslegung der Esoterik bzw. des Okkultismus. Die Esoterik sucht die geistige Ebene der Wirklichkeit zu untersuchen, der Okkultismus beschäftigt sich mit den übersinnlichen Erscheinungen. Die völkischen Rassisten zwingen die Erkenntnisse der beiden oft nicht genau voneinander zu unterscheidenden Richtungen in das Korsett der materiellen, sinnlich erfaßbaren Ebene und machen geistige Energien in Blut und Boden, Rasse und Raum, Kampf und Wille fest.

Es war mir nicht möglich, zu beweisen, daß in den Bünden, deren Mitglieder diese Rassisten waren, schwarzmagische Beschwörungen oder Rituale stattfanden. Der Beleg für diese von vielen okkulten Autoren[362] aufgestellte Behauptung war nicht zu finden. Immerhin habe ich aufzeigen können, daß die Mitglieder der Münchener Thule-Gesellschaft, die Hitler am Anfang seiner politischen Karriere protegierten, einflußreiche gesellschaftliche Positionen innehatten; daß sich ferner ein Großteil der späteren NS-Führer aus Mitgliedern dieses Zirkels rekrutierte; schließlich daß diese Thule-NSDAP-Männer Interesse am Okkultismus hatten.

Hitlers eigenes Interesse am Okkultismus war, wie ich zeigen konnte, über eine anfängliche Neugier wohl nicht hinausgewachsen. Es ist aber nicht auszuschließen, daß Hitlers Religiosität, die ich mit Eitner „magisch" nannte, nicht magische Vorstellungen, sondern auch magische Handlungen wie Pakt und Beschwörung miteinschloß. Aber wiederum: es gibt keinen Beweis für einen Pakt mit dem Geist des Antichrist, wie es Ravenscroft behauptet.

Belegbar ist jedoch, was Hitler unter Religion verstand: den Vollzug der von Gott festgelegten Bestimmung. Er, Hitler, sei dazu berufen, das deutsche Volk über seine Bestimmung als Herrenvolk aufzuklären. Folgerichtig versteht er sich bis 1924 als Trommler für die Wiederauferstehung Deutschlands. Als Trommler war er der Wagnerische Held seiner jugendlichen Träume, der Old Shatterhand, der mit der Macht seines Wortes Freund und Feind zu bannen vermochte.

Massensuggestion

Ich klärte, was Hitlers Worten ihren magischen Bann verlieh. Getreu seinen Lehrern Roßbach und Le Bon folgend entwarf Hitler Wortbilder, mit denen er die Gefühle der Massen ansprach (in dieser Malkunst war er Meister).
Vom Gefühl der Existenzangst, der Niedergeschlagenheit und der Orientierungslosigkeit der deutschen Bevölkerung nach dem Ersten Weltkrieg ist in unzähligen Darstellungen bereits ausführlich gesprochen worden. Hitler hatte diese Gefühle in sich selbst erfahren, aber nie verstandesgemäß verarbeitet. Er konnte sich daher nach Belieben in diese Emotionen fallen lassen und diese dann auf die Masse übertragen. Er wühlte sich selbst und seine Zuhörer solange auf, „bis ich sie soweit habe", wie er selber sagte. Bis er die Massen soweit hatte, daß sie ihre aufgestauten Gefühle frei ließen und mit dieser Energie das Fieber seiner rednerischen Leidenschaft in ihm entfachten. Er suggerierte dann, neue Gefühle der Hoffnung und Zuversicht erzeugend, die Bilder einer glorreichen deutschen Zukunft unter seiner Führung. Hitlers Reden waren in Theorie (Le Bon) gezeigte und in die Praxis (Drittes Reich) umgesetzte Massenhypnose und Massensuggestion.
Was er den Massen suggerierte, wenn er sie in einen rauschhaften Zustand versetzt hatte, war eine einfache Gedankenkette, die Grundlage seiner Religion: Deutschland erwache! Erkenne, daß sich das internationale Judentum gegen dich verschworen hat. Der Endkampf zwischen Juden und Ariern steht bevor. Entfernen wir die Juden, bevor sie uns vernichten.
„Es ist eine sinnlose Banalität", schreibt Le Bon, „wenn man betont, die Massen bedürften einer Religion; denn alle politischen, religiösen und sozialen Glaubensinhalte finden bei ihnen nur Eingang in der religiösen Form, die sie jeder Diskussion enthebt."[363]
Der *Inhalt* der Religion wird jedoch von den Massen nur im aufgepeitschten Zustand ihrer Gefühle akzeptiert. Eine interessante Untersuchung von Theodore Abel[364] beweist, daß über die Hälfte der Parteimitglieder den antisemitischen Inhalt der Hitlerschen Religion im vollbewußten Zustand nicht unterstützten. Der amerikanische Sozio-

loge Abel hat 1934 in Anzeigen um die Lebensgeschichte von Parteimitgliedern nachgefragt. Sechshundert PGs sandten freiwillig ihre Autobiographien. Sechzig Prozent von ihnen erwähnten in ihren Briefen kein Wort über Antisemitismus. Einige distanzierten sich von ihm. „Es beschleunigte meinen Puls“, schreibt einer der Befragten, „vom Vaterland zu hören, von der Einheit und von dem Bedürfnis nach einem höchsten Führer. Ich fühlte, daß ich zu diesen Leuten gehörte. Nur ihre Behauptungen über die Juden konnte ich nicht schlucken. Die verursachten mir Kopfschmerzen, sogar nachdem ich der Partei beigetreten war.“ Die antisemitischen Ressentiments, so zeigt Abels Studie weiter, existierten zu 50 % bei den Angehörigen der Mittelschicht und zu weniger als 30 % bei Bauern und Fabrikarbeitern. Norman Cohen schreibt: „Wenn die Verpflichtung zum Antisemitismus so außergewöhnlich war innerhalb der Partei, wie es diese Untersuchung (Abels, Anm. d. Verf.) nahelegt, dann kann sie in der Masse der Bevölkerung, die sich nicht der Partei anschloß, kaum weitverbreitet gewesen sein.[365]

Führerkult

Aber der Inhalt der NS-Weltanschauung ist nicht das Elementare an der Bewegung (wie Hanfstaengl, Speer, Diels und andere[366] hielten es viele für ausgeschlossen, daß Hitler seine Ankündigung von der Gewinnung von Lebensraum im Osten und der Vernichtung der Juden wörtlich meinen könne). Das Grundlegende am Nationalsozialismus war seine Verführungskraft. Die Nazis zauderten nicht, sondern sie gaben sich entschlossen und scheuten keine Auseinandersetzung. Sie waren ihrem Parteiführer treu ergeben, und dieser riskierte sogar sein Leben (so behauptete es eine irreführende Propaganda), als er die nationalen Kräfte Münchens zu einem Putsch zwingt.

Die Vorgänge vom 8./9. November 1923 erinnern eher an ein Bubenstück als an eine geplante Aktion zur Übernahme der Staatsgewalt. Aber Hitlers Stärke war die Rede. Und so verstand er es vor Gericht, aus dem Laienspielstück eine nationale Befreiungstat zu machen. Er wurde mit einem Mal zum „Held von München“. Nie

zuvor war er so bekannt und so beliebt. In seiner komfortablen Haftzelle in Landsberg mußte er die zahlreichen Besucher abweisen.
Einen empfing er jedoch immer: Karl Haushofer, Professor für Geopolitik an der Münchener Universität. Der ehemalige General erklärte ihm, daß jedes Volk Lebensraum brauche.
Hat Haushofer Hitler auch in östliche Geheimlehren eingeweiht? Es ist nicht beweisbar. Haushofer war längere Zeit in Asien. Ob er dort neben militärischen, politischen und kulturellen Eindrücken auch spirituelle Erfahrungen hatte, geht aus seiner Lebensgeschichte nicht hervor.
Sein Schüler Rudolf Hess, zu dieser Zeit Hitlers Sekretär, ist jedoch von okkulten Wahrheiten überzeugt. Er glaubt, wie so viele seiner Zeitgenossen, daß Deutschland einen Führer und Retter brauche. Dieser ist für ihn ohne Frage Adolf Hitler. Aber wie ist der Glaube an den neuen deutschen Messias den Massen zu vermitteln?
Dazu bedurfte es mehr als einer Fähigkeit zur Massensuggestion. Die Bilder, die Hitler von einer glorreichen Zukunft des deutschen Herrenvolkes entwarf, mußten mit sichtbaren Symbolen im Unterbewußtsein der Bevölkerung verankert werden. Wiederum tauchten hier mit dem Heil-Hitler-Gruß, dem Hakenkreuz, den Fahnen und Uniformen, den Massenaufmärschen und Vereidigungen Elemente der Magie auf. Und wiederum war nicht zu klären, ob deren Einsatz einem magischen Plan entsprang oder „nur" eine Übernahme der Symbole war, die zu dieser Zeit in den okkulten Zirkeln in Wien und München auftauchten. Daß die Nationalsozialisten nicht die Schöpfer dieser Symbole waren, konnte aufgezeigt werden.

Magie?

Es ist nach den in diesem Buch angestellten Nachforschungen klar, daß die Gewinnung der Massen für Hitler und die Nationalsozialisten zunächst den absoluten Vorrang vor allen anderen politischen Zielen und Maßnahmen hatte. Daß die okkult interessierten NSDAP-Führer sich dabei auch magisches Wissen zunutze machten, ist wahrscheinlicher, als daß sie es nicht taten.
Der Beweis dafür kann jedoch erst erbracht werden, wenn wir klä-

ren, wie die Nationalsozialisten ihre okkulten Geistesgrundlagen in die Praxis umsetzten. Gerade weil jeglicher schriftlich überlieferte Hinweis fehlt, ob schwarzmagische Rituale im Spiel waren, müssen wir in den Taten dieser zur Macht gekommenen Okkultisten nach Belegen forschen. Ich habe mir diese Aufgabe in einer weiteren Untersuchung gestellt.
Gerade die Rituale der SS, die Kultfeiern an Feiertagen, die Gestaltung der Reichsparteitage und die Art der Kriegsführung lassen, wie ich zeigen möchte, keinen Zweifel daran, daß die Nationalsozialisten von der Magie gelernt haben. Nach dem Flug des Stellvertreters des Führers, Rudolf Hess, im Mai 1941 nach England, setzt die Gestapo und die SS zur Verfolgung der Okkultisten an. Alle Gruppen werden verboten, ihre Mitglieder verhaftet. Ich werde zeigen, daß diese Aktion eher die frühere Verbindung der NS-Führer mit den okkulten Zirkeln beweist als deren Gegenteil. Die Nationalsozialisten konnten es sich nach der Machtübernahme 1933 nicht mehr leisten, als geistige Ziehkinder der Okkultisten betrachtet zu werden. Bis 1933 waren diese Gruppen als willkommene Stimmungsmacher für das Neue Reich begrüßt worden.
Was geschah mit Hitlers geistigen Vätern?
Guido von List starb bereits 1919. Jörg Lanz von Liebenfels wurde 1933 untersagt, weiter zu veröffentlichen, seine Organisationen ONT und Lumenclub wurden verboten. Rudolf von Sebottendorff war 1933 voller Zuversicht nach München zurückgeeilt und verfaßte eilends das Buch „Bevor Hitler kam“, dessen Verbreitung jedoch verhindert wurde. Sebottendorff wurde nach Istanbul abgeschoben, wo er für Herbert Rittlinger und den deutschen Geheimdienst gearbeitet haben soll. Sein Tod am 9. Mai 1945 ist bis heute ein Rätsel geblieben. Das Gerücht, daß er von zwei Angehörigen des Geheimdienstes ermordet worden sein soll, ist nicht zu belegen, aber auch nicht zu widerlegen.

Machtübernahme

Hitler war es gelungen, die Massen zu mobilisieren. Okkulte Gruppen hatten seinen weltanschaulichen Boden bereitet.

Die Mitglieder der okkulten Thule-Gesellschaft waren seine politischen Steigbügelhalter. Am Okkultismus interessierte Männer bildeten seinen Führerstab. Eine mit magischen Symbolen sich darstellende Partei folgte dem neuen Führer und inszenierte einen pseudoreligiösen Führerkult.
„In allen sozialen Schichten", schreibt Le Bon, „den höchsten wie den niedrigsten, fällt der Mensch, sobald er nicht mehr isoliert ist, bald dem Gesetz eines Führers anheim. Die meisten Menschen, besonders die zur Volksmenge gehörigen, haben außer ihrem Berufskreis von nichts eine klare und richtige Vorstellung. Sie sind nicht imstande, sich selbst zu leiten; so dient ihnen der Führer als Leiter."[367]

Es wäre allerdings falsch, zu behaupten, daß Hitler durch ein Mehrheitsvotum der deutschen Wähler an die Macht gekommen sei. Er erreichte seine Ernennung zum Reichskanzler am 30. Januar 1933, weil er neben seiner Fähigkeit als Demagoge, Organisator, Glaubensgründer und Führer auch die Geschicklichkeit des Taktierers besaß. Er spielte die verschiedensten Gruppen, die ihn unterstützten, und diejenigen, die Vorbehalte gegen ihn hatten oder ihm ablehnend gegenüber standen, gegeneinander aus.
Daß seine Ernennung zum Kanzler der Auftakt war, die Bevölkerung Deutschlands mit der nationalsozialistischen Bilderwelt zu überfluten, wird zu belegen sein. Ein Ausschnitt aus der Reportage der Zeitung „Der Angriff" vom 31. Januar 1933 weist bereits in diese Richtung.

„Was gestern abend in Berlin an Bildern und Erlebnissen in stürmender Fülle auf uns eindrang, das läßt sich an keinem anderen Beispiel ermessen, als an dem ersten Augusttage 1914, als ein ganzes Volk einig wie ein Mann gegen eine Welt von Feinden aufstand und jubelnd seinen Willen und seine Entschlossenheit zum Kampf zum Ausdruck brachte. Der 30. Januar 1933 wurde vom nationalen Berlin unverlöschlich als Tag der nationalen Wiedergeburt des deutschen Volkes in das Buch der Geschichte eingeschrieben.
Wenige Häuser weiter, von den Fenstern der neuen Reichskanzlei

aus, nahm Adolf Hitler mit den Mitgliedern seines Kabinetts den Vorbeimarsch ab. Unermeßlich und in Worten nicht zu fassen der gewaltige Jubel, der aus dem Volksmeer auf der Straße emporstieg und durch Stunden kein Ende mehr nehmen wollte. Da, wie ein gewaltiger Strom ergoß sich die Volksmenge zwischen den braunen und grauen Kolonnen der marschierenden Verbände durch die Straßen.
Hunderttausende von strahlenden Augenpaaren blickten zu den erleuchteten Fenstern in der Wilhelmstraße empor. Zu den Fenstern, hinter denen der Reichspräsident und der neue Kanzler standen, um dieses Treuebekenntnis der Nation dankbar und erschüttert entgegenzunehmen.
Immer wieder Fahnen, immer wieder Märsche, immer wieder Wälder erhobener grüßender Arme, Stunden geht das so. Stundenlang dasselbe Bild, und doch nicht ermüdend, sondern immer weiter anfeuernd, immer errregender. Das Deutschlandlied klingt auf, geht wie eine donnernde Welle mit dem Menschenstrom mit, reißt nicht mehr ab, nimmt kein Ende mehr. ‚Deutschland, Deutschland über alles!...“[368]

BIBLIOGRAPHIE

Vorbemerkung:

Die Bibliographie ist so angelegt, daß sie dem Leser, der zusätzliche Informationen zu den in diesem Buch aufgeworfenen Fragen sucht, weiterhilft. Ich habe aus der Flut von Literatur über den Nationalsozialismus die Quellen aufgeführt, die zumindest Hinweise und Anhaltspunkte dafür liefern, daß die führenden Nationalsozialisten mit okkulten Gruppen in Verbindung standen. Die Literatur ist nach folgenden Schwerpunkten gegliedert: Quellen und zeitgenössische Dokumente (1); Memoiren von Zeitgenossen (2); Allgemeine historische Untersuchungen über den Nationalsozialismus (3); Historische Einzeluntersuchungen (politische Geschichte bis 1933) (4); Einzeluntersuchungen mit linguistischem, psychologischem und philosphischem Schwerpunkt (5); Einzeluntersuchungen mit okkultem Schwerpunkt (6); Einzeluntersuchungen über den Antisemitismus (7).
Die im folgenden genannte Literatur ist in alphabetischer Reihenfolge aufgelistet.

1. Quellen und zeitgenössische Dokumente

Abel, Theodore: Why Hitler came into power. An answer based on the original life stories of six hundred of his follows. New York 1938.

Akten des Reichswehr-Gruppenkommandos 4 im Hauptstaatsarchiv München, Abt. II.

Auf gut deutsch. Wochenzeitschrift für Ordnung und Recht. Hrsg. Dietrich Eckart. Jgg. 1 (1919) - 3 (1921).

Balzli, Johannes: Guido von List: Der Wiederentdecker uralter arischer Weisheit. Leizig und Wien 1917.

Die Beweggründe zur Tat Adolf Hitlers. Flugschriften der völkischen Bewegung. Folge 1, München, 26. Februar 1924.

Blank, R.: Adolf Hitler, ses aspirations, sa politique, sa propagande et les Protocols des Sages des Sion. Paris 1938.

Boepple, Ernst (Hrsg.): Adolf Hitlers Reden. München 1925.

Le Bon, Gustave: Psychologie der Massen. Stuttgart 1951 (ältere Ausgaben 1912, 1919 ff.).

Van den Bruck, Moeller: Das dritte Reich. Hamburg 1931.

Bühner, Karl Hans (Hrsg.): Dem Führer. Gedichte für Adolf Hitler. Stuttgart, Berlin 1939.

Chamberlain, Houston Stewart: Die Grundlagen des 19ten Jahrhunderts. München 1899.

Deuerlein, Ernst: Hitlers Eintritt in die Politik und die Reichswehr (Dokumentation). In: Vierteljahreshefte für Zeitgeschichte 7 (1959).

– (Hrsg.): Der Hitler-Putsch. Bayerische Dokumente zum 8./9. November 1923. Stuttgart 1962.

– (Hrsg.): Der Aufstieg der NSDAP 1919-1933 in Augenzeugenberichten. Düsseldorf 1968.

Domarus, Max (Hrsg.): Hitler: Reden und Proklamtionen 1932-1945. München 1965.

Drexler Anton: Mein politisches Erwachen. Aus einem Tagebuch eines deutschen sozialistischen Arbeiters. München 1919.

Dutch, Oswald: Hitler's 12 Apostles. New York 1940.

Eckart, Dietrich: Der Bolschewismus von Moses bis Lenin. Zwiegespräche zwischen Adolf Hitler und mir. München 1925.

Feder Gottfried: Das Manifest zur Brechung der Zinsknechtschaft des Geldes. Dießen vor München 1919.

– Der deutsche Staat auf nationaler und sozialer Grundlage. Neue Wege in Staat, Finanz und Wirtschaft. München 1923.

– Der Staatsbankrott die Rettung. Dießen vor München 1924.

– Das Programm der NSDAP und seine weltanschaulichen Grundgedanken. München 1927 (= Nationalsozialistische Bibliothek, Heft 1).

– Kampf gegen die Hochfinanz. München 1933.

Fritsch, Theodor: Handbuch der Judenfrage. Eine Zusammenstellung des wichtigsten Materials zur Beurteilung des jüdischen Volkes. Hamburg 28, 1919.

– Die zionistischen Protokolle. Leipzig 1920.

Der Generalplan Ost, Dokumentation. Vierteljahreshefte für Zeitgeschichte, 6.Jg. 5. Heft, Stuttgart Juli 1958.

Hammer. Blätter für deutschen Sinn. (Hrsg. Theodor Fritsch). Leipzig, Jgg. 18 (1919) - 20 (1921).

– Lagebesprechungen im Führerhauptquartier, München 1962.

Heiber, Helmut (Hrsg.): Goebbels-Reden, Bd. 2: 1939-1945. Düsseldorf 1972.

Heilbut, I.: Die öffentlichen Verleumder. Die Protokolle der Weisen von Zion und ihre Anwendung in der heutigen Weltpolitik. Zürich 1937.

Hering, Johannes: Beiträge zur Geschichte der Thule-Gesellschaft. Maschinenschrift vom 21.6.1939, Bundesarchiv Koblenz, NS 26/865.

Hess, Rudolf: Reden. München 1938.

Hesse, Kurt: Der Feldherr Psychologos. Ein Suchen nach dem Führer der deutschen Zukunft. Berlin 1920.

Hitler, Adolf: Mein Kampf. Ungekürzte Ausgabe. München 1934.

Hitlers Zweites Buch – ein Dokument aus dem Jahre 1928. Eingeleitet und kommentiert von Gerhard L. Weinberg. Stuttgart 1961.

Der Hitler-Prozeß vor dem Volksgericht in München. 2 Teile. München 1924.

Jochmann, Werner (Hrsg.): Adolf Hitler – Monologe im Führerhauptquartier 1941-1944. Die Aufzeichnungen Heinrich Heims. Hamburg 1980.

– (Hrsg.): Im Kampf um die Macht. Hitlers Rede vor dem Hamburger Nationalklub von 1919. Frankfurt 1960.

Kallenbach, Hans: Mit Adolf Hitler auf Festung Landsberg. München 1935.

Koerber, Adolf Viktor von (Hrsg.): Adolf Hitler. Sein Leben und seine Reden. München 1923.

Lanz, Jörg (von Liebenfels): Die Theozoologie oder die Kunde von den Sodomsäfflingen und dem Götter-Elektron. Eine Einführung in die älteste und neueste Weltanschauung und eine Rechtfertigung des Fürstentums und des Adels. Wien 1905.

– Grundriß der ariosophischen Geheimlehre. Östrich 1925.

List, Guido von: Die Armanenschaft der Ario-Germanen. Leipzig und Wien 1908.

– Die Armanenschaft der Ario-Germanen. Zweiter Teil. Leizig und Wien 1911.

– Deutsch-Mythologische Landschaftsbilder. Berlin 1891. Zweite Ausgabe in zwei Bänden. Wien 1913.

– Die Religion der Ario-Germanen in ihrer Esoterik und Exoterik. Zürich 1909 oder 1910 (keine klare Angabe).

Lüdecke, Kurt: I knew Hitler. London 1938.

Mann, Klaus: Cowboy Mentor of the Führer. The Living Age. November 1940.

Mend, Hans: Adolf Hitler im Felde 1914-1918. Dießen vor München 1931.

Meyer, Adolf: Mit Adolf Hitler im Bayerischen Reserve-Infanterie-Regiment 16 List. Neustadt/Aisch 1934.

Miltenberg, Weigand von: Adolf Hitler-Wilhelm III. Berlin 1930/31.

Müller, Karl Alexander von: Deutsche Geschichte und Deutscher Charakter. Berlin und Leipzig 1927.

Nolte, Ernst: Eine frühe Quelle zu Hitlers Antisemitismus. In: Historische Zeitschrift 192 (1961).

NSDAP Hauptarchiv. Guide to the Hoover Institution Microfilm Collection. Compiled by Grete Heinz and Agnes F. Peterson (Hoover Institution Bibliographical Series XVII). Standford University, California.

Oechsner, Frederick: This is the Enemy. New York 1942.

Ostara. Erste Serien. Graz 1905. Rodaun 1906-1913. Mödling 1913-1916. Alle Titel in der Wiener Nationalbibliothek.

Phelps, Reginald H.: Hitler als Parteiredner im Jahre 1920 (Dokumentation). In: Vierteljahreshefte für Zeitgeschichte 11 (1963).
– Hitlers ‚grundlegende' Rede über den Antisemitismus (Dokumentation). In: Vierteljahreshefte für Zeitgeschichte 16 (1968).
Picker, Henry: Hitlers Tischgespräche im Führerhauptquartier 1941-1942. Neu herausgegeben von Percy Ernst Schramm. Stuttgart 1965.
Preiß, Heinz (Hrsg.): Adolf Hitler in Franken. Reden aus der Kampfzeit. o.O. o.J. (Nürnberg 1939).
Rauschning, Hermann (Hrsg.): Gespräche mit Hitler. Zürich 1936, 1940.
– Die Revolution des Nihilismus. Zürich 1938.
Röhm, Ernst: Die Geschichte eines Hochverräters. München 1928.
Rosenberg, Alfred: Der deutsche Ordensstaat. Ein neuer Abschnitt in der Entwicklung des nationalsozialistischen Staatsgedankens. München 1934.
– Der Mythus des zwanzigsten Jahrhunderts. München 1934.
– Wesen, Grundsätze und Ziele der NSDAP. München 1922.
– Letzte Aufzeichnungen. Ideale und Idole der nationalsozialistischen Revolution. Göttingen 1955. (posthum).
Roßbach, J. R.: Die Massenseele. Psychologische Betrachtungen über die Entstehung von Volks- (Massen-) Bewegungen (Revolutionen). München 1919.
Sebottendorff, Rudolf von: Bevor Hitler kam. Urkundliches aus der Frühzeit der national-sozialistischen Bewegung. München 1934.
– Der Talisman des Rosenkreuzers (Autobiographischer Roman). Pfullingen 1925.
Schönerer, Georg Ritter von: Zwölf Reden. Horn 1886.
Schott, Georg: Chamberlain der Seher des dritten Reiches. Das Vermächtnis Houston Stewart Chamberlains an das Deutsche Volk. München 1934.
Schwartz-Bostunitch, Gregor: Doktor Steiner – ein Schwindler wie keiner. München 1930
Stein, Alexander: Adolf Hitler, Schüler der ‚Weisen von Zion'. Karlsbad 1936.
Stein, Walter Johannes: Weltgeschichte im Lichte des heiligen Grals. Band 1. Stuttgart 1928.
Streicher, Julius: Kampf dem Weltfeind. Reden aus der Kampfzeit. Nürnberg 1938.
– Ruf zur Tat. Aufsätze aus den Kampfjahren 1920-1922. Nürnberg o.J. (1938).
Tyrell, Albrecht (Hrsg.): Führer befiehl... Selbstzeugnisse aus der „Kampfzeit" der NSDAP. Dokumentation und Analyse. Düsseldorf 1969.

Viereck, Peter: Metapolitics. New York 1941.
Völkischer Beobachter Jgg. 1920-1933. Alle Ausgaben in der Bayerischen Staatsbibliothek in München.
Vogelsang, Thilo: Neue Dokumente zur Geschichte der Reichswehr 1930-33. In: Vierteljahreshefte für Zeitgeschichte 2 (1954).
– Die Reichswehr in Bayern und der Münchener Putsch 1923 (Dokumentation). In: Vierteljahreshefte für Zeitgeschichte 5 (1957).
Ziemer, Gregor: Education for death. New York 1941.

2. Memoiren von Zeitgenossen

Bräutigam, Otto: So hat es sich zugetragen... Ein Leben als Soldat und Diplomat. Würzburg 1968.
Diels, Rudolf: Lucifer ante portas. Zwischen Severing und Heydrich. Zürich o.J., Neuauflage Stuttgart 1970.
Dietrich, Otto: Zwölf Jahre mit Hitler. München 1955.
Greiner, Josef: Das Ende des Hitler-Mythos. Wien 1947.
Hanfstaengl, Ernst: Hitler. The Missing Years. London 1957.
– Zwischen Weißem und Braunem Haus. Memoiren eines politischen Außenseiters. München 1970.
Hedin, Sven: German Diary, Dublin 1951.
– Ohne Auftrag in Berlin, Tübingen 1950.
Hess, Ilse: Gefangener des Friedens. Neue Briefe aus Spandau. Leoni 1955.
Hoffmann, Heinrich: Hitler was my friend. London 1955.
Jung, Carl Gustav: Nach der Katastrophe. In: Aufsätze zur Zeitgeschichte. Zürich 1946.
Kersten, Felix: Totenkopf und Treue. Heinrich Himmler ohne Uniform. Aus den Tagebüchern des finnischen Medizinalrates. Hamburg 1952.
Kubizek, August: Adolf Hitler – Mein Jugendfreund. Graz und Göttingen 1953.
Krause, Karl Wilhelm: Zehn Jahre Kammerdiener bei Hitler. Hamburg 1949.
Krebs Albert: Tendenzen und Gestalten der NSDAP. Erinnerungen an die Frühzeit der Partei. Stuttgart 1959 (=Veröffentlichungen des Instituts für Zeitgeschichte in München. Quellen und Darstellungen zur Zeitgeschichte, Band 6).
Meinecke, Friedrich: Die deutsche Katastrophe, Wiesbaden 1947.
Meißner, Otto: Staatssekretär unter Ebert – Hindenburg – Hitler. Der Schicksalsweg des deutschen Volkes von 1918 bis 1945, wie ich ihn erlebte. Hamburg 1950.

Müller, Alexander von: Mars und Venus. Erinnerungen 1914-1919. Stuttgart 1954.
– Im Wandel einer Welt. Erinnerungen Band III. 1919-1932. München 1966.
Rauschning, Hermann: Gespräche mit Hitler. Zürich/New York 1940.
– Die Revolution des Nihilismus. Zürich/New York 1938.
Speer, Albert: Inside the Third Reich. London 1970.
–The Spandau Diaries. London 1976.
Strasser, Otto: Hitler und ich. Konstanz 1948.
Thyssen, Fritz: I paid Hitler. New York 1941, Neuauflage London 1954.
Toland, John: Adolf Hitler. New York 1976. (Interviews mit 150 Personen, die mit Hitler zu tun hatten).

3. Allgemeine historische Untersuchungen über den Nationalsozialismus

Arendt, Hannah: Elemente und Ursprünge totaler Herrschaft. Frankfurt/Main 1962.
Bracher, Karl Dietrich: Adolf Hitler. Bern, Wien, München 1964.
– Die deutsche Diktatur. Köln 1969.
Bullock, Allan: Hitler. Eine Studie über Tyrannei. Düsseldorf 1969.
Eitner, Hans-Jürgen: Der Führer. Hitlers Persönlichkeit und Charakter. München Wien 1981.
Fabry, Philipp W.: Mutmaßungen über Hitler. Urteile von Zeitgenossen. Düsseldorf 1969.
Fest, Joachim C.: Das Gesicht des Dritten Reiches. Profile einer totalitären Herrschaft. München 1963.
– Hitler. Eine Biographie. Frankfurt am Main Berlin 1973.
Gisevius, Hans Bernd: Adolf Hitler. Versuch einer Deutung. München 1963.
Görlitz, Walter: Adolf Hitler. Berlin 1955.
Grebing, Helga: Der Nationalsozialismus. Ursprung und Wesen. München 1959.
Haffner, Sebastian: Anmerkungen zu Hitler. München 1978.
Heiden, Konrad: Adolf Hitler. Eine Biographie. 2 Bde. Zürich 1936/1937.
Hofer, Werner: Der Nationalsozialismus – Dokumente 1933-45. Frankfurt/Main 1960.
Kelley, Douglas M.: 22 Männer um Hitler. Olten und Bern 1947.
Kinder, Hermann und Hilgemann, Werner: dtv-Atlas zur Weltgeschichte. Karten und chronologischer Abriss. Band II, München 1986.

Laqueur W. und Mosse, G. L.: Internationaler Faschismus 1920-1945. München 1966.
Leiser, Erwin: Mein Kampf. Eine Dokumentation. Frankfurt/Main und Hamburg 1961.
Maser, Werner: Adolf Hitler. Biographie. München 1978.
– Adolf Hitler, Mein Kampf. Der Fahrplan eines Welteroberers. Geschichte – Auszüge – Kommentare. München und Esslingen 1974.
Mosse, George L.: The Crisis of German Ideology. Intellectual origins of the Third Reich. London 1966.
Nolte, Ernst: Der Faschismus in seiner Epoche. Die Action Francaise. Der italienische Faschismus. Der Nationalsozialismus. München 1963.
– Der Faschismus. Von Mussolini bis zu Hitler. München 1968.
Shirer, William L.: Aufstieg und Fall des Dritten Reiches. Band 1. München und Zürich 1963.
Ziegler, H. S.: Wer war Hitler? Tübingen 1970.

4. Historische Einzeluntersuchungen (politische Geschichte bis 1933)

Ackermann, Josef: Heinrich Himmler als Ideologe. Göttingen 1970.
Auer, Johann: Zwei Aufenthalte Hitlers in Wien. In: Vierteljahreshefte für Zeitgeschichte 14 (1966).
Bennecke, Heinrich: Hitler und die SA. München/Wien 1962.
Besser, Joachim: Die Vorgeschichte des Nationalsozialismus in neuem Licht. In: Die Pforte 2, 1950.
Cecil, Robert: The Myth of the Master Race. Alfred Rosenberg and Nazi ideology. London 1972.
Daim, Wilfried: Der Mann, der Hitler die Ideen gab. München 1958.
Deuerlein, Ernst: Der Aufstieg der NSDAP in Augenzeugenberichten. Düsseldorf 1968.
– Hitlers Eintritt in die Politik und die Reichswehr. Stuttgart 1959.
Engelman, Ralph Max: Dietrich Eckart and the Genesis of Nazism. Phil. Diss. Washington University, St. Louis/Missouri 1971.
Fenske, Hans: Konservativismus und Rechtsradikalismus in Bayern nach 1918. Bad Homburg 1969.
Franz-Willing, Georg: Ursprung der Hitlerbewegung 1919-1922. Preussisch Oldendorf 1974.
Gamm, Hans-Jochen: Führung und Verführung. Pädagogik des Nationalsozialismus. München 1964.
Gordon, Harold J.: Hitler and the Beer Hall Putsch. Princeton University, New York 1972.

Gossweiler, Kurt: Kapital, Reichswehr und NSDAP 1919-1924. Köln 1982.
Hallgarten, George W. F.: Hitler, Reichswehr und Industrie. Zur Geschichte der Jahre 1918-1933. Frankfurt/Main 1962.
Horn, Wolfgang: Führerideologie und Parteiorganisation in der NSDAP 1919-1933. Düsseldorf 1972.
Jacobsen, Hans-Adolf: Karl Haushofer. Leben und Werk, 2 Bde. (=Schriften des Bundesarchives 24/1). Boppard 1979.
Jenks, William A.: Vienna and the young Hitler. New York 1960.
Jetzinger, Franz: Hitler's Youth. Westport, Conneticut 1976.
Jones, J. Sydney: Hitlers Weg begann in Wien 1907-1913. Wiesbaden, München 1980.
Kershaw, Ian: Der Hitler-Mythos. München 1980.
Kruck, Alfred: Geschichte des Alldeutschen Verbandes 1890-1939. Wiesbaden 1954.
Krüger, Gabriele: Die Brigade Ehrhardt. Hamburg 1971.
Laack-Michel, Ursula: Albrecht Haushofer und der Nationalsozialismus. Stuttgart 1974.
Lange; Karl: Hitlers unbeachtete Maximen. „Mein Kampf" und die Öffentlichkeit. Stuttgart 1968.
Lohalm, Uwe: Völkischer Radikalismus. Die Geschichte des Deutschvölkischen Schutz- und Trutzbundes 1919-1923. Hamburg 1970.
Manvell, Roger and Fraenkel, Heinrich: Hermann Göring. London, Melbourne, Toronto 1962.
– Hess. A biographie. London 1971.
Maser, Werner: Die Frühgeschichte der NSDAP. Hitlers Weg bis 1924. Frankfurt/Main und Bonn 1965.
Vom Autor ergänzte Neuausgabe:
Der Sturm auf die Republik, Frühgeschichte der NSDAP. Stuttgart 1973.
– Hitlers Briefe und Notizen. Sein Weltbild in handschriftlichen Dokumenten. Düsseldorf 1973.
– Die Organisierung der Führerlegende. Studien zur Frühgeschichte der NSDAP bis 1924. Diss. Erlangen 1954.
Mohler, Armin: Die konservative Revolution in Deutschland 1918-1932. Grundriß ihrer Weltanschauungen. Stuttgart 1950.
Nolte, Ernst: Eine frühe Quelle zu Hitlers Antisemitismus. In: Historische Zeitschrift 192 (1961).
Nyomarkay, Joseph: Charisma and Factionalism in the Nazi Party. Minneapolis/Minn. 1967.
Orlow, Dietrich: The History of the Nazi Party 1919-1933. University of Pittsburgh 1969.
Peuschel, Harald: Die Männer um Hitler. Braune Biographien: Martin

Bormann, Joseph Goebbels, Hermann Göring, Reinhard Heydrich, Heinrich Himmler und andere. Düsseldorf 1982.

Phelps, Reginald H.: Anton Drexler – der Gründer der NSDAP. In: Deutsche Rundschau 87 (1961).

– Theodor Fritsch und der Antisemitismus. In: Deutsche Rundschau 87 (1961).

– Hitler and the Deutsche Arbeiterpartei. In: American Historical Review 68 (1963).

– Before Hitler came: Thule Society and Germanen Orden. In: Journal of Modern History 25 (1963).

– Die Hitler-Bibliothek. In: Deutsche Rundschau 80 (1954).

Plewnia, Magarete: Auf dem Weg zu Hitler: Der „völkische" Publizist Dietrich Eckart. Bremen 1970.

Pool, James and Suzanne: Who financed Hitler. The secret funding of Hitler's rise to power 1919-1933. London 1978.

Pridham, Geoffrey: Hitler's Rise to Power. The Nazi movement in Bavaria, 1923-1933. London 1973.

Rhodes, James M.: The Hitler Movement. A modern millenarian revolution. Stanford, California 1980.

Schieder, Theodor: Hermann Rauschnings „Gespräche" mit Hitler als Geschichtsquelle. Opladen 1972.

Schüddekopf, Otto-Ernst: Linke Leute von rechts – die nationalrevolutionären Minderheiten und der Kommunismus in der Weimarer Republik. Stuttgart 1960.

Schulze, Hagen: Freikorps und Republik 1918-1920. Boppard 1969.

Seraphim, Hans-Günther (Hrsg.): Das politische Tagebuch Alfred Rosenbergs. München 1964.

Smith, Bradley F.: Adolf Hitler. His family, childhood and youth. Standford, California 1967.

Sontheimer, Kurt: Antidemokratisches Denken in der Weimarer Republik. Die politischen Ideen des deutschen Nationalismus zwischen 1918 und 1933. München 1962.

Speckner, Herbert: Die Ordnungszelle Bayern. Studien zur Politik des bayerischen Bürgertums, insbesondere der Bayerischen Volkspartei, von der Revolution bis zum Ende des Kabinetts Dr. von Kahr. Phil. Diss. Erlangen 1955.

Stierlin, Helm: Adolf Hitler. Familienperspektiven. Frankfurt am Main 1975.

Thoss, Bruno: Der Ludendorff-Kreis 1919-1923. München als Zentrum der mitteleuropäischen Gegenrevolution zwischen Revolution und Hitler-Putsch. (=Miscellanea Bavarica Monacensia, Heft 78) München 1978.

Tyrell, Albrecht (Hrsg): Führer befiehl… Selbstzeugnisse aus der

„Kampfzeit“ der NSDAP. Dokumentation und Analyse. Düsseldorf 1969.
– Vom „Trommler“ zum „Führer“. München 1975.
Waite, Robert G. L.: Vanguard of Nazism. The Free Corps movement in postwar Germany 1918-1923. Cambridge, Massachussetts 1970.
Weißbecker, Manfred: Zur Herausbildung des Führerkults in der NSDAP. In: Monopole und Staat in Deutschland 1917-1945. Berlin 1966.
Werner, Andreas: SA und NSDAP: SA: „Wehrverband“, „Parteitruppe“ oder „Revolutionsarmee“? Studien zur Geschichte der SA und der NSDAP 1920-1933. Phil. Diss. Erlangen 1964.
Whiteside, Andrew Gladding: The Socialism of Fools. Georg Ritter von Schönerer and Austrian Pan-Germanism. Berkeley 1975.
Wulf, Joseph: Literatur und Dichtung im Dritten Reich. Gütersloh 1963.

5. Einzeluntersuchungen mit linguistischem psychologischem oder philosophischem Schwerpunkt.

Beradt, C.: Das dritte Reich des Traumes. München 1966.
Berning, Cornelia: Vom „Abstammungsnachweis“ zum „Zuchtwart“. Vokabular des Nationalsozialismus. Berlin 1964.
Binion, Rudolf: Hitler und die Deutschen: eine Psychohistorie. Stuttgart 1978.
Le Bon, Gustave: Psychologie der Massen. Stuttgart 1951.
Broszat, Martin: Die nationalsozialistische Weltanschauung, Programm und Wirklichkeit. Stuttgart 1960.
Burden, Hamilton T.: The Nuremberg Party Rallies 1923-1939. New York 1967.
Canetti, Elias: Masse und Macht. Hamburg 1960.
Doucet, Friedrich W.: Im Banne des Mythos. Die Psychologie des Dritten Reiches. Esslingen am Neckar 1979.
Eliade, Mircea: Kosmos und Weltgeschichte. Reinbek 1966.
Ehrenstein, Walter: Dämon Masse. Danzig 1952.
Field, Geoffrey G.: Evangelist of Race. The German vision of Houston Stewart Chamberlain. New York 1981.
Guardini, Romano: Der Heilbringer in Mythos, Offenbarung und Politik. Stuttgart 1946.
Gutman, Robert W.: Richard Wagner: The man, his mind and his music. New York 1968.
Hammer, Wolfgang: Adolf Hitler – ein Prophet unserer Zeit? Dialog mit dem „Führer“ (III), Ideologische Aspekte. München 1974.

Heer, Friedrich: Der Glaube des Adolf Hitler. Anatomie einer politischen Religiosität. München, Esslingen 1968.
– Gottes erste Liebe. 2000 Jahre Judentum und Christentum. Genesis des österreichischen Katholiken Adolf Hitler. München, Esslingen 1967.
Hofstätter, Peter R.: Gruppendynamik. Kritik der Massenpsychologie. Durchges. u. erw. Neuauflage. Hamburg 1971.
Holborn, Hajo: Ursprünge und Charakter der NS-Ideologie. In: Aus Politik und Zeitgeschichte 11 (1964)
Jäckel, Ernst: Hitlers Weltanschauung. Tübingen 1969.
Kautz, Heinrich: Das zerschlagene Menschenbild. Prinzipien und Ideen zur Wirklichkeit und Ideologie des Nationalsozialismus. St. Augustin 1977.
Klemperer, Victor: LTI (Lingua Tertii Imperii). Berlin 1947.
Koestler, A.: Ein Gott, der keiner war. Zürich/Wien 1950.
Lukács, Georg: Die Zerstörung der Vernunft. Zur Ideengeschichte des Nationalsozialismus. Neuwied/Berlin 1966.
Mosse, George L.: The Mystical Origins of National Socialism. In: The Jornal of the History of Ideas. New York 1961.
– The Crisis of German Ideology. Intellectual origins of the Thrid Reich. New York 1964.
– The Nationalization of the Masses. New York 1975.
Neurohr, Jean F.: Der Mythos vom Dritten Reich. Zur Geistesgeschichte des Nationalsozialismus. Stuttgart 1957.
Niekisch, Ernst: Das Reich der niederen Dämonen. Hamburg 1953.
Nova, Fritz: The National Socialist Fuehrerprinzip and its background in German thought. Philadelphia 1943.
Picard, M.: Hitler in uns selbst. Zürich 1946
Sandvoss, E.: Hitler und Nietzsche. Eine bewußtseinsgeschichtliche Studie. Göttingen, Zürich, Frankfurt a. M. 1969.
Schaubner, Cornelius: Wie Hitler sprach und schrieb. Zur Psychologie und Prosodik der faschistischen Rhetorik. Frankfurt am Main 1972.
Söhngen, Oskar: Säkularisierter Kultus. Gütersloh 1950.
Stein, Alfred. Adolf Hitler und Gustave Le Bon. Der Meister der Massenbewegung und sein Lehrer. In: Geschichte in Wissenschaft und Unterricht 6 (1955).
Talgren, Vappu: Hitler und die Helden. Heroismus und Weltanschauung. Diss. Helsinki 1981.
Thies, Jochen: Architekt der Weltherrschaft. Die Endziele Hitlers. Düsseldorf 1976.
Treher, Wolfgang: Hitler, Steiner, Schreber. Emmendingen i.Br. 1966
Viereck, Peter: Metapolitics. The roots of the Nazi mind. New York 1941.

Waite, Robert G.L.: The Psychopathic God: Adolf Hitler. New York 1977.
Winkler, Lutz: Studie zur gesellschaftlichen Funktion faschistischer Sprache. Frankfurt 1970.

6. Einzeluntersuchungen mit okkultem Schwerpunkt
a) Untersuchungen mit wissenschaftlichem Charakter

Goodrick-Clarke, Nicholas: The Occult Roots of Nazim. The Ariosophists of Austria and Germany 1890-1935. Wellingborough, Northamptonshire 1985.
Gumbel, E. I.: Verschwörer. Beiträge zur Geschichte und Soziologie der deutschen nationalistischen Geheimbünde seit 1918. Wien 1924.
Webb, James: The Occult Establishment. La Salle, Illinois 1976.

b) Nicht wissenschaftliche Untersuchungen mit eher spekulativem Charakter
(beachten Sie bitte die kritschen Erläuterungen zu diesen Werken in den einzelnen Kapiteln dieses Buches!)

Alleau, Rene: Hitler et les societés sécrètes. Enquete sur les sources du nazisme. Paris 1969.
Angebert, Michel-Jean: Les mystiques du soleil. Paris 1971.
Brennan, J. H.: Occult Reich. New York 1974.
Bronder, Dietrich: Bevor Hitler kam. Hannover 1964.
Carmin, E. R.: Guru Hitler. Zürich 1985.
Frère, Jean-Claude: Nazisme et societés sécrètes. Paris 1974.
Hutin, S.: Unsichtbare Herrscher und geheime Gesellschaften. Bonn 1973.
Muellern-Schönhausen, Johannes von: Die Lösung des Rätsels Adolf Hitler. Der Versuch einer Deutung der geheimnisvollsten Erscheinung der Weltgeschichte. Wien 1959.
Pauwels, Louis und Bergier, Jacques: Aufbruch ins dritte Jahrtausend. Von der Zukunft der phantastischen Vernunft. München 1986.
Ravenscroft, Trevor: The Spear of Destiny. The occult power behind the spear which pierced the side of Christ. London 1972.
In Deutsch erschienen. Der Speer des Schicksals. Zug 1974.
Suster, Gerald: Hitler and the age of Horus. London 1981.

c)Allgemeine Untersuchungen über okkulte Gruppen und Erscheinungen

Howe, Ellic: The Magicians of the Golden Dawn. A documentary history of a magical order 1887-1923. London 1972.

Jung, E. und Franz, M. L.: Die Gralslegende in psychologischer Sicht. Zürich 1960.

King, Francis: The Magical World of Aleister Crowley. London 1977.

Klingsor, Dr.: Experimental-Magie. Ein Leitfaden magischer Praktiken und Beschwörungsrituale. Freiburg i. Br. 1967.

Mc Intosh, Christopher: The Rosy Cross Unveiled. Wellingborough 1980.

Roberts, J. M.: The Mythology of the Secret Societies. London 1972.

Tepperwein, Kurt: Die hohe Schule der Hypnose. Praktische Lebenshilfe für jedermann. Genf 1977.

Webb, James: The harmonious circle. The lives and work of G. I. Gurdjieff, P. D. Ouspensky, and their followers. New Jork 1980.

Williams, Gertrude Marvin: Priestess of the Occult (Madame Blavatsky). New York 1946.

d) Werke okkulter Autoren

Blavatsky, Helena Petrovna: Die Geheimlehre. 2 Bde. Leipzig 1897-1901.

– Die Urgeschichte der Menschheit. Runen und Rassen. Leipzig 1907.

Dietrich, Fra (Pseudonym für Theodor Czepl): Weiße und schwarze Magie. Düsseldorf-Unterrath 1926.

Ellerbek, Ellegaard (Pseudonym für Gustav Leisner): Sönne Sonnings Söhne auf Sonnensee. Berlin 1920.

Koerner, Bernhard (Hrsg.): Genealogisches Handbuch bürgerlicher Familien. Deutsches Geschlechterbuch. Bde. 6-119. Görlitz 1899-1944.

Stauff, Philipp: Semi-gotha. Weimarer historisch-genalogisches Taschenbuch des gesamten Adels jehudäischen Ursprunges. Weimar 1912.

– Semi-Kürschner oder Literarisches Lexikon der Schriftsteller, Dichter, Bankiers, Geldleute, Ärzte, Schauspieler, Künstler, Musiker, Offiziere, Rechtsanwälte, Revolutionäre, Frauenrechtlerinnen, Sozialdemokraten usw. jüdischer Rasse und Versippung. Berlin 1913.

7. Einzeluntersuchungen über den Antisemitismus

Breitling, Rupert: Die nationalsozialistische Rassenlehre. Entstehung, Ausbreitung, Nutzen und Schaden einer politischen Ideologie. Meisenheim a. G. 1971.

Cohn, Norman: Die Protokolle der Weisen von Zion. Der Mythos von der jüdischen Weltverschwörung. Köln/Berlin 1969.

– Warrant for Genocide. London 1967.

Hillel, Marc and Henry, Clarissa: Of pure blood. The never before told story behind Hitler's secret program to breed „The Master Race". New Jork, St. Louis, San Francisco 1976.

Leschnitzer, A: The magic background of modern Anti-semitism. New York 1956.

Nolte, Ernst: Eine frühe Quelle zu Hitlers Antisemitismus. In: Historische Zeitschrift 192 (1961).

Poliakov, Leon: The Aryan Myth. A history of racist and nationalist ideas in Europe. London 1974.

Pulzer, Peter G. J.: die Entstehung des politischen Antisemitismus in Deutschland und Österreich 1867-1914. Gütersloh 1966.

Saller, Karl: Die Rassenlehre des Nationalsozialismus in Wissenschaft und Propaganda. Darmstadt 1961.

Weinstein, Fred: The Dynamics of Nazism. Leadership, ideology and the holocaust. New York 1980.

Anmerkungen

Vorbemerkung

Die im folgenden aufgeführten Bücher sind in den einzelnen Kapiteln zitiert worden. Ich habe dabei auf die Nennung von Seitenzahlen verzichtet, da ich davon ausgehe, daß es für den Leser nicht von Interesse ist, alle meine Zitate auf die Richtigkeit zu überprüfen, sondern daß der Leser vielmehr eine schnelle Orientierung sucht, welche Werke er zur Vertiefung der hier dargelegten Beweisführung heranziehen kann. Die Anmerkungen verweisen auf die in der Bibliographie aufgelisteten Bücher. Ich habe daher nach der Nennung des Kurztitels den Abschnitt der Bibliographie in Klammern gesetzt, in dem der genaue Buchtitel zu finden ist.

Kapitel 1

1 Waite, Psychopathic God (5)

2 Doucet, Im Banne (5)

3 Berning, Vokabular; Klemperer, LTI; Schaubner, faschistische Rhetorik; Winkler, faschistische Sprache (alle 5)

4 Le Bon, Psychologie der Massen (1)

5 Mein Kampf (1)

6 Jäckel, Hitlers Weltanschauung; Broszat, nationalsozialistische Weltanschauung; Hammer, Hitler-Prophet; Heer, Glaube des Adolf Hitlers; Holborn, NS-Ideologie; Kautz, das zerschlagene Menschenbild; Lukács, Zerstörung der Vernunft; Mosse, Crisis of German Ideology; Neurohr, Mythos vom Dritten Reich; Niekisch, niedere Dämonen; Talgren, Hitler und Helden; Viereck, Metapolitics (alle Titel in 5)

7 siehe Anm. 6

8 Burden, Party Rallies; Ehrenstein, Dämon Masse; Hofstätter, Gruppendynamik; Mosse, Nationalization of the Masses; Stein, Hitler und Le Bon (alle Titel in 5)

9 Heer, Glaube des Adolf Hitler; Heer, Gottes erste Liebe (5); Rauschning, Gespräche, und andere unter (2) genannte Memoiren.

10 Rauschning, Gespräche (2)

11 Mein Kampf (1)

12 Rauschning, Gespräche (2)

Kapitel 2

13 Franz-Willing, Ursprung der Hitlerbewegung (4)

14 Franz-Willing, Ursprung der Hitlerbewegung (4)

15 Deuerlein, Hitlers Eintritt in die Politik (1)

16 Franz-Willing, Ursprung der Hitlerbewegung; Maser, Frühgeschichte der NSDAP; Fenske, Rechtsradikalismus; Deuerlein, Hitlers Eintritt in die Politik; Hallgarten, Hitler, Reichswehr und Industrie; Orlow, History of Nazi Party; Pridham, Hitler's Rise to Power; Speckner, Ordnungszelle Bayern; Schulze, Freikorps und Republik; Waite, Vanguard of Nazism (alle Titel in 4)
17 Sebottendorff, Bevor Hitler kam (1)
18 Franz-Willing, Ursprung der Hitlerbewegung (4); Hering, Geschichte der Thule (1)
19 siehe Anm. 16
20 Hering, Geschichte der Thule; Sebottendorff, Bevor Hitler kam (1)
21 siehe Anm. 16
22 Pool, Who financed Hitler; Waite, Vanguard of Nazism (4)
23 Dutch, Hitler's 12 Apostles (1)
24 London Times, zit. nach Webb, Occult Establishment (6a)
25 zit. nach Franz-Willing, Ursprung der Hitlerbewegung (4)
26 Von Müller, Mars und Venus (2)
27 Deuerlein, Aufstieg der NSDAP (1)
28 Deuerlein, Hitlers Eintritt in die NSDAP (1)
29 Deuerlein, Aufstieg der NSDAP (1)
30 Runderlaß des Reichswehrministeriums, Chef der Heeresleitung, Berlin den 21.1.1920; RWGK IV, Band 12, Bayerisches Hauptstaatsarchiv
31 Erklärung des Reichswehrministers „An die Freiwilligen" vom 3.6.1919, Bayerisches Hauptstaatsarchiv, Band 6
32 Vogelsang, Geschichte der Reichswehr (1)
33 Franz-Willing, Ursprung der Hitlerbewegung (4)
34 Heiden, Hitler (3)
35 Franz-Willing, Ursprung der Hitlerbewegung (4)
36 Franz-Willing, Ursprung der Hitlerbewegung (4)
37 Röhm, Hochverräter (1)
38 Goodrick-Clarke, Occult Roots (6a)
39 zit. nach Franz-Willing, Ursprung der Hitlerbewegung (4)
40 zit. nach Franz-Willing, Ursprung der Hitlerbewegung (4)
41 Pool, Who financed Hitler (4)
42 Heiden, Hitler (3)
43 Waite, Psychopathic God (5)
44 Ravenscroft, Spear of Destiny (6b)
45 Pauwels/Bergier, Aufbruch (6b)
46 Webb, Occult Establishment (6a)
47 Franz-Willing, Ursprung der Hitlerbewegung (4)

Kapitel 3

48 Daim, Der Mann (4)
49 Deuerlein, Aufstieg der NSDAP (1)
50 Webb, Occult Establishment (6a)
51 Treher, Hitler, Steiner, Schreber (5)
52 Heiden, Hitler (3)
53 Pauwels/Bergier, Aufbruch (6b)
54 Eckart, Zwiegespräche (1)
55 Eckart, Zwiegespräche (1)
56 Ackermann, Himmler als Ideologe (4)
57 Bullock, Hitler; Maser, Hitler (3)
58 Klingsor, Experimentelle Magie (6c)
59 King, Aleister Crowley (6c)
60 Gegenbeweis bei Franz-Willing, Ursprung der Hitlerbewegung (4)
61 Engelman, Eckart; Plewnia, Eckart (4)
62 Feder, Brechung der Zinsknechtschaft (1)
63 Feder, Programm der NSDAP (1)
64 Webb, Occult Establishment (6a)
65 Webb, Occult Establishment; Cohn, Warrant for Genocide (6a,7)
66 Phelps, Hitlers ‚grundlegende' Rede (1)
67 Völkischer Beobachter v. 31.10.1920 (1)
68 Thies, Endziele Hitlers (5)
69 Krebs, Frühzeit der Partei (2)
70 Seraphim, Tagebuch Rosenbergs (4)
71 Webb, Occult Establishment (6a)
72 Webb, Occult Establishment (6a)
73 Picker, Tischgespräche (1)
74 Pauwels/Bergier, Aufbruch (6b)
75 Webb, Harmonious Circle (6c)
76 Schwartz-Bostunitch, Doktor Steiner (1)
77 Webb, Harmonious Circle (6c)
78 Webb, Harmonious Circle (6c)
79 Hering, Geschichte der Thule (1)
80 Sebottendorff, Talisman des Rosenkreuzers (1)
81 Goodrick-Clarke, Occult Roots (6a)
82 ehemaliges Hauptstaatsarchiv der NSDAP, Bundesarchiv Koblenz NS 26/65
83 Boepple, Hitlers Reden (1)

Kapitel 4

84 Jetzinger, Hitlers Youth (4)
85 Jones, Hitlers Weg (4)
86 Kubizek, Jugendfreund Hitler (2)
87 Greiner, Ende des Hitler-Mythos (2)
88 Maser, Hitler (3)
89 Maser, Hitler (3)
90 Goodrick-Clarke, Occult Roots (6a)
91 Mein Kampf (1)
92 Talgren, Hitler und Helden (5)
93 Görlitz, Hitler (3)
94 Schönerer, Reden (1)
95 zit. nach Jäckel, Hitlers Weltanschauung (5)
96 Bracher, Die deutsche Diktatur (3)
97 Heer, Glaube des Adolf Hitlers (5)
98 Mein Kampf (1)
99 Jäckel, Hitlers Weltanschauung (5)
100 Mein Kampf (1)
101 Heer, Glaube des Adolf Hitlers (5)
102 Heer, Glaube des Adolf Hitlers (5)
103 Heer, Glaube des Adolf Hitlers (5)
104 Greiner, Ende des Hitler-Mythos (2)
105 Mein Kampf (1)
106 Jenks, Vienna and Hitler; Jones, Hitlers Weg (beide 4); und Pulzer, Entstehung des politischen Antisemitismus (7)
107 Deutsches Volksblatt zit. bei Heer, Glaube des Adolf Hitler (5)
108 Maser, Hitler und andere (3)
109 Untertitel zit. bei Fest, Gesicht des dritten Reiches (3)
110 Daim, Der Mann, der Hitler (4)
111 Ostara, zit. nach Daim, Der Mann, der Hitler (4)
112 Ostara, Heft 26, 1908 (1)
113 Goodrick-Clarke, Occult Roots (6a)
114 Rauschning, Gespräche (2)
115 Smith, Hitler, family (4)
116 zit. nach Daim, Der Mann, der Hitler (4)
117 List, Armanenschaft der Ariogermanen (1)
118 List, Armanenschaft der Ariogermanen (1)
119 List, Armanenschaft der Ariogermanen (1)
120 zit. nach Daim, Der Mann, der Hitler (4)
121 Goodrick-Clarke, Occult Roots (6a)
122 Heer, Glaube des Adolf Hitler (5)
123 Pulzer, Entstehung des politischen Antisemitismus (7)

124 Phelps, Fritsch und Antisemitismus (4)
125 Goodrick-Clarke, Occult Roots (6a)
126 Balzli, Guido von List (1)
127 Goodrick-Clarke, Occult Roots (6a)
128 Glavatsky, Geheimlehre (6d)
129 List, Religion der Ario-Germanen (1)
130 Goodrick-Clarke, Occult Roots (6a)

Kapitel 5

131 Lanz, Theozoologie (1)
132 Suster, Hitler and Horus (6b)
133 Greiner, Ende des Hitler-Mythos (2)
134 Greiner, Ende des Hitler-Mythos (2)
135 Ravenscroft, Spear of Destiny (6b)
136 Rauschning, Gespräche (2)
137 Klingsor, Experimentalmagie (6c)
138 Diels, Lucifer ante portas (2)
139 Hanfstaengl, Zwischen Weißem und Braunem Haus (2)
140 Rauschning, Gespräche (2)
141 zit. nach Waite, Psychopathic God (5)
142 zit. nach Heiden, Hitler (3)
143 Rauschning, Gespräche (2)
144 Kubizek, Jugendfreund Hitler (2)
145 Rauschning, Gespräche (2)
146 Oechsner, This is the Enemy (1)
147 Kubizek, Jugendfreund Hitler (2)
148 Boepple, Hitlers Reden (1)
149 Waite, Psychopathic God (5)
150 Waite, Psychopathic God (5)
151 Waite, Psychopathic God (5)
152 Viereck, Metapolitics (1)
153 Waite, Psychopathic God (5)
154 Kubizek, Jugendfreund Hitler (2)
155 Fest, Gesicht des Dritten Reiches (3)
156 Picker, Hitlers Tischgespräche (25./26.1.1942) (1)
157 Hanfstaengl, Zwischen Weißem und Braunem Haus (2)
158 Bundesarchiv Koblenz, NS 26/17a
159 Fest, Hitler (3)
160 Talgren, Hitler und die Helden (5)
161 Viereck, Metapolitics (1)
162 Rauschning, Gespräche (2)
163 Gutman, Wagner (5)

164 Gutman, Wagner (5)
165 Gutman, Wagner (5)
166 Chamberlain, Grundlagen (1)
167 Smith, Hitler, family (4)
168 Talgren, Hitler und die Helden (5)
169 Waite, Psychopathic God (5)
170 Dietrich, Zwölf Jahre (2)
171 Lüdecke, I knew Hitler (1)
172 Picker, Hitlers Tischgespräche (1)
173 Toland, Hitler (2)
174 Müller, Mars und Venus (2)
175 Mann, Cowboy (2)
176 Talgren, Hitler und die Helden (5)
177 Talgren, Hitler und die Helden (5)
178 Kubizek, Jugendfreund Hitler (2)
179 Jäckel, Hitlers Weltanschauung (5)
180 Bestätigung bei Heiden, Hitler (3)
181 Kubizek, Jugendfreund Hitler (2)
182 Maser, Hitler (3)
183 Görlitz, Hitler (3)

Kapitel 6

184 Tyrell, Vom Trommler (4)
185 Roßbach, Massenseele (1)
186 Roßbach, Massenseele (1)
187 Sebottendorff, Bevor Hitler kam (1)
188 Franz-Willing, Ursprung der Hitlerbewegung (4)
189 Tyrell, Vom Trommler (4)
190 Franz- Willing, Ursprung der Hitlerbewegung (4)
191 Pool, Who financed Hitler (4)
192 Bennecke, Hitler und SA (4)
193 Röhm, Hochverräter (1)
194 Maser, NSDAP-Frühgeschichte (4)
195 Völkischer Beobachter v. 21.8.1921 (1)
196 Röhm, Hochverräter (1)
197 Görlitz, Hitler (3)
198 Waite, Psychopathic God (5)
199 Webb, Occult Establishment (6a)
200 Dutch, Hitler's 12 Apostles (1)
201 Ilse Hess, Gefangener (2)
202 Fest, Gesicht des Dritten Reiches (3)
203 Jacobsen, Haushofer (4)

204 Fest, Gesicht des Dritten Reiches (3)
205 ebenda und Webb, Occult Establishment (6a)
206 Webb, Occult Establishment (6a)
207 Manvell, Göring (4)
208 Manvell, Göring (4)
209 Suster, Hitler and Horus (6b)
210 Brennan, Occult Reich (6b)
211 Maser, Führerlegende (4) und Maser, Hitler (3)
212 Jacobsen, Haushofer (4)

Kapitel 7

213 Jacobsen, Haushofer (4)
214 Jäkel, Hitlers Weltanschauung (5)
215 Ravenscorft, Spear of Destiny (6b)
216 Pauwels/Bergier, Aufbruch (6b)
217 Bronder, Bevor Hitler kam (6b)
218 Brennan, Occult Reich (6b)
219 Suster, Hitler and Horus (6b)
220 Alleau, Societés sècrétes (6b)
221 Ley, zit. nach Pauwels/Bergier, Aufbruch (6b)
222 Doucet, Im Banne (5)
223 Rauschning, Gespräche (2)
224 Franz-Willing, Ursprung der Hitlerbewegung (4)
225 Jetzinger, Hitler's Youth (4)
226 Angebert, Les Mystiques (6b)
227 Jetzinger, Hitlers Youth (4)
228 Doucet, Im Banne (5)
229 Doucet, Im Banne (5)
230 Eliade, Kosmos und Geschichte (5)
231 Hedin, German Diary (2)
232 Doucet, Im Banne (5)
233 Doucet, Im Banne (5)
234 Klingsor, Experimentalmagie (6c)
235 Domarus, Hitler, Reden (1)

Kapitel 8

236 Horn, Führerideologie und Parteiorganisation; Nyomarkay, Charisma and Factionalism; und andere (4)
237 Fest, Hitler (3)
238 Fest, Gesicht des Dritten Reiches (3)
239 Winckler, Faschistische Sprache; und andere, siehe Anm. 3 (5)

240 Eitner, Der Führer (3)
241 Ehrenstein, Dämon Masse (5)
242 Le Bon, Psychologie der Massen (1)
243 Winckler, Faschistische Sprache; und andere, siehe Anm. 3 (5)
244 Eitner, Der Führer (3)
245 Rudolf Hess, Reden (1)
246 Schaubner, Wie Hitler sprach (5)
247 Heiber, Goebbels-Reden (1)
248 Tepperwein, Hypnose (6c)
249 Le Bon, Psychologie der Massen (1)
250 zit. nach Jäckel, Hitlers Weltanschauung (5)
251 Hitler, Mein Kampf (1)
252 Heiden, Hitler (3)
253 Le Bon, Psychologie der Massen (1)
254 Diels, Lucifer ante portas (2)
255 Miltenberg, Hitler (1)
256 Hanfstaengl, Zwischen Weißem und Braunem Haus (2)
257 Hoffmann, Hitler was my friend (2)

Kapitel 9

258 Hesse, Psychologos (1)
259 Heimatland, München, v. 10.12.1921
260 Kershaw, Hitler-Mythos (4)
261 Horn, Führerideologie und Parteiorganisation (4)
262 Tyrell, Vom Trommler (4)
263 Tyrell, Vom Trommler (4)
264 Kershaw, Hitler-Mythos; Tyrell, Vom Trommler (4)
265 Talgren, Hitler und die Helden (5)
266 Boepple, Hitler-Reden (1)
267 Völkischer Beobachter, Ausgaben November 1923 (1)
268 Picker, Hitlers Tischgespräche (1)
269 Jochmann, Hitler Monologe (1)
270 Le Bon, Psychologie der Massen (1)
271 Völkischer Beobachter v. 24.4., 1.10. und 25.10.1925 (1)
272 zit. nach Eitner, Der Führer (3)
273 Völkischer Beobachter v. 23.12. 1925 (1)
274 zit. nach Tyrell, Führer befiehl… (1)
275 zit. nach Horn, Führerideologie und Parteiorganisation (4)
276 Völkischer Beobachter v.15.4.1931
277 Völkischer Beobachter v. 11.4.1931
278 Vogelsang, Geschichte der Reichswehr (1)
279 zit. nach Doucet, Im Banne (5)

280 zit. nach Doucet, Im Banne (5)
281 Kersten, Totenkopf und Treue (2)
282 Das Schwarze Korps v. 30.1.1941, Folge 5
283 Buhner, Dem Führer (1)
284 Aus: „Weihnachten im 3. Reich", zit. bei Wulf, Literatur im Dritten Reich. (4)
285 Das Reich, Nr. 53/1944
286 Das Reich, Nr. 16/1945
287 Muellern-Schönhausen, Die Lösung des Rätsels (6c) übernommen von Daim, Der Mann (4)
288 zit. nach Jäckel, Hitlers Weltanschauung (5)
289 Eitner, Der Führer (3)
290 Hanfstaengl, Zwischen Weißem und Braunem Haus (2)
291 Mein Kampf (1)
292 Picker, Hitlers Tischgespräche (1)
293 Domarus, Hitler, Reden (1)
294 Domarus, Hitler, Reden (1)
295 Domarus, Hitler, Reden (1)
296 Domarus, Hitler, Reden (1)
297 Domarus, Hitler, Reden (1)
298 Domarus, Hitler, Reden (1)
299 Greiner, Ende des Hitler-Mythos (2)
300 Domarus, Hitler, Reden (1)
301 Domarus, Hitler, Reden (1)
302 Domarus, Hitler, Reden (1)
303 Domarus, Hitler, Reden (1)
304 Domarus, Hitler, Reden (1)
305 Diels, Lucifer ante portas (2)
306 Hanfstaengl, Zwischen Weißem und Braunem Haus (2)
307 Domarus, Hitler, Reden (1)
308 Eitner, Der Führer (3)
309 zit. bei Eitner, Der Führer (3)
310 zit. bei Eitner, Der Führer (3)
311 Eitner, Der Führer (3)
312 Jochmann, Hitler Monologe (1)
313 Domarus, Hitler, Reden (1)
314 Picker, Hitlers Tischgespräche (1)
315 Rauschning, Gespräche (2)
316 Jochmann, Hitler Monologe (1)
317 Heer, Glaube Hitlers; und Heer, Gottes erste Liebe (5)
318 Eitner, Der Führer (3)
319 Picker, Hitlers Tischgespräche (1)
320 Doucet, Im Banne (5)

321 Bracher, Hitler (3)
322 Weinstein, Dynamics of Nazism (7)

Kapitel 10

323 Rauschning, Gespräche (2)
324 Waite, Psychopathic God (5)
325 Schoeps, Weltreligionen (6c)
326 Preiß, Hitler in Franken (1)
327 Völkischer Beobachter v. 27.2.1929
328 Domarus, Hitler, Reden (1)
329 Domarus, Hitler, Reden (1)
330 Domarus, Hitler, Reden (1)
331 zit. bei Thies, Hitlers Endziele (5)
332 Jäckel, Hitlers Weltanschauung (5)
333 Mein Kampf (1)
334 Nachweis bei Waite, Psychopathic God (5)
335 Hitlers Zweites Buch (1)
336 zit. bei Waite, Psychopathic God (5)
337 Heiber, Lagebesprechungen (1)
338 Picker, Hitlers Tischgespräche (1)
339 Nova, National Socialist Führerprinzip (5)
340 Nova, National Socialist Führerprinzip (5)
341 zit. bei Ziemer, Education for death (1)
342 zit. bei Ziemer, Education for death (1)
343 zit. bei Ziemer, Education for death (1)
344 Shirer, Aufstieg und Fall (3)
345 Domarus, Hitler, Reden (1)
346 Mein Kampf (1)
347 Mein Kampf (1)
348 Mein Kampf (1)
349 Rauschning, Gespräche (2)
350 Mein Kampf (1)
351 Mein Kampf (1)
352 Mein Kampf (1)
353 Mein Kampf (1)
354 Mein Kampf (1)
355 Daim, Der Mann, der Hitler (4)
356 zit. nach Daim, Der Mann, der Hitler (4)
357 Jäckel, Hitlers Weltanschauung (5)
358 Zahl nach dtv-Atlas zur Weltgeschichte (3)

Kapitel 11

359 Fest, Gesicht des Dritten Reiches (3)
360 Fest, Gesicht des Dritten Reiches; sowie Hitlerbiographien (3)
361 Pool, Who financed Hitler (4)
362 Anm. 215-220
263 Le Bon, Psychologie der Massen (1)
364 Abel, Why Hitler came into power (1)
365 Cohn, Warrant for Genocide (7)
366 vgl. die in der Bibliographie unter (3) zitierten Memoiren
367 Le Bon, Psychologie der Massen (1)
368 Der Angriff v. 31.1.1933

Personenregister

Abel, Theodore 199, 201
Amann, Max 20, 21, 34, 141, 160
Angebert, Michel-Jean 133
Angelus, Silesius 38, 55
Arndt, Julius 20
Aumiller, Max 20

Bauer, Erwin 175
Beamisch-Fock, Huldine Baronesse von 122
Beckh, Albert Ritter von 20
Bendt (Oberleutnant) 23-25
Bermuth, Ludwig von 81
Bernhard von Barcelona 46
Bierbaumer, Käthe 20
Biskupski (General) 49
Bismarck, Otto von 75, 158, 171
Blavatsky, Helena Petrovna 54, 81, 131, 132
Bodmann, Hans Hermann Baron von 20
Bormann, Martin 20
Bosche, Wilhelm 64
Bostunitch, Grigori (auch Schwartz-Bostunitch, Gregor) 57
Bracher, Karl Dietrich 185, 186
Brennan, J. H. 122, 126
Brinsteiner, Karl 153
Brockhusen, Eberhard von 76, 79
Bronder, Dietrich 126
Brunner, Alfred 19
Bülow, Werner von 79
Bullock, Allen 90, 91
Bulwer-Lytton, Edward 80, 127
Bunge, Hans 20

Chamberlain, Houston Stewart 53, 54, 64, 98, 99, 102, 103, 165
Christus 41, 42, 94, 101, 164, 177
Churchill, Winston 87, 149
Clausewitz, Karl von 64
Cohen, Norman 51, 202
Cooper, James Fenimore 103
Crowley, Aleister 47-49, 57, 70

Dahn, Hans 21
Daim, Wilfried 135, 136, 196
Dante, Aligheri 64
Darwin, Charles 64
Diels, Rudolf 95, 155, 156, 181, 202
Dietrich, Otto 104
Dingfelder, Johannes 21
Drexler, Anton 18, 19, 21, 31, 35, 112, 113, 115
Doucet, Friedrich W. 9, 128, 133-136, 183, 185

Eckart, Dietrich 18, 20, 21, 30, 31, 34, 38-50, 53, 55, 58, 69, 74, 79, 109, 113, 114, 117, 130, 131, 137, 141, 185
Eckehart, „Meister Eckehart", 55
Ehrenstein, Walter 142, 143, 149, 151
Ehrhardt, Hermann 114, 132
Eitner, Hans-Jürgen 143, 145, 183, 184, 200
Eliade, Mircea 134
Ellerbek, Ellegard 58
Emmerich, Katharina 87
Epp, Franz Xaver Ritter von 31, 32, 60, 116
Erasmus von Rotterdam 75
Erzberger, Matthias 33, 43

Eschenbach, Wolfram von 91, 92
Esser, Hermann 160

Faulhaber, Michael von 56
Feder, Gottfried 18, 21, 23, 31, 50, 113, 118, 141
Feilitzsch, Franz Baron von 21
Fest, Joachim 97, 100, 121, 165, 199
Fichte, Johann Gottlieb 75
Fiehler, Karl 21
Fock-Kantzow, Karin Baronin von 122
Ford, Henry 117
Frank, Hans 20, 74
Frank, Lorenz 24
Franz-Willing, Georg 35, 112
Freud, Sigmund 64
Frick, Wilhelm 19
Friedrich der Große 75, 149
Fritsch, Theodor 68, 71, 74-76, 81, 85, 97, 102, 106

Gagern, Falk von 74
Gansser, Emil 34
Gaubatz, Georg 21
Gemlich, Adolf 25, 30
George, Stefan 38
Germer, Karl 48
Gibbon, Eduard 75
Glasenapp, Konrad 78
Goebbels, Joseph 145, 148-150, 157, 161, 168, 171, 173, 174, 176
Göring, Hermann 114, 121-123, 126, 137, 141, 197
Görlitz, Walter 97, 109
Goethe, Johann Wolfgang von 64, 75, 139, 171
Goodrick-Clarke, N. 70, 71, 77
Gorsleben, Rudolf John 23, 59, 60, 79
Grävell van Jostenoode, Harald 81, 87
Grassinger, Hans Georg 21, 59
Greiner, Josef 63, 87, 91, 108, 179
Gürtner, Franz 19
Gurdjieff, Georg Iwanowitsch 56-58, 128, 141
Gutberlet, Wilhelm 21

Haeckel, Ernst 64
Hagn, Theoderich 133
Hahn, Herbert 174
Halbritter, Ernst 21
Hamerling, Robert 64
Hanfstaengl, Ernst 95, 100, 122, 158-161, 182, 202
Harden, Maximilian 33
Harpf, Adolf 81
Harrer, Karl 18, 19, 21, 31, 35, 112, 113
Hauerstein, Georg 79
Hauptmann, Gerhart 64
Haushofer, Karl 46, 47, 57, 120-131, 137, 141, 189, 203
Hebbel, Friedrich 64
Hedin, Sven 64, 121, 135
Heer, Friedrich 41, 184
Heiber, Helmut 190
Heiden, Konrad 40, 141
Hellwig, Karl August 76-79
Herder, Johann Gottfried 64, 75
Hergot (Oberstleutant) 31
Hering, Johannes 76
Hess, Ilse 119, 125
Hess, Rudolf 20, 58, 115, 119-124, 130, 141, 144, 145, 161, 168, 176, 203, 204
Hesse, Kurt 163
Heydrich, Reinhard 197
Heuss, Theodor (nicht identisch mit 1. Präs. d. BRD) 21
Hildebrand (Gregor VII.) 43, 44

Himmler, Heinrich 20, 45, 52, 53, 57, 84, 126, 141, 171, 174, 196
Hitler, Adolf 11, 12, 14, 15, 17, 20-30, 33, 34, 40-75, 83, 87-117, 119, 120, 123-126, 130-145, 152-159, 161-204
Hörbiger, Hanns 64
Hoffmann, Heinrich 157, 161
Horn, Wolfgang 164

Ibsen, Henrik 64
Jacobsen, Hans-Adolf 125, 128-130
Jäckel, Eberhard 66, 106, 125, 189, 197
Jetzinger, Franz 87, 133
Jost, Heinrich 21
Jung, Carl Gustav 134, 135, 153

Kahr, Gustav Ritter von 116
Kant, Immanuel 75
Kapp 118
Kershaw, Jan 164
King, Francis 48
Kjellen, Rudolf 64
Klages, Ludwig 38
Knoden, Hans 25
Köhler, Ernst 32
Koerner, Bernhard 76, 78, 79
Konrad, Michael Georg 38
Kräpelin, Emil 118
Krebs, Albert 52
Krohn, Friedrich 18, 117, 132
Kubizek, August 73, 87, 97, 98, 100, 106, 107
Kugler 167
Küntzel, Martha 48

Laforce, Wilhelm 21
Landulf II. von Capua 46, 49, 92
Lanz von Liebenfels, Jörg (eigentl. Lanz, Adolf Georg Josef) 54, 60, 68-71, 76, 78, 81-87, 97, 106, 132, 133, 140, 196, 204
Le Bon, Gustave 10, 64, 109-111, 141-145, 149-155, 161, 165, 166, 177, 183, 186, 201, 205
Lehmann, J. F. 60
Leesmann, Hilda 58
Lenin, Wladimir Iljitsch 40, 174
Leupold (Oberst) 17
Ley, Robert 74, 161, 170, 181
Ley, Willy 127, 128
Liebermann, Max 76
List, Guido von 54, 58, 60, 68, 70, 71-85, 97, 102, 106, 132, 139, 204
Lossow, Otto von 116
Ludendorff, Erich von 74, 117-119
Ludendorff, Mathilde von 118, 119
Lüdecke, Kurt 104
Lueger, Karl 65, 67, 68, 97, 106
Luther, Martin 41, 43, 75, 99

Mc Dougall, William 64
Malthus, Thomas Robert 64
Mann, Klaus 104
Maser, Werner 64, 97, 165
May, Karl 98, 103-105
Mayr, Karl 17, 23, 25, 30, 34, 50
Mendel, Gregor 64
Miltenberg, Weigand von 157
Moeller Vandenbruck, Arthur 51
Montesquieu 117
Morell, Theodor 126
Moses 40, 150, 174

Müller, Alexander von 64
Müller, Karl Alexander von 23, 104, 141
Musil, Robert 163

Nansen, Fridtjof 64
Nemirovitch-Dantchenko, von 49
Nietzsche, Friedrich 46, 93
Nortz, Eduard 116

Paracelsus 55
Parcus, Leo 21
Parzival 91, 92, 101, 102
Pasha, Hussein 59
Pauwels, Louis/Bergier, Jacques 35, 40, 47, 57, 122, 126, 127
Picker, Henry 56, 175, 177, 182, 183, 185
Ploetz, Alfred 64
Pötsch, Leopold 105
Pöhner, Ernst 19, 32
Pohl, Hermann 59, 76
Pongratz, Wolfgang 21
Pretzsche, Ernst 80, 91

Rabenau, Fritz von 171
Rasputin, Valentin 56
Rathenau, Walter 74
Ratzel, Friedrich 124
Rauschning, Hermann 11, 14, 15, 48, 91, 93, 95, 98, 132, 184, 187
Ravenscroft, Trevor 35, 40, 46, 47, 49, 80, 87, 90-94, 96, 103, 126, 130, 200
Reichstein, Herbert 79
Reinhardt (General) 29
Repp, Karl 21
Reventlow, Ernst Graf von 34
Riemann, Hans 21
Rittlinger, Herbert 204
Röhm, Ernst 31-35, 60, 112-116, 123, 141
Rosenberg, Alfred 20, 34, 38, 49, 51, 53-58, 74, 113, 123, 141
Roßbach, J. R. 110, 111, 144, 151, 154, 165, 201
Rossegger, Peter 64
Rousseau, Jean Jacques 117
Rückert, Friedrich 64

Scheffel, Joseph Viktor von 64
Schellenberger, Walter 21
Scheubner-Richter, Max-Erwin von 53, 58, 141
Schiller, Friedrich von 64
Schirach, Baldur von 161
Schleicher, Kurt von 170
Schmidt-Falk, Elsa 73
Schmude, Detlef 82
Schönerer, Georg Ritter von 65, 66, 67, 78, 97, 106
Schoeps, Hans Joachim 187
Schopenhauer, Arthur 38, 43, 46, 75, 121
Schreber 40
Schrenk-Notzing, Baron von 118
Schroeder, Ludwig von 35
Schüßler, Rudolf 112, 113, 141
Schuler, Alfred 38
Schwabe, Karl 21
Sebottendorff, Rudolf von 19, 20, 37, 59, 60, 70, 112, 140, 204
Seeckt, Hans von 117
Sedlmeier, Hermann 21
Seneca 75
Sesselmann, Max 110, 111
Shakespeare, William 64
Skoropadski, Hetmann 49
Speer, Albert 202
Spiess, Bernhard 118

Stauff, Philipp 60, 76, 77, 79
Stein, Walter Johannes 80, 87, 90-93
Steiner, Rudolf 39, 40, 54, 57, 81, 92, 119, 121, 141
Steininger, Babette 73
Stennes, Walter 34
Stifter, Adalbert 64
Stirner, Max 47
Strasser, Gregor 74, 137, 161, 168, 170, 176
Strasser Otto 137
Streck (Major a.D.) 33
Streicher, Julius 19, 20, 74, 161, 176
Sudermann, Hermann 64
Supper, Auguste 171
Suster, Gerald 122, 126

Tacitus 75
Tafel, Paul 18
Tagore, Rabindranath 73
Talgren, Vappu 65
Tarnhari (Pseudonym) 79
Tepperwein, Kurt 150, 151, 153, 154
Thurn und Taxis, Gustav Prinz von 22
Trebitsch, Arthur 42, 43, 73, 74
Treher, Wolfgang 40
Treitschke, Heinrich von 75
Trützschler, Fritz von 132
Tyrell, Albrecht 109, 110, 112, 164

Viereck, Peter 100
Voltaire 75

Waite, Robert G. L. 9, 35, 71, 97, 100, 117, 187, 199
Wagner, Richard 49, 71, 75, 93, 97-106, 143, 145, 165, 184
Wahrmund, Adolf 81
Walterspiel, 21
Wartenburg, York von 34
Weber, Christian 160
Webb, James 35, 40, 51, 53, 56-58, 60, 71, 121
Weinstein, Fred 186
Westarp, Heila Gräfin von 22
Wilhelm II. 98, 103, 158
Wittgenberg, Wilhelm Baron von 21
Wieland, Christoph Martin 64
Wölfl, Johann Walthari 82
Wolfskehl, Karl 38
Wrangel, Baron von 58

Zola, Emile 64
Zschaetzsch, Karl Georg 55